城乡融合发展案例选编

邓 蓉 主编

国家行政学院出版社
NATIONAL ACADEMY OF GOVERNANCE PRESS
·北 京·

图书在版编目（CIP）数据

城乡融合发展案例选编 / 邓蓉主编. -- 北京 : 国家行政学院出版社, 2025. 8. -- ISBN 978-7-5150-3076-0

Ⅰ. F299.21

中国国家版本馆 CIP 数据核字第 2025R64N81 号

书　　名	城乡融合发展案例选编 CHENGXIANG RONGHE FAZHAN ANLI XUANBIAN
作　　者	邓　蓉　主编
责任编辑	曹文娟
责任校对	许海利
责任印制	吴　霞
出版发行	国家行政学院出版社 （北京市海淀区长春桥路 6 号　100089）
综 合 办	（010）68928887
发 行 部	（010）68928866
经　　销	新华书店
印　　刷	中煤（北京）印务有限公司
版　　次	2025 年 8 月北京第 1 版
印　　次	2025 年 8 月北京第 1 次印刷
开　　本	170 毫米 ×240 毫米　16 开
印　　张	23.75
字　　数	350 千字
定　　价	98.00 元

序　言

农村发展是现代化进程中的一个全新命题。

过去，在以手工劳动为基础的农村，人们过着日复一日、年复一年的简单生活，如果遭遇天灾人祸，连生存都难以维系。随着现代化的到来，农村才得以摆脱生存困境，有了发展的可能，但如何发展又成为一个新问题。

在现代化进程中，有关农村发展的战略主要有以下几种：一是城乡差异发展。改革开放前，我国农村人口大多数还处于贫困状态，因此才有了农村改革。二是以城乡带动农村发展。20世纪90年代，我国的工业化、城镇化发展进程加快，国家发展战略由“以农支工”向“以工支农”转变。在这一过程中，农村得到相当程度的发展，但是与城市发展相比，农村发展相对滞后，城乡发展不均衡。三是城乡融合发展。党的十八大以来，为解决城乡发展不平衡问题，我国提出乡村振兴战略，通过城乡融合发展的方式推进农村优先发展。

城乡融合发展是在过往城乡发展战略基础上的重大创新。过往的发展战略以城市发展为先导，虽然强调以城市带动农村发展，但这种发展路径更多的是单向的，而不是城乡双向互动。城乡融合发展强调将城市的先进要素与农村的独特优势结合起来，通过资源、人才、技术、产业等多个方面机制，实现城乡发展的深度融合。党的二十届三中全会通过的《中共中央关于进一步全面深化改革　推进中国式现代化的决定》指出：“城乡融合发展是中国式现代化的必然要求。必须统筹新型工业化、新型城镇化和乡村全面振兴，全面提高城乡规划、建设、治理融合水平，促进城乡要素平等交换、双向流动，缩小城乡差别，促进城乡共同繁荣发展。”

城乡融合发展作为国家重大发展战略，需要在实践中加以创造性落实和“落地”。事实上，城乡融合发展战略本身便是城乡发展实践的产物，是通过总结城乡发展的实践经验基础上提出来的。当城乡融合发展上升为国家战略后便成为普遍性的政策导向。只是中国的地域规模大，各地的情况不一样，国家政策需要“因地制宜”加以落实，并在落实过程中加以丰富和完善。这就为发挥地方和基层的积极性和能动性提供了充分的实践空间。我国改革成功的重要经验之一便是上下良性互动。与此同时，城乡融合发展是一项全新的战略，需要新的思维、新的体制机制、新的方式，更需要在实践中通过学习和借鉴进行新的探索。基层干部因此迫切需要了解实践产生的新探索、新做法和新经验。要满足这一需要，理论工作者责无旁贷。

四川省一直走在我国农村改革的前列，这为四川省的理论工作者提供了得天独厚的优势。都江堰市委党校（成都村政学院）的主要培训对象是基层干部。近年来，该校走出了一条将党的创新理论与基层群众的丰富实践相结合，通过实践中的案例贯彻党的创新理论，又通过党的创新理论指导实践的良性循环的培训路径。该书的主编是这一路径的先行者。邓蓉教授及其团队长期以来深入实践，行走在田野大地上，在实践中发现好经验，将好经验加以提炼总结，为党和政府决策提供参考，是理论与实践相结合的典范。为推广实践中的好经验，以案例提升教学质量，邓蓉教授及其团队编写了一系列以案例为主的著作，产生了很好的影响，如2023年编写出版的《农村集体经济发展案例选编》，反响强烈。以案例为主的著作之所以受欢迎，就在于它生动活泼，通过一个个丰富鲜活的案例，阐述深刻的道理，讲述具体的实践，催人以思考、给人以启迪。

《城乡融合发展案例选编》是邓蓉教授及其团队编写的又一部以案例为基础的著作。该书具有以下特点：一是丰富性。案例涉及城乡融合发展的多个方面，尤其是最为艰难的要素双向流动等。二是实践性。通过案例可以发现城乡融合发展在不同地方的生动实践。在实践过程中，干部和群众大胆探索，积极破解实践中的难题，推进融合发展。三是指导性。案例将来自实践的经验加以提升，进行理论概括，对基层有很强的指导价值，学术研究相关人员也可从中受益。相信这部著作出版后会再次引起强烈反响！

徐　勇

2025年7月18日

目录

CONTENTS

1

以链主企业为引擎，拉动县域城乡要素流动

时　　间： 2023 年 12 月 6 日

地　　点： 四川省遂宁市射洪市

调研人员： 邓蓉　胡雯　袁华兵　章敏　吴骋　梁景智

执 笔 人： 吴骋

内容摘要

党的二十大报告指出，加快构建新发展格局、推动高质量发展，必须“着力推进城乡融合和区域协调发展”。县城是我国城乡联系的重要纽带，城乡要素流动频繁，产业发展相互支撑，工业和农业互促明显，具有城乡均衡发展的典型特征。近年来，射洪市抢抓重大战略发展机遇，立足全国县域经济百强县发展基础，充分运用沱牌舍得酒业、正大集团等农业链主企业拉动一二三产业融合发展，搭建起了县域城乡产业协同发展平台，带动了人才下乡和本土人才培养，通过产业链延伸盘活了农村土地资源，全面促进了县域“人、地、钱”要素有序流动。射洪市以推动县域经济高质量发展促进城乡融合发展，实现了县域综合承载能力和辐射带动能力不断增强，其有效经验做法对县域城乡融合发展具有一定的参考价值和借鉴意义。

射洪市地处成渝发展主轴北弧中心，面积1496平方公里，辖21个镇、2个街道，户籍人口92.4万人、常住人口71.5万人，城镇化率62%，其地形以山地丘陵为主。作为全国县域经济的百强县，射洪市近三年地区生产总值连跨三个百亿台阶，在川内的县域经济中具有较强的示范作用。2023年5月，四川省委、省政府发布了《关于支持川中丘陵地区四市打造产业发展新高地　加快成渝地区中部崛起的意见》，明确支持“射洪开展县域经济高质量发展促进城乡融合试点”。这对射洪市来说是一个难得的发展机遇，也是一个重大的历史使命。

射洪市领导班子为了抓住这一机遇，立足自身资源禀赋，进行了深入的思考和全面规划，意识到要实现县域经济的高质量发展，推动城乡深度融合，必须有一批强大的农业链主企业来带动。近年来，射洪市积极引进和培育正大集团、沱牌舍得酒业、四川美丰、新希望等农业链主企业，引导这些企业加强与农村合作，推动城乡人才双向流动、三次产业联动发展。通过发展现代农业、乡村旅游等产业，将农业与工业、服务业紧密结合起来，形成了一个多元化的产业体系。为了支持这些农业链主企业发展，射洪市还加大了对基础设施建设的投入，通过整合本级财政资金，修建了更多的公路、桥梁、水利设施等，提高了城乡之间的交通便利性，为产业的发展提供了有力的支撑。在射洪市干部群众的共同努力下，其县域城乡融合的综合承载能力和辐射带动能力不断增强，城乡居民的收入水平不断提高，生活质量也得到了显著的改善。

一、主要做法

射洪市作为全国县域经济百强县，在第二产业发展中具有良好的基础优势，虽然一、三产业也在同步发展，但相比第二产业的发展速度稍显缓慢。为了更加全面地促进产业协同发展，带动城乡各类要素深度融合，射洪市积极引导沱牌舍得酒业、正大集团、新希望、五斗米等农业链主企业通过产业链延伸推动一二三产业协同发展，搭建起县域城乡产业协同发展平台，促进了县域城乡人才双向流动、产业双向融合及农村土地资源充分盘活，实现了县域城乡融合综合承载能力和辐射带动能力不断增强。

（一）链主企业“链”在平台搭建上

射洪市注重发挥城乡融合基础优势，坚持工业主导、农业为基，走工农互促的发展之路。坚定把锂电新材料、食品饮料、能源化工三大主导产业作为县域经济发展的关键性、支柱性产业重点培育和推动。蓬勃发展的第二产业不仅每年为射洪市财政税收提供保障，还推动了当地农村基础设施得以不断完善，为现代农业产业规模化发展、休闲文旅产业转型升级奠定了基础，同时在当地政府的统筹规划布局下，不断扩充自身产业体系带动当地一三产业协同发展，发挥三次产业融合的乘数效应。

2020年，射洪市引进正大集团发展3000万羽白羽肉鸡全产业链项目，配套建设饲料厂、代种鸡厂、孵化厂、肉鸡屠宰加工厂、熟食厂，以及与其配套的商品肉鸡饲养基地，形成生产、加工、销售一条龙连贯作业体系，把一二三产业深度融合，形成了城乡产业协同发展辐射面。2022年，正大集团出栏白羽肉鸡1700万羽，通过引入现代化的农业技术和经营模式，提高了当地养殖效率和产品质量，产值达8亿元以上，为传统农业大县注入了发展活力。2022年，射洪市以沱牌舍得酒业为中心，成立了四川沱牌绿色生态食品产业园，形成了以酒业为主导，配套发展酒业关联产业、精品粮油、绿色蔬菜、特色农产品加工、文旅融合等链式、集群发展格局，打造千亿产业集群，促进县域现代产业体系区域带动力和发展竞争力越来越强。

（二）链主企业“链”在用人育人上

人才是城乡融合战略中最宝贵的资源，射洪市老牌项目沱牌舍得酒业、新希望以及新引进的正大集团、五斗米等链主企业，在用人、育人方面也极力促进城乡人才有效流动。一方面，解决县域经济发展中农民“离土不离乡”的问题，就近转移农村剩余劳动力。仅正大食品遂宁有限公司就吸纳当地900余人就业，实现用工90%本地化，且薪资福利均高于当地平均水平30%，有效促进了本地居民就近就业。另一方面，解决县域经济发展中人才下乡难的问题。正大白羽肉鸡全产业链项目正在逐步推进饲养本地化，积极扶持培育家庭农场，这一过程需要专业人员长期跟踪指导，实现一部分技术人才下乡并造就了一支新型职业农民队伍。另外，由链主企业牵引，射洪市开始实施乡村干部提升、乡土人才回引、职业农民培育、乡村招才引智“四大行动”，造就了一支“懂农业、爱农村、爱农民”的基层农村干部队伍，为探索城乡有序流动的人口迁徙制度奠定了产业基础。

（三）链主企业“链”在“富饶”农村土地上

产业发展到一定基础上才更容易实现土地流转和规模经营。射洪沱牌舍得酒业以食品深加工为主导产业，需要大量的酿酒原料供给，近几年在本地流转基本农田6万亩用于原料种植生产，既满足了自身生产需求，又解决了本地土地种植粮食的收益问题；正大食品遂宁有限公司以肉鸡养殖为主导产业，为保障饲养原料供给，优先对接当地农民土地1500亩开展订单种植，提供相关技术指导，并以高出市场价2%～5%进行收购，解决原料就近供应和当地土地产出问题。随着土地流转，农业产业的稳步发展，辐射带动起建筑、饲料、运输、劳务、清洗等关联产业发展，产业辐射覆盖带动射洪市21个镇，辐射面积1496平方公里，间接带动农村劳动力2万余人实现就业。

（四）链主企业“链”在一二三产业协同发展上

不同产业的协同发展和联带效应是实现城乡融合中产业深度融合的关键。链主企业拥有包括产业协作整合力、技术创新引领力、目标市场创设力、数字转型赋能力等强大的企业生态主导力。射洪市稳定的县域经济成就主要来源于锂电和能源等第二产业，有了稳定、充足的财政税收可以充分补足农村的基础设施建设，为一三产业的规模化生产和转型升级提供基础保障。近年来，射洪市全面推进高标准农田建设，给当地规模化粮油种植奠定了基础，不仅能够满足当地沱牌舍得酒业和正大集团等食品企业的原料需求，还进一步推动了农业生产方式转变和管理模式创新，提高了农业生产效率和质量效益，增强了农业竞争力和可持续发展能力。同时，不断完善乡村道路建设和农村房屋改造建设，既改善了农村居民的生活环境，也为城市居民到农村休闲旅游提供了良好的配套设施。射洪市随着农村环境和基础设施建设的不断完善，景观农业、乡村文旅等产业也不断发展壮大，形成了“二产带一产促三产”的良好局面，充分实现了县域三次产业的协同发展。

二、经验启示

城乡融合是乡村振兴的“加速器”，是多层次、多领域、全方位的融合。射洪市以链主企业为主抓手，通过县域经济的发展充分促进人才、产业和土地等要素的流动，走出了一条具有地方特色、符合城乡实际的融合发展之路。这一经验对于其他地区来说，具有重要的启示意义。

（一）企业带动是关键

在推动城乡融合发展的过程中，应该注重城乡产业的集聚与发展，其中链主企业的带动作用至关重要。射洪市通过引进和培育具有强大影响力的链主企业，成功地在城乡之间架起了桥梁，推动了产业的集聚与发展。这些企业在产业链中占据核心地位，具有强大的辐射带动能力。它们不仅带来了先进的技术和管理经验，还吸引了大量相关企业和产业要素的集聚，形成了完整的产业链条。如沱牌舍得酒业，从酿酒产业园开始，不断增加预制菜产业园、精酿啤酒产业园、包装材料产业园及原料种植基地等一系列产业链，同时还与当地的农民专业合作社开展订单合作模式，增加当地农民的收益。这种“联农带农”的做法实现了产业深度融合，提高了农业生产的效率和附加值。链主企业的引进和培育，还促进了城乡之间的资源共享和优势互补。城市中的资金、技术、人才等资源能够通过企业搭建的平台流向农村，推动农村经济的发展和农民收入的提高；同样，农村的资源优势也可以得到更好的开发和利用，既能为城市提供丰富的原材料和大量劳动力支持，又能充分盘活农村土地资源。

射洪市的实践案例充分展示了企业在带动县域城乡融合发展中的关键作用。通过引进和培育链主企业、推动“联农带农”及搭建城乡产业协同发展平台等措施，射洪市成功实现了城乡之间的资源共享和优势互补，推动了县域经济的持续健康发展。

（二）产业协同是核心

城乡产业协同发展是促进城乡深度融合的重要部分。相关产业协同运营的整体效益要远大于孤立运营的简单相加，这不仅是简单的产业集聚，更是产业链条各环节之间的有机配合和深度融合。射洪市以链主企业为引擎，拉动了城乡各类要素的有效流动，促进了三次产业的协同发展。其中，正大集团的白羽肉鸡产业就是射洪市产业协同发展的一个生动实例。通过引进正大食品遂宁有限公司这样的链主企业，白羽肉鸡产业上实现了从粗放型养殖向集约化管理转变，成功地将养殖、屠宰、加工、销售等环节紧密连接起来，形成了完整的产业链条，实现了高效、自动化的生产流程，不仅提高了肉鸡养殖的生产效率，还确保了产品的质量和食品安全。

这种产业协同的模式极大地提升了白羽肉鸡产业的附加值和市场竞争力。白羽肉鸡养殖为屠宰加工提供了充足的原材料，而屠宰加工则通过先进的技术和设备将原材料转化为高附加值的产品。同时，射洪市还加强了与周边地区的合作，将白羽肉鸡产品销售到全国各地，进一步扩大了市场份额。射洪市通过加强产业之间的联动和配合，实现了农业、工业和服务业等产业的深度融合，推动了县域经济的持续健康发展。

（三）农民就业是基础

射洪市通过引进和培育链主企业，形成了完整的产业链条，为农民提供了丰富的就业机会。这些企业不仅吸纳了大量的农村劳动力，还通过技术培训和岗位提升，提高了农民的职业技能和收入水平。同时，射洪市积极推动农业产业的转型升级，发展现代农业和特色农业，为农民提供了更多的创业机会和发展空间。沱牌舍得酒业围绕产业链各个环节，为当地农民开展了各类职业技能培训，如酿酒、种植技术等，帮助农民掌握一技之长，提高他们在就业市场上的竞争力。正大集团以“自养+农户代养”模式进行肉鸡养殖，以“统一供雏、统一供料、统一药品疫苗、统一技术服务、统一回收毛鸡”的“五统一”标准化饲养模式，建立农民利益联结机制等，配套发展优质饲料原料种植基地1800亩，打造11个养殖示范镇，发展农民养殖户18户，养殖肉鸡规模11.75万羽，户均增收20万元，形成长效致富增收的模式。此外，射洪市还鼓励农民自主创业，通过提供政策扶持和创业指导，支持农民发展特色产业和乡村旅游，实现家门口就业。

在促进农民就业的过程中，射洪市还注重完善农村基础设施和公共服务。通过改善农村交通、水利、电力等基础设施，提高了农村的生产生活条件，为农民就业提供了更好的环境。同时，射洪市还加强了农村公共服务体系建设，为农民提供了更好的教育、医疗、文化等公共服务，进一步提升了农民的生活品质和幸福感。

（四）人才流动是保障

射洪市把握住人才是推动城乡融合发展的核心动力这一关键因素，充分发挥链主企业的价值，不仅解决了农民的就近就业问题，还凭借强大的产业支撑吸引了更多的人才下乡。这种人才双向流动的模式有助于缓解城乡人才结构失衡的问题，推动城乡人才资源的优化配置。在乡村振兴战略中，射洪市通过设立人才发展基金，健全人才培育、引进、留用机制等措施，成功激活了乡村人才的内生动力。这不仅吸引了大量外部人才投身乡村振兴，更激发了本土人才的创造力，提高了本土人才的积极性。

射洪市在推进城乡人才融合中十分注重人才的引进与培育，同时也注重为人才提供良好的工作和生活环境，让他们在城乡之间能够自由流动，充分发挥自身的才能。城乡融合发展需要重视人才的流动和配置，通过提供就业机会和职业培训，可以吸引更多的人才到农村发展，为农村经济注入新的活力。同时，也需要建立健全人才激励机制，让人才在城乡之间自由流动，实现个人价值与社会发展的双赢。

三、完善建议

射洪市在城乡融合发展中取得了不错的成绩，在西部县域城市中具有较好的示范作用，对于其他地区有很好的学习借鉴价值，课题组立足先期乡村振兴研究基础，对当前射洪市城乡融合发展中部分工作提出以下完善建议，供其参考。

（一）产业链还需进一步延伸

从实地调研结果来看，尽管射洪市在白羽肉鸡养殖上有较大规模，但精深加工环节明显不足，大部分农产品以原产品形式销售，应持续在深加工环节及熟食制作方面加大投入力度，推动产业链直接延伸至市场销售环节，最大限度降低运营成本，提高产业收益。在种植业上，当地企业在后端加工方面大多依赖于外部代生产，尤其是蔬菜产品产地预冷、烘干、储藏等初加工发展滞后，精深加工能力不足。如天应农业公司的“菊裕面”，其后端加工均委托成都或重庆等地企业代生产，缺乏本土精深加工企业，限制了产业链的完整性和自主性，急需引进或自主建设水果、蔬菜精深加工企业。同时，品牌建设和认证不完善，尽管射洪市拥有如白萝卜等特色农产品，但绿色食品认证和“两品一标”数量严重不足，区域公共品牌建立滞后，导致大量产品为其他品牌贴牌生产，品牌价值未能充分体现，应尽早打造本土自主品牌，提升农产品市场竞争力。

（二）园区建设还需进一步拓展

射洪市在推进城乡融合过程中，园区建设既为当地带来了显著的经济效益，也搭建了各类产业协同发展的平台，因此不仅要注重产业集聚和规模效应，更要关注产业链上、下游的协同发展。调研发现，正大集团在射洪市的玉米年需求量高达4万吨，需求种植面积为1万亩，而当地订单饲料种植的面积仅为1500亩，远远不能满足生产需求，这成为制约企业进一步发展的瓶颈，导致企业不得不从东北等地引进原料，不仅增加了运输成本，还影响了生产效率和产品质量。为了破解这一难题，建议射洪市在园区建设中加大对订单饲料种植的扶持力度。通过政策引导、资金扶持和技术支持等手段，鼓励农民扩大种植面积，提高种植技术和管理水平，确保原料的稳定供应和质量。同时，可以积极探索与东北等地的长期合作关系，实现原料的多元化供应，降低采购成本，提高整体竞争力。

（三）人才保障还需进一步完善

射洪市近年来在吸引人才返乡方面取得了显著成效，为了促进地方经济的持续发展，该市市政府已经推出人才强市10条措施，并设立6000万元的人才发展基金，成功吸引了大量高层次人才和农民工返乡创业，为当地经济发展注入了新动力。但仍可从以下方面进一步完善：一是进一步优化人才政策体系，确保人才政策的连贯性和有效性，提高人才流动和使用的效率。二是加大人才保障力度，为人才提供更加优厚的待遇和更好的工作环境，让他们能够安心工作、发挥所长。在职业经理人的培育和保障方面，射洪市应进一步加大投入，通过提供更多的培训和发展机会，提升职业经理人的专业素养和管理能力。同时，建立健全职业经理人的保障机制，确保他们在为企业贡献力量的同时，也能够享受到相应的待遇和保障。

要实现人才强市的目标，不仅需要制定和推出有吸引力的人才政策，更需要不断完善和优化人才保障措施，确保人才能够在良好的环境中发挥作用，为地方经济的发展贡献力量。

课题组参加射洪市城乡融合发展座谈会

课题组实地调研射洪市沱牌舍得酒业产业发展情况

课题组实地调研射洪市乡村产业发展情况

射洪市正大集团产业发展布局

2

破解“两房”安全问题，纠治乡村治理“顽疾”

时　　间： 2023年12月14—18日

地　　点： 四川省凉山彝族自治州西昌市

参加人员： 邓蓉　周欣茹　张荆　袁馗　罗明东　梁景智　郑淑堃

执 笔 人： 罗明东

内容摘要

1978年10月，四川省西昌地区与凉山彝族自治州合并，成立了包括两地18个县在内的新的凉山彝族自治州。1986年7月，原西昌县建制撤销改为西昌市，成为凉山州州府，标志着西昌完成了从一个农业小县到一个中等城市的蜕变。伴随着西昌的飞速发展，凉山州的其他县市，特别是原凉山州一些贫困县的部分村民开始陆续到西昌市农村，私下与在地村民、村两委签订土地买卖合同，占用宅基地或者耕地（包括基本农田与一般农田），违规修建房屋定居并从事经营活动。这在凉山州的许多县，特别是贫困县出现了“溢出效应”，由此自发搬迁户逐渐增加。据统计，凉山州内16县市自发搬迁到西昌市的有23914户，人数高达112657人。随着自发搬迁户的数量逐渐增多，农村危房、乱占耕地、集体经济组织成员权益纠纷等问题也逐渐暴露出来。为此，2022年底，西昌市借助全国农村宅基地制度改革和农村乱占耕地建住宅类房屋专项整治“两项试点”的机遇，全面启动了“农村土坯房大砖房改造三年攻坚行动”。一年多来，西昌以农村土坯房大砖房改造为牵引，推进宜居宜业和美乡村建设，全面启动建房20863户，农村群众住进了“暖心房”，逐步实现了“安居梦”。

作为凉山州自发搬迁户集中聚居区，同时也是四川省两个9度抗震设防地区之一的西昌，自发搬迁户在西昌城郊的集聚对乡村治理和发展造成了极大的困扰。一是安全隐患大。西昌市地处安宁河－则木河地震断裂带，是全国为数不多的9度抗震设防区之一，辖区内农村存在大量的危旧土坯房（其中有近1/3是自发搬迁户住房），此类住房与9度抗震设防烈度要求差之甚远，抗震能力极为薄弱，提高房屋抗震性能迫在眉睫。二是违规用地多。随着土地用途管制愈发严格，自发搬迁户的住房大多占用了永久基本农田，跨越了耕地保护红线，亟须进行整改。三是权益衔接难。自发搬迁户到西昌多是个人行为，未通过正当的移民搬迁手续，无法落户，导致其医疗、子女教育以及集体经济组织成员权益难以得到保障，而直接落户到现居住地，又极易引发本地户与外来户的利益纠纷。面对自发搬迁户土坯房大砖房量大面广、隐患突出的特点，西昌亟须以农村土坯房大砖房改造为突破口，解决自发搬迁户的治理难题。

2020年9月，西昌市作为“三区三州”唯一的县级市被纳入全国农村宅基地制度改革试点，承担了新一轮改革试点任务。作为全国农村宅基地改革、农村乱占耕地建房专项整治试点县（市），其改革方案中对其他集体经济组织成员如自发搬迁农民在本集体拥有房屋情况的处置，明确了分类办理政策，为彻底解决自发搬迁户建房问题提供了千载难逢的机遇。2022年6月，西昌市启动农村土坯房大砖房摸底调查工作，全市各级干部下沉一线走村入户，一户一档、一房一码，扎实开展了3轮全覆盖摸底调查，共排查出需进行农村土坯房大砖房改造农户63492户，其中自主搬迁户现有土坯房大砖房等不安全住房共计21715户。2022年11月，西昌市“农村土坯房大砖房改造三年攻坚行动”全面启动。

一、主要做法

（一）天降“及时雨”，抢抓政策“窗口期”

作为凉山州州府、经济发展的“极核”，西昌市得天独厚的区位条件，吸引了大量市外人口自发搬迁前往西昌市农村地区定居。数据统计，西昌市农村现有土坯房大砖房占比达到47.86%，自发搬迁户现有土坯房大砖房等不安全住房共计21715户。由于这类人群住房多是通过购买原集体经济组织成员房屋、宅基地甚至直接购买耕地建房等方式获得，加之如此庞大的规模，西昌市在此次“农村土坯房大砖房改造三年攻坚行动”中，首要的就是妥善解决这部分自发搬迁户的建房问题。

2020年9月，中央农村工作领导小组办公室、农业农村部将西昌市纳入农村宅基地制度改革试点；2022年4月，西昌市被列为农村乱占耕地建房专项整治工作试点，两项改革试点的政策机遇为西昌市自发搬迁户建房难题、农村人居环境不断改善提供了解决之道。为此，西昌市在全国首创自发搬迁户安全住房保障权证，赋予其利用现居住地村集体建设用地修建房屋的权利，解决“想建房但无资格，有房屋但无保障”问题，截至目前，颁发权证12079份。

（二）一碗水端平，“两地”农民皆受益

在农村土坯房大砖房改造过程中，西昌市始终坚持自发搬迁户与本地村民一视同仁的原则。

1.明确土坯房大砖房改造申请对象

（1）本地村民。在城镇开发边界线外，有唯一住宅为土坯房大砖房的，或依法拆除“一户多宅”多余房屋后，有唯一住宅为土坯房大砖房的（一户多宅都是土坯房大砖房的）本地村民。

（2）自发搬迁户。经凉山州、西昌市认定并录入自搬数据管理系统，已取得西昌市自发搬迁户安全住房保障权证，现居住的农村住房在西昌市城镇开发边界线外的自发搬迁户；在原户籍所在地没有住房或有住房已自愿拆除的，在西昌市农村只有唯一住房为土坯房大砖房，或已拆除多余住房仅保留一处住房为土坯房大砖房的自发搬迁户。

2.明确新建住宅建设标准

（1）本地村民。西昌市农村村民宅基地新建、改建、扩建和原址拆旧建新宅基地用地标准如下：2人户60平方米，3人户90平方米，4人户120平方米，5人及5人以上户150平方米。

（2）自发搬迁户。现有住宅面积超过西昌市农村村民宅基地标准的，按照西昌市农村村民宅基地标准核定拆旧建新房屋占地面积。自发搬迁户现有住宅面积未达到西昌市农村村民宅基地标准的，以现有住宅占地面积核定拆旧建新房屋占地面积。

3.明确享受补助资金的范围及标准

本地户和自发搬迁户符合参与土坯房大砖房改造条件的，都可享受建房补助资金。补助标准如下：2人户，每户补助1万元；3～4人户，每户补助2万元；5人及5人以上户，每户补助3万元；农村低收入群体在以上标准的基础上再多补助1.5万元。

（三）州市县联动，用“乡音”传递好政策

按照“户有所居、一户一宅”原则，西昌市在自发搬迁户土坯房大砖房改造政策中明确指出，经州、市认定已录入自发搬迁户系统的自发搬迁户申请西昌市自发搬迁户安全住房保障权证，参与土坯房大砖房改造，需在户籍所在地出具无房情况说明。同时，根据中共中央办公厅、国务院办公厅印发的《农村乱占耕地建房住宅类房屋专项整治试点工作方案》，对其他集体经济组织成员在本集体拥有一处或多处房屋的情况，明确了处置政策，但试点执行的时间到2023年12月截止，所有自发搬迁户土坯房大砖房改造政策执行时间也到2023年12月截止。2023年12月前未按规划、标准和政策处置并补办手续的自发搬迁户房屋，其住房将失去合法认定机遇，可能失去这一千载良机。因此，针对市内自发搬迁户观望等待甚至集体抵制的行为，凉山州自发搬迁办与西昌市积极探索州、市、县联动共推的协调机制。

为确保州内各市县搬迁到西昌市的自发搬迁户能够在试点政策期内完成土坯房大砖房改造，切实保障他们今后教育、医疗、社会保险等方面的基本权益，16个县市工作专班陆续赶赴西昌，全覆盖开展自发搬迁户政策宣讲和改造动员。各市县宣传动员组实行全覆盖入户动员工作，耐心询问每一户符合条件的改造户存在的困难和问题，绝不落下一户一人，只为让每一户群众都能够把握机遇，加入土坯房大砖房的改造中。为了能够及时、全面地开展宣讲和动员，做到宣传一户就动员一户，动员一户就成功一户，工作组在来到西昌市前便提前了解和学习了相关政策以及村民参与土坯房大砖房改造所需资料，并带齐了行业主管部门、乡（镇）、村、组四级公章，对于缺少相关证明材料的实行现场核实、现场办理。

（四）多渠道发力，做足“功课”建新房

住有所居、安居宜居，是千家万户的共同心愿，也是建设宜居宜业和

美乡村的内在要求。在农村土坯房大砖房改造过程中，西昌市积极整合政策资源，跑出攻坚行动“加速度”。

1.在改造方式方面

采用新址新建、拆院并院、原址原建、全面拆除和修缮保护五种模式，采取本地户和自发搬迁户“一视同仁、一个政策、一体推进”原则全面推进改造工作。截至2023年12月31日，共启动121个新址新建“小组微生”聚居点、53个拆院并院“小组微生”聚居点，20863户启动改造工作。同时，在整村推动完成农村土坯房大砖房改造的基础上，围绕“成熟一个、打造一个、做好一个”的思路，重点建设“交通物流一体化、农村供排水一体化、农村垃圾清运一体化、公共服务一体化”等基础设施，大力实施以“五美联创”为带动的宜居宜业和美乡村建设，改善农村人居环境，因地制宜推动产业发展，助推村民增收致富，全力构建由表及里、形神兼备的宜居宜业和美乡村。

2.在用地指标方面

数据显示，全市9969亩自主搬迁户房屋“二调”是耕地，未办理合法手续，如果现在原址拆旧新建，或将被认定为新增违法用地，只有通过农用地转用才能消除违法状态。顺利完成全市土坯房大砖房改造累计约需12000亩建设用地指标，而在“三区三线”划定后，受基本农田保护严格限制，聚居点选址极为困难，加之西昌市城镇建设用地指标主要用于州、市重大项目建设，无力提供足额建设用地指标保障村民建房所需。因此，在凉山州统筹指引下，西昌市结合农村宅基地改革试点要求，在迁入地西昌市积极开展已腾退宅基地的集体建设用地指标确认、使用的路径流程，加快宅基地制度改革试点中“农用地转用”的进度，在迁出地采取“土地增减挂钩”、调剂建设用地指标，多渠道解决用地指标紧张问题。

3.在资金保障方面

农户建设一层的安全住房约需8万元，建设二层楼房约需20万元，大部分农户表示无力自筹足额资金建房。为解决土坯房大砖房农户自筹资金难的问题，西昌市统筹农村C级和D级危房改造补助、农房抗震补助、山洪避险搬迁补助、地质灾害避险搬迁补助、州级乡村振兴衔接资金等，给予农户1万~3万元补助，六类人员再增加1.5万元的建房补助，截至目前已向符合条件的7653户建房户发放建房补助2.2亿元。同时，西昌市委、市政府积极与在昌金融机构沟通，以建立风险补偿金撬动贷款额度的方式，推出低利率土坯房大砖房改造农户专项贷款产品，已向3312户建房农户发放贷款4.63亿元。“农村土坯房大砖房改造三年攻坚行动”预计投入资金120亿元，其中财政直接补贴补助超过29亿元。

4.在建房管理方面

推行数字化管理，开发信息监管平台，建立农村住宅数字库。开发了西昌市“农小云数字农房信息监管平台”，理顺工作流程，对农村住宅进行“一户一档、一房一码”管理，对宅基地审批进行“一建一审、并联审批”管理，对村民自建房采取“远程监管、动态巡查”的“云监工”管理，构建智慧高效的运行体系。探索建立乡村规划师、设计师和工程技术人员下乡服务制度，公开招募专业设计单位、勘察单位保障农户建房安全性和规范化。聘请西昌学院出具建房图集，为村民建房提供专业参考。开展全覆盖质量安全巡查，组织农村工匠进行分片区培训，现已组织4期542人次参加培训，对培训合格的颁发农村建筑工匠培训合格证书。

二、经验启示

农村土坯房大砖房改造不仅是巩固脱贫攻坚成果、推进乡村振兴的政治工程，更是贯彻人民至上、生命至上理念的安全工程，是践行把人民安危冷暖放在心上要求的民生工程，是深化农村改革促进内需循环的发展工程。西昌市基于以人民为中心的发展思想和主动应对的现实考量，紧紧抓住全国农村宅基地制度改革和乱占耕地建住宅类房屋整治“两项试点”

机遇，开展的“农村土坯房大砖房改造三年攻坚行动”成效显著，对加快建设宜居宜业和美乡村，构建城乡融合发展新格局具有一定的借鉴意义。

（一）要立足于解决老百姓的“急难愁盼”

住房，在老百姓心中，不仅是一个遮风挡雨的住所，更是承载希望的港湾。土坯房大砖房改造是保障群众住房安全、改善群众居住环境、提升群众幸福指数的一项利民工程、惠民工程，承载着人民对美好生活的向往。自2022年11月启动“农村土坯房大砖房改造三年攻坚行动”以来，西昌市围绕“三个一批”（实施一批、谋划一批、储备一批），深化“三项改革”（“田长制”改革、宅基地改革、“三变”改革），将农村土坯房大砖房改造确定为“2023年度五件大事”之一，并顺利完成了年度改造任务。改造工程的成功与所取得的显著成效，让我们充分认识到，立足群众需求、激发群众参与是干好一项工作的重要基础。以人民为中心，不是口号、不是虚言，是实实在在的责任和担当，是必须践行的宗旨和情怀。推动土坯房大砖房改造，靠的就是“为民改造，靠民改造”的推进原则，只有保持眼睛向下看、脚步向下走、重心向下移，最大限度争取最广泛的民意认同、情感共鸣和工作支持，才能够充分调动社会各方面的广泛参与，激发人民群众的奋斗精神和创造潜能，从而推动一项政策、一项工作走深走实。

（二）要发挥政策试点的“前哨”优势

习近平总书记在中央全面深化改革领导小组第三十五次会议上强调：“抓好试点对改革全局意义重大。要认真谋划深入抓好各项改革试点，坚持解放思想、实事求是，鼓励探索、大胆实践，敢想敢干、敢闯敢试，多出可复制可推广的经验做法，带动面上改革。”因此，开展试点，既为大范围改革实践投石问路，也为局部先行先试开辟空间。在农村大砖房土坯房改造过程中，为做到有章可依，依据“两项试点”有关政策，西昌市聚焦农村宅基地和建房管理突出矛盾及主要问题，细化制定《西昌市自发搬迁户土坯房大砖房整治提升实施方案》《西昌市农村乱占耕地建房（住宅类房屋）专项整治工作实施方案》等“1+8”配套政策和“2+2+6”宅基地管理制度体系，全面形成农村宅基地改革配套支撑文件。为保障宅基地资格权，西昌市对所有危旧住房进行房屋性质认定，作为依法办理自发搬迁户现有安全住房和集中改造不安全住房的相关审批依据，全年共颁发安全住房保障权证12079份，着力化解了长期以来困扰西昌市自发搬迁户的住房拆建难题。

（三）要汇聚全员奋战的强大合力

工作是干出来的，成绩是拼出来的，行与不行、能与不能就体现在一户户任务指标上。西昌市的成功，离不开市州及各区县“一盘棋、一条心、一股劲”的努力。在州级层面，凉山州各部门积极协调从配套政策、资金支持、用地保障、金融扶持等方面给予了实打实的支持。在市县协作时，离不开其余16个友邻市县工作专班的大力支持，通过派专人赴昌全覆盖开展自发搬迁农户政策宣讲和改造动员，专人对接现场办公开具无房证明，破解了自发搬迁户在昌改造建房难题。在市本级，各要素保障部门将土坯房大砖房改造作为重要事宜来抓，自然资源、农业农村、司法等6个部门370余名执法人员下沉乡镇开展综合执法，重塑执行有力、联动高效的执法监管体系。中国农业银行、凉山农商行、金信村镇银行等驻昌金融机构通过政府设立的风险补偿基金，推出土坯房大砖房建房专项贷款，切实解决农户建房后顾之忧，累计向3312户建房农户发放贷款4.63亿元。各乡镇（街道）、村（社区）也因地制宜采取各种方式方法推动工作落实，营造全社会关心、参与的良好氛围。

（四）要以系统谋划答好“未来之问”

见叶知秋、谋定后动，不仅是事业发展对党员干部能力素质的必然要求，也是我们推进各项工作中的重要指引。农村土坯房大砖房改造是一项“牵一发而动全身”的系统性工程，必须因势而谋、应势而动、顺势而为。

在改造工作推进过程中，西昌市始终着眼于全局思考和处理问题，加强战略性、系统性、前瞻性研究谋划，强化改造基础支撑，在把握主动中推进各项工作。西昌市注重调研先行，建立基础数据库。通过多轮次反复摸底调查、登记录入，把房屋、宅基地与房主信息相互对应，建立西昌市村（居）民自建房屋信息采集系统。并依据“两项试点”有关政策，完善政策制度体系，细化制定《西昌市农村乱占耕地建房（住宅类房屋）专项整治工作实施方案》等“1+8”配套政策和“2+2+6”宅基地管理制度体系。同时，在工作推进中，西昌市聚焦过程管控，实施乡村自然资源规划建设管理体制机制改革，推行灵活建房模式，搭建数字农房信息监管平台，破解农民建房难题，全面规范农村建房管理，切实改善农村人居环境，加快建设宜居宜业和美乡村。

三、完善建议

2023年12月14—18日，都江堰市委党校（成都村政学院）课题组应西昌市委党校邀请，成立联合课题组，就西昌市农村土坯房大砖房改造工作进行了蹲点调研，在调研过程中，课题组深切感受到了西昌市付出的巨大努力和良好工作成效，同时也发现在实际推进过程中，存在着农户可能对安全住房保障权证理解有一定偏差、一些政策的法律支撑还不足、自发搬迁户改造建房后的落户还存在一定风险等潜在隐患，为确保改造工作扎实、稳定、可持续推进，课题组给出以下几点建议。

（一）打通信息沟通堵点，精准解释相关政策

打通政府与农户之间的信息堵点并精准解释政策，有助于提升农户参与土坯房大砖房改造的积极性，有助于稳定农户对改造后损益的合理预期，有助于避免因群体性政策误读而造成的上访风险。为此，要将传统媒体与

新兴媒体有机融合，通过农村“大喇叭”定时定点地播放，加上乡镇村组干部耐心细致地讲解，让农户及时、准确地获取政策信息，让参与改造的村民都对房产属性和配套政策了然于胸。

特别重要的是，要给广大自发搬迁户讲清楚住房安全保障权证的作用和用途。他们参与改造后搬入的新居属于保障性住房，不可以直接进入商品房交易市场，防止改造完成后农户盲目进行二手房私下流转而衍生出新的纠纷和矛盾。

（二）统筹推进两项改革，为自建房确权提供法律支撑

要坚持“一户一宅、有偿退出、有偿使用”的原则，推动西昌市宅基地制度改革系列政策有序落地，为农村土坯房大砖房改造后可能出现的产权纠纷预备好“法律工具箱”。面对西昌市改造中较为普遍的“一户多宅”“一宅超面积”等历史遗留问题，建议专班有关领导赴江西省鹰潭市余江区（中央首批宅基地制度改革试点工作先进县）调研考察，学习其经验做法，借鉴“如何界定一户”“如何确定面积标准及超面积处理方法”“如何明确评估主体”等一系列现实问题的解决方案。

（三）探索合法有序落户路径，解决身份认同和归属感问题

作为土坯房大砖房改造过程中极其重要和特殊的群体，自发搬迁户“从外县农村流入西昌农村”，在创造社会财富的同时，给基层治理带来诸多挑战。土坯房大砖房的改造，既要立足当下，依法保障自发搬迁户取得农村房屋使用权，又要着眼长远，突破房屋建设与户籍、村集体经济组织成员权利的不合理捆绑，最终解决自发搬迁户的身份认同和归属感问题。

《中华人民共和国农村土地承包法》第二十七条明确规定：“国家保护进城农户的土地承包经营权。不得以退出土地承包经营权作为农户进城落户的条件。”这为我们提供了一种新的思路，即可以借助土坯房大砖房改造

这个契机，尝试将自发搬迁户的户籍转为西昌市城镇户口。这样做的好处有三点：一是解决自发搬迁户人户分离和社会融入度差的问题，回应其医疗、教育诉求；二是可以保留一部分自发搬迁户在原籍地农村的土地承包权益，为其返乡留下一条退路；三是避免自发搬迁户与现居住地村集体经济成员利益的冲突问题。

（四）深入摸排精准施策，以点带面、由易到难地稳慎推进

面对农村土坯房大砖房改造中可能触及的几十年来的深层次问题和错综复杂的利益矛盾，我们的工作不可能毕其功于一役。更妥善的做法是，抓住主要矛盾和突破方向，在宣传工作全覆盖的前提下，以点带面、由易到难地稳慎推进，逐步形成示范效应。要坚持以人民为中心的发展思想，进一步深入基层俯下身子开展调研，逐户摸排情况，问需于民、问计于民，了解农户在房屋维修、翻新或重建过程中的内心诉求和实际困难，做到心中有数，精准施策，不断提高工作实效，力求把每一户的改造都建成暖心工程。

“西昌市农村土坯房大砖房改造”课题调研座谈会

课题组在西昌市川兴镇“牛圈房”实地调研

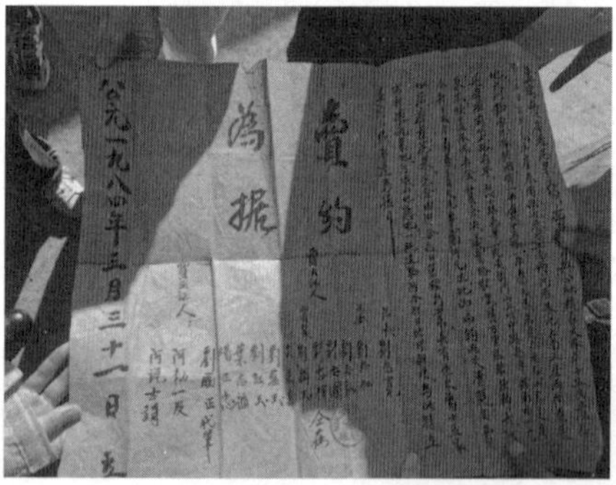

当地村民留存的签订于 40 年前的土地买卖合同

建设中的自发搬迁户住房

3

邛海畔古村落的生态振兴之路

时　　间： 2023年12月18日

地　　点： 四川省凉山州彝族自治州西昌市海南街道大石板村

参加人员： 邓蓉　袁馗　周欣茹　张荆　罗明东　梁景智　郑淑堃

执 笔 人： 袁馗

内容摘要

西昌市是四川省凉山彝族自治州州府，同全国许多城市一样，既有农村良好的生态本底和人文厚度，也有繁荣城市与落后乡村不均衡发展的现实。西昌市在促进城乡融合发展过程中，牢固树立“城乡一盘棋”理念，以产业发展、公共服务、要素配置等为着力点，使农村资源有效“激活”，城乡要素有序“聚合”，不断补齐城乡发展差距的“短板”。通过构建现代农业经营服务体系、建立农民持续增收长效机制、盘活农村闲置宅基地、融合共享城乡现代公共文化服务体系等方面的持续发力，西昌市逐步打造出一批城乡融合发展的美丽乡村，大石板村就是其中的典型代表。大石板村紧抓邛海湿地建设搬迁、村建制调整等机遇，着重从产业发展、和谐宜居、资源利用和集体经济发展入手，充分发挥区位优势、资源优势，逐渐走出了一条群众致富、集体增收的城乡融合发展道路。

大石板村位于西昌市东南部，背靠螺髻山，面向邛海，始建于明代，是一个古民居、古井、古树、古寺相依相伴三百年的古村落。它也曾是茶马古道和南方丝绸之路上的一个重要驿站。全村面积38平方公里，人口1620户、7952人，辖15个村民小组。

邛海是四川省的第二大淡水湖，面积约35平方公里，渔业、旅游业发达。大石板村紧邻的邛海湿地公园和螺髻山风景区均为国家4A级景区，旅游资源富集。然而长久以来，大石板村的村民们却过着靠山吃山、靠海吃海的生活，一边在邛海打渔，一边在周边耕种，不仅产业发展滞后，村民收入不稳定，并且配套公共服务也难以跟上，守着邛海湿地这个“聚宝盆”，却没能发挥出其应有价值。

近年来，西昌市启动了城乡融合“三变”（资源变资产、资金变股金、村民变股民）改革试点工作，将大石板村列为重点发展对象之一。西昌市根据大石板村的资源禀赋，把巩固拓展两项改革“前半篇”成果、发展壮大农村集体经济作为实施乡村振兴的重要抓手，探索出一条村级集体资产增值和新型农村集体经济发展的新路子。随着近年来各项创新举措的实施和落地，大石板村集体经济总收入年均超过120万元，收益超过40万元，交出了一份高分答卷，其实践路径和发展经验在当下具有重要的借鉴价值和推广意义。

一、主要做法

（一）搬迁安置，从“坚决不拆”到“迫不及待”

邛海是西昌人民的母亲湖、饮用水源地，西昌市委高度重视邛海的保护与发展，从2009年开始启动的邛海湿地恢复与保护工程，共搬迁环湖村民5万余人，恢复了2万亩城市湿地。

大石板村涉及拆迁失地农户131户563人，本着严格落实拆迁安置政策，并适当让利群众的原则，按照每人60平方米的建筑面积进行集中安置，另外每人安置10平方米的经营性用房。以前，大石板村村民一直过着半渔半农的生活，部分村民在邛海周边经营农家乐、烧烤等，有相对稳定的收入来源，这些群众对拆迁后的生活有顾虑，对拆迁工作比较抵触，有个别村民甚至公开表示“坚决不拆”，并多次到街道办表达不愿意拆迁的意愿。

为此，大石板村两委挨家挨户走访，反复讲明邛海饮用水源地保护的重要性，告知拆迁安置的优惠政策。村委多次组织村民一起参观安置点选址，共同讨论安置点的规划设计图等。在看到新家园的建设规划和美好愿景后，村民的抵触情绪逐步消除，矛盾纠纷得到化解，甚至还有村民时不时到村委会询问拆迁进度，盼着早些入住新居。拆迁工作得以顺利进行，也为大石板村的后续发展打下了坚实的基础。

（二）“四治并举”显神通，村里和谐乐融融

在乡村治理方面，大石板村结合自身实际，全面推进法治、德治、自治、智治“四治并举”，构建平安文明和谐宜居村。

首先运用居民喜闻乐见的方式，大力开展法治宣传，讲清吸毒、邪教等给个人、家庭带来的严重危害。开展“树家风、促振兴”家庭家风教育，宣传落实《凉山彝族自治州移风易俗条例》，制定村规民约。依托“一村两辅警”、网格员等组建治安巡防队伍开展治安巡逻，安装“雪亮”工程11路、慧眼76路、天网25路，构建立体防控体系，治安案件连年减少，从2020年的4起逐渐下降到2023年的0起。同时，加强了对大石板村的古寺庙——灵鹰寺等宗教场所的管理，严防邪教人员滋生，严防社会人员借助寺庙敛财、扰乱旅游环境。加强吸毒人员管控，2020年以来无新增、复

吸吸毒人员。利用居民小组长、“一村两辅警”、热心志愿群众等动态摸排各类隐患矛盾纠纷，每周定期进行分析研判，及时做好化解稳控回访，实现“小事不出村，矛盾不上交”，2020年化解矛盾纠纷18件、2021年8件、2022年8件、2023年3件。

在此基础上，大石板村“无黑恶、无毒害、无邪教、无命案、无重大安全事故、无群体性事件”的良好局面得到持续巩固，切实做到共建共治共享。一系列治理措施让生活在这个坐落于邛海湿地边美丽村庄的老百姓，获得感、幸福感和安全感不断提升，为产业发展、村民致富建立了良好的发展环境。

（三）民宿产业“嗨翻天”，村民致富笑开颜

在西昌市启动的城乡融合发展改革“五项试点任务”和“三变”改革试点工作中，大石板村被列为重点发展对象之一。大石板村相应成立了股份经济合作社、民宿行业党支部，推行村两委在合作社中交叉任职，邛海湿地这个“聚宝盆”开始得到充分利用。大石板村紧紧抓住发展乡村旅游的契机，以民宿主导村域产业，促进文旅融合发展。村两委利用闲置集体资产、资源性资产、经营性资产、人文生态资产以及村民手中余钱，深度发展民宿产业，组建三方合作、市场运作、风险共担、资源共享的西昌大石板文化旅游开发有限公司。公司由村集体经济组织、国有投资平台和社会资本共同入股。其中，国有平台公司和社会资本分别以现金形式入股，占股48%和41%，村集体经济组织以闲置资源入股，占股11%，实现了资源变资产、资金变股金、村民变股民。

大石板村主要的经营模式有以下四种：一是合作经营。大石板村整合全村农村闲置晒坝4050平方米、整村旅游资源、自然生态资源入股大石板文化旅游开发公司，占股5%，另入股资金90万元占股6%，合计占股11%。近4年年均获得入股分红超过10万元。二是自主经营。大石板村股份经济合作联合社全额投资450万元将集体闲置的粮食加工房改造为民宿“归心

十二间”，由村集体自主经营，近4年年均获得入股分红超过15万元。三是租赁经营。原钟楼村出租农贸市场、大队园艺场，年租金收入6万元；原核桃村出租篮球场，实现年租金收入5万元；原民主村将其所有的G248线服务站对外出租，实现年租金收入2.5万元；原钟楼村、核桃村出租2809.4平方米经营性用房，实现年租金收入50万元。四是优化经营。积极探索宅基地制度改革，协助政府有偿腾退48户农户闲置宅基地、老旧仓房6080.4平方米，增加村集体建设用地指标。腾退出的闲置宅基地交由大石板文化旅游开发公司开发打造休闲旅游项目，进一步拓展了休闲旅游项目的发展空间，深化了与公司的互利合作。

目前辖区内有不同档次的民宿、客栈232家，餐馆、农家乐85家，1000余名本地村民参与经营管理，平均每人年增加收入2万余元。增收致富和拆迁安置给村民的生活带来了实实在在的好处，大大增进了村民的幸福感和获得感。借助古村持续释放的改革“红利”，村民对村两委的信任度和满意度大幅增强，乡村治理效率也大幅提高。以前村民们赋闲在家无所事事，常有矛盾纠纷发生，现在大家抱团开民宿挣钱，不仅矛盾纠纷减少了，村民们还更加团结了。人居环境越发和谐稳定，在稳定中加快发展，在发展中促进稳定，相互促进、相得益彰。大石板村“玩转”城乡融合，民宿旅游“嗨翻天”，村民挣到了钱，个个喜笑颜开。

（四）合村联营，奏响“股”动人心的欢乐颂

大石板村原本由邛海边上的三个村落——钟楼村、核桃村、民主村合并而成。考虑到原村之间集体经济实力差距较大，经村集体民主决议，采取“区别管理+统一发展”的方式经营集体资产，收益实行差异化分配。原钟楼村农贸市场、大队园艺场、闲置打米房仍由原钟楼村经营并获得收益；原核桃村篮球场仍由原核桃村经营并获得收益；原民主村G248线服务站仍由原民主村经营并获得收益；原钟楼村、核桃村2809.4平方米集体经营性用房，目前房租用于抵扣建房款，6年后再民主协商收益分配方案。大

石板村出资将原钟楼村已属危房的粮食加工房改造成民宿“归心十二间”，由大石板村集体经济组织自主经营，收益归大石板村集体所有。

合村联营的基础上，又奏响了“股”动人心的欢乐颂。大石板村采取“A股+B股”实现融合发展。原核桃村集体有积累资金1076.25万元、钟楼村集体有积累资金406.5万元、民主村集体有积累资金6.66万元，合并后的大石板村集体基本无积累资金，属于典型的“强弱合并村”。经征求民意，选择“A股（原村股份）+B股（合并村股份）”管理模式，明确合并前各村资产、资金仍由原村自主经营管理，收益由原村成员享有；合并后的大石板村因无积累资金，分别向原核桃村、原钟楼村借资500万元、300万元用于发展民宿经济和旅游产业，获取的收益优先偿还借款，若有剩余，由大石板村所有成员共享。

（五）收益分配“算得清”，电子记账“玩得转”

为了构建收益分配新机制，大石板村制定《西昌市海南街道办事处大石板村集体经济收益分配制度》，推动村集体经济健康有序发展。一是清理收益，明确收益分配的范围及金额。目前大石板村集体经济收益主要由“西昌大石板文化旅游开发有限公司”收益的11%和村民自主经营民宿收益两部分组成。二是确定分配方案，由大石板村股份经济合作联合社理事会提出，经成员大会或成员代表大会同意，报街道办事处审核确定，年度总收益在提取15%的公积金、5%的公益金和10%的管理人员激励资金后，剩余部分由大石板村所有集体经济组织成员进行分配。三是公开公示，村集体经济收益分配方案确定后，向全体成员公示，接受群众监督，保证收益分配额度确定、审批结果、资金使用、操作步骤等各个环节公开透明。

同时通过电子记账，创新财务管理新模式。依托“第三方+银行”模式，在全市创新实施农村集体财务电子代理记账制度。一是让村集体财务管理更高效。大石板村报账员收集、整理、粘贴财务原始票据，经街道办“三资办”人员审核、把关原始财务票据，将其上传至“电子代理记账平台”，由代理记账公司专业人员统一进行账务处理，有效解决村集体会计财务专业能力不足、效率低等问题。此外，平台实行按期关账制度，督促村集体及时上传报销单据，有效减少压账、累账。二是让村集体财务管理更透明。大石板村集体经济组织成员可通过电脑端和微信小程序查询到村集体财务数据，村集体收支实现线上、线下同步公示，提高老百姓对村集体经济经营情况的有效监督。三是让报销审批流程更规范。村集体报账实行“一开支一审批”，经街道办村集体财务负责人审批后，银行直连付款环节设置再审批流程，杜绝现金收支，让费用报销管理更规范，货币资金使用更安全，为大石板村集体经济发展营造了良好的氛围和环境。

二、经验启示

大石板村的“蝶变”，在于平衡好了各方利益，并充分利用好了邛海湿地这一宝贵资源。大石板村委干部积极作为、不断探索创新、坚定改革发展、协调利益冲突的结果，其经验启示在当下广大乡村中具有积极的借鉴意义。

（一）争取机遇不放松

“敢抓机遇、会抓机遇、抓牢机遇”是大石板村成功“蝶变”的重要因素。2020年，西昌市开展宅基地改革，大石板村委就主动找到海南街道办提出申请、积极争取政策支持。结合大石板村独特的区位优势，以及前期拆迁安置工作中的良好表现和治理基础，在各方共同努力下，大石板村最终被西昌市列入改革试点村。在随后的西昌市“三变”改革试点工作中，再次通过积极争取，大石板村最终被列为重点发展对象之一，以此获得了宝贵的政府资金、政策支持。在此基础上，大石板村紧抓机遇，以发展乡村旅游为契机，以民宿主导村域产业，促进文旅融合发展。随着大石板村民宿产业的大力发展，老百姓将拆迁安置的闲置房屋用来自己开民宿，或者租出去收租金，大大提高了收入，日子越过越红火，钱包也越来越鼓。现在在大石板村流传着这样一句顺口溜：“以前的大石板，穷得睡石板，现在的大石板，富得天天板（意为非常富裕）。”

（二）村委当好“火车头”

习近平总书记在中央农村工作会议上指出，办好农村的事情，实现乡村振兴，关键在党，必须加强和改善党对“三农”工作的领导，切实提高党把方向、谋大局、定政策、促改革的能力和定力，确保党始终总揽全局、协调各方，提高新时代党领导农村工作的能力和水平。

在大石板村的“蝶变”之路上，村委会充分发挥出了党建引领的职能，保质保量完成拆迁安置工作，为乡村发展打下良好的基础。精准把握村民、外来投资经营业主等群体实际需求，紧紧围绕“康养民宿产业、集体经济壮大、村民持续增收、乡村有效治理”四个方面，科学设置服务内容。常态化开展方针政策宣传、群众呼声倾听、群众业务办理、矛盾纠纷调解、人居环境整治、文明新风树立等为民服务工作，使之成为乡村振兴的“加油站”“服务区”，为辖区党员、群众提供便民、娱乐和治理等一体化、一站式服务。村党委在大石板村的整个发展壮大过程中，真正发挥出了领导和引领的作用，让老百姓的生活质量和收入水平都得到了质的提升，从而也收获了群众的支持。

（三）构建集体经济新模式

大石板村利用闲置集体资产、资源性资产、经营性资产、人文生态资产及村民手中余钱，深度发展现代民宿产业，组建五方合作、市场运作、风险共担、资源共享的西昌大石板文化旅游开发有限公司。这种组织形式不仅可以提高农民的生产效率和经济效益，同时也能够增强村集体的经济实力，为集体经济的长远发展打下坚实的基础，实现了资源变资产、资金变股金、村民变股民，使原本平淡无奇的古村持续释放改革“红利”。

（四）引流原乡肌理优质服务

如今的大石板村，可以时刻看到人头攒动、游人如织。而大石板村引流的关键在于对古村历史风貌和原乡肌理的有效保持，以及为游客提供的高质量服务。

大石板村在打造之初就以保护乡村历史文化风貌为基点，参天大树、土墙青瓦、青石堤坎、农家美食、古街集市等历史风貌都得到了较好的保护和修复。现今，始建于明代、重建于清代的古老村落大石板村正焕发着新的生机，一砖一瓦、一楼一寺、一草一木，经过茶马古道文化浸润的大石板村让人恍若置身于古朴的旧时光。大石板村古朴的茶马文化和渔家风俗，赋予了大石板村厚重的历史文化印记，行走在古朴的村落之间，新与旧的时光交替。这不仅是一笔宝贵的自然文化遗产，也是大石板村的经济文化纽带。

在保留历史风貌与原乡肌理的同时，大石板村也能提供高质量的服务。不仅留得住乡愁，还有不输城市的高端服务。大石板村在场景打造上布局合理、功能完备。入驻商家店铺采用线上、线下销售相结合的方式，通过打造“大石板集市+”品牌，不断提高市场影响力，强化品牌输出。村集市销售产品种类丰富，包括特色文创产品、农副产品、乡村美食等，不仅服务、满足于本地村民、康养入住人群、周边游客日常消费需求，同时还带动了周边贫困村如原民主村、白庙村的特色农牧养殖业发展和农副产品销售。

大石板村以“村股份经济合作联合社”为龙头，引进多家知名民宿品牌，规划打造特色、精品民宿客房650余间。在设计中融入了大石板独特的土坯房文化、茶马文化，展现乡村振兴风貌，为来往游客提供融入自然、文化与生产生活方式的沉浸式、个性化体验。

三、完善建议

2023年12月18日，都江堰市委党校（成都村政学院）与西昌市委党校组成联合课题组，到海南街道大石板村实地调研，亲身感受到大石板村在乡村振兴改革“蝶变”后，群众“生活有奔头、奋斗有劲头”的欣欣向荣景象。同时，也发现一些大石板村在发展壮大集体经济过程中可能出现的问题和风险，为此课题组也给大石板村后续发展提出了以下两点建议。

（一）合作联社当法人，规避风险点

大石板村在发展村集体经济过程中，成立西昌大石板文化旅游开发有限公司，实现了资源变资产、资金变股金、村民变股民，目前年均收入已经超过了120万元。然而在调研中发现，该公司的法定代表人为大石板村村党支部副书记，这样以自然人为公司法定代表人的做法，可能在后续发展中存在以下风险点。

风险点一：村党支部副书记作为法定代表人，对个人和集体都造成了风险。个人风险方面，如果公司出现债务纠纷，个人可能需要承担集体债务；而集体风险方面，如果法定代表人的个人征信出现问题，公司可能会负连带责任，集体就需要承担个人债务，直接影响村集体资产的运行。

风险点二：难以解决“代持股”问题，个人独资公司无法为全体经济组织成员提供行使权利的通道。因为按公司法要求，有限责任公司最多由50个以下股东共同出资设立，而一个村的村民一般远远超出50人，这样有很多村民就无法入股了。

针对以上风险点，课题组建议大石板村成立村集体经济组织性质的规范的（股份）经济合作（联）社，也就是特别法人，有组织代码。以村（股份）经济合作联社法人方式或各村民小组的经济合作社发起成立的集体经济组织独资公司，这样就可以规避第一个风险点。针对第二个风险点，大石板村需要进行“代持股”。一般可由村（社区）议事会成员发起成立，每位议事会成员代持200～300股，解决全体经济组织成员参加村集体经济组织公司的问题。如四川省郫都区在2016年成立的“村集体公司”，其发起人为35名村集体经济组织成员，而其余成员则由35人共同代持股，这样既符合有限责任公司股东小于50人的规定，又保证了村集体成员能够全部参与进来。

需要说明的是，村股份（经济）合作联社、有限责任公司可以代表村集体经济组织与农民的各类专业合作社联营，与市场其他公司联营包括控股公司、联合公司、子公司等，这可以为大石板村后续发展壮大产业奠定良好的组织基础。

（二）建立激励机制，保障两委干部积极性

调研中发现，大石板村发展壮大的过程中村干部付出了巨大的努力，花费了大量的时间和精力，为大石板村的“蝶变”作出突出的贡献，然而村干部的收益并未和村集体经济的发展壮大直接挂钩。虽然现阶段大石板村的村干部还表现出极大的工作干劲，但长此以往，这种状况可能会导致村干部“干多干少一个样，干好干坏一个样”，影响干事的积极性。针对这类情况，课题组建议建立健全合理有效的激励机制，并强化激励措施。一方面，要把村干部的评优评先等与村集体经济发展目标挂钩，对干出绩效的村干部给予精神奖励；另一方面，要把村干部报酬、职务晋升等与村集体经济发展目标挂钩，建立集体经济发展创收奖励制度，对干出绩效的村干部给予相应的物质奖励。

大石板村可以按照《中华人民共和国农民专业合作社法》第十条的规定，“国家通过财政支持、税收优惠和金融、科技、人才的扶持以及产业政策引导等措施，促进农民专业合作社的发展。国家鼓励和支持公民、法人和其他组织为农民专业合作社提供帮助和服务。对发展农民专业合作社事

业做出突出贡献的单位和个人，按照国家有关规定予以表彰和奖励”，以及《四川省农村集体经济组织条例》第三十三条“农村集体经济组织应当坚持效益决定分配、集体福利与成员增收兼顾的收益分配原则。农村集体经济组织应当制订年度收益分配方案，经成员大会或者成员代表大会审议通过后，报乡镇人民政府（街道办事处）备案”，制订发展村集体经济的奖励办法，建立村干部补贴与村级集体经济发展成效挂钩机制，从村集体经济纯收入中提取村干部贡献补贴，集体经济纯收入越高，提取比例越高，具体比例可通过召开集体经济组织成员大会或成员代表大会决定。这样有了明确的激励措施将极大激发村干部发展集体经济的积极性，让有能力的村干部大胆干、抢着干，为村集体经济发展和乡村振兴作出更大贡献。

大石板村集体经济组织的牌匾

课题组在西昌调研合影

鸟瞰西昌市海南街道大石板村

4

以土地集成改革为“核”、以资源活化利用为“要”的十年农村改革

时　　间： 2023年12月24—27日

地　　点： 宁夏回族自治区石嘴山市平罗县

参加人员： 邓蓉　袁华兵　官青　苟焕森　梁景智

执 笔 人： 袁华兵

内容摘要

平罗县位于宁夏平原北部，总面积2060平方公里，辖13个乡镇144个行政村，总人口31.6万人，常住人口27.42万人，其中少数民族人口占38%。随着城镇化的不断发展，平罗县农民大量进城打工，村庄荒芜、土地闲置情况越来越明显。与此同时，农民自发形成的土地流转越来越多，导致土地纠纷频发。一方面，涉及农民个体利益，包括土地流转价格低、土地流转合同不规范以及农民土地产权“退出”部分利益被挤占等问题；另一方面，涉及村集体权益，包括村集体土地所有权、村集体经济组织承包经营权以及村集体收益分配权等问题。

自2012年以来，平罗县以全国农村土地经营管理制度改革试验为契机，持续10多年不断推进以土地制度为核心的农村集成改

革，先后承担了30项国家级改革试验试点任务，大胆探索，先行先试，走出了一条用好用活土地资源的高质量发展之路。

2021年，一部名为《山海情》的电视剧火爆荧屏，剧中人物在东西部协作脱贫攻坚大背景下，不畏艰险、无私奉献、奋斗现在、创造未来，将“干沙滩”变成“金沙滩”的场景令每一位观众动容。本文所探访的石嘴山市正是电视剧的取景地之一，而作为石嘴山市下辖人口最多、面积最大的县——平罗县，像一颗璀璨夺目的“塞上明珠”，勇担全国首个农村集成改革试点县重任。平罗县坚持把集成改革往深里走、往实里落，各项制度创新成为产业兴旺、生态宜居、治理有效、生活富裕的重要驱动力，闯出了蓬勃发展的新路子。其中，农村土地规范化流转、产权确权登记、流转交易市场建设、农村产权自愿有偿退出转让等诸多探索成果被中央和自治区有关政策吸纳，成为宁夏乡村振兴中的“火车头”。平罗县集成推进超过30项农村改革试验任务，主要围绕实施乡村振兴战略、建设黄河流域生态保护和高质量发展先行区，大胆破解体制性障碍、机制性梗阻、政策性堵点，深度探索农村集体经济新的实现形式、农业农村新的经营制度和体制机制、现代农业新的发展模式、农民收入新的增长方式，通过不断优化农民和土地的关系取得了赋权能、促增收、添活力的良好效果。

一、主要做法

（一）改革完善农村承包地制度，激活乡村产业“新动力”

2019年出台的《中共中央 国务院关于建立健全城乡融合发展体制机制

和政策体系的意见》中明确指出，农村承包地改革的方向是保持承包关系稳定并长久不变，落实第二轮土地承包到期后再延长30年政策。要加快完成农村承包地确权登记颁证，完善农村承包地“三权分置”制度，在依法保护集体所有权和农户承包权前提下，平等保护并进一步放活土地经营权。要健全土地流转规范管理制度，强化规模经营管理服务，允许土地经营权入股从事农业产业化经营。

平罗县的农村承包地改革早在2009年就已经开始了，共进行了5次试点改革，分别是2012年的农村土地经营管理制度改革试验、2015年的农村土地承包经营权退出制度试点、2016年的农村土地承包经营权确权登记成果应用试点、2017年的农村土地承包权有偿退出试验和2019年的探索二轮土地承包到期后延包的具体办法改革试点。这些试点都取得了一定的成效，为中央政策的制定提供了参考依据。

一是开展承包地确权颁证。产权清晰是市场经济运转的基本条件。和全国大多数农村一样，平罗县农村承包地经过一轮承包、二轮承包，在几十年的沧海桑田后，积累了不少产权不清的问题。2009年至2011年底，平罗县在国内率先实施农村土地经营管理制度的“确权”改革，具体确认了农村土地承包权、土地经营权。通过先后出台《农村土地经营管理制度改革实施方案》《农村土地承包经营权证换发实施细则》等文件和相关配套细则，采取“三榜公示、四统一、五到户”的确权方式，对全域135.52万亩农村集体土地开展确权登记颁证，颁发土地承包经营权证6.55万本、95.31万亩。平罗在全国率先完成的土地确权改革意义重大，它意味着农村土地经营管理制度改革从所有权、承包经营权“两权分离”到所有权、承包权、经营权“三权分置”的转变，落实所有权、稳定承包权、放活经营权，在保留农户承包权的同时推动经营权有序流转，有效回应了进城农民对流转承包地的迫切诉求，促进多种形式适度规模经营，为构建新型农业经营体系打下坚实基础。

二是建立规模经营机制。在清晰承包地产权后，一部分农民在土地流转过程中与流转方、村集体等又产生了不少矛盾和纠纷，平罗县耕地面积超过百万亩，31.6万人的总人口中农村人口占60%，土地是当地发展改革的主要问题。主持这场改革的县领导郭某回忆起改革之初的情形，“那时大家把自家土地租出去，还能在城里打工赚钱，原本是件好事，但没过多久，围绕流转土地的纠纷越来越多。”为了保障国家、集体、村民和流转各方利益，平罗县出台《农村集体土地规范管理指导意见》，建立分类发包、有偿使用、流转顺畅的管理制度，完善流转大户准入、监管、考评、扶持等机制，指导村集体强化土地监管力度，在严格落实“先缴费后种田”和缴纳风险保证金的基础上，依据不同经营类型、主体，探索风险保证金“差异化缴纳标准”和“五方联审机制”，降低土地经营风险，让经营主体有更多资金投入实体经营中，保障了集体、农民、流转大户的合法权益。全县土地适度规模经营面积43.2万亩，占确权耕地面积的45%。采取统一运作、集中调整、互换并地的方式推进“一块田”改革，降低了成本、增加了面积、提高了集约化水平，实现了土地经营由细碎分散向规模集约转变，经营方式由传统粗放向现代高效转变。

二是建立集体荒地管理制度。平罗县地处黄河几字湾优良灌溉区，有较多的荒滩和盐碱地，有不少农民开垦种地。随着农业种植技术的发展，越来越多的盐碱地被开发利用，荒滩和盐碱地也变成了一种土地资源。为了对这部分土地进行有效管理，平罗县统筹兼顾，建立分类发包、有偿使用、流转顺畅的管理制度，对农民开垦种植的49.31万亩二轮承包地以外集体土地确权颁证并有偿承包，合理确定土地征收集体、个人补偿分配比例。

四是建立农村承包地退出补偿机制。平罗县针对耕地流转十分普遍的现象，2013年初，平罗县制定了《农民宅基地、房屋、承包地收储参考价格暂行办法》《农民集体土地和房屋产权自愿永久退出收储暂行办法》，并由县人民政府出资300万元设立农村土地收储基金，启动了农村土地和农民房屋收储以及集体经济组织的收益分配权退出政策。参照自治区2010年的征地补偿标准，结合当地近三年土地流转均价，根据地理区位和土地质量（肥瘦），将全县13个乡镇分为三类区域，并将同一区域的承包地收储价格分为三个等级。对于一、二、三等级承包地的每亩收储价格，一类区域分别为600元、500元、400元；二类区域分别为550元、450元、400元；三类区域分别为450元、350元、300元。农户第二轮承包的土地（A类）收储价格每年递增5%，垦荒获得的集体土地（B类）不享受收储价格上浮。承包地退出总补贴=每年的补贴标准（含递增的5%）×第二轮承包期剩余的年限。原则上，退出农村土地必须以户为单位，同时退出承包地、宅基地、房屋和集体股份收益权，并彻底放弃集体组织成员身份，即永久性彻底退出。不过，后期受收储资金的限制，平罗县也允许农户在满足生态移民最低要求的同时，家庭部分成员按比例退出农村土地和集体股份收益权。截至2015年9月，平罗县已收购1718户农民的宅基地和房屋，收购耕地总计8650亩，插花安置移民1174户。

针对农村劳动力老龄化日益严重的情况，为探索解决农民的养老问题，2014年6月，平罗县制定了《老年农民自愿退出转让集体土地和房屋产权及社会保障暂行办法》，为老年农民自愿退出土地承包经营权、宅基地使用权和房屋所有权“三权”提供制度支撑。作为试点，平罗县把灵沙乡胜利村、头闸镇邵家桥村两所闲置的小学改造为农村养老院，为退出农村土地和房屋的老年农民提供养老服务。截至2015年8月底，试点养老院改造工程基本完成，胜利村的养老院已有60多位老人报名。

在2015年4月启动的新一轮农村改革试验工作方案中，平罗县又提出了探索建立“三权”在集体经济组织内部自愿转让和村集体收储的农村土地退出机制，以盘活农村土地和房屋资源，促进外出务工农民的市民化，推进农业用地适度规模经营。

改革取得了明显成效，自2010年以来，平罗县先后明晰了集体土地的承包经营权、宅基地使用权和农民房屋所有权等多项权属。至2015年9月，全县农村房屋确权登记率、集体荒地承包经营权颁证率已达100%，集体耕地承包经营权、宅基地使用权颁证率分别达到97.2%、96.0%。一方面，农村土地规范化流转、确权颁证、交易市场建设及农户产权自愿有偿退出转让等改革成果被中央政策文件和法律法规吸收应用；另一方面，通过生态移民区开垦、高标准农田建设、闲置房地退出复垦、“一块田”改革等方式，全县新增耕地24.5万亩，并将9534亩耕地占补平衡指标纳入国家统筹交易，累计清理腾退建设用地近5000亩。

（二）稳慎改革农村宅基地制度，步步为营“焕新章”

《中共中央 国务院关于建立健全城乡融合发展体制机制和政策体系的意见》中指出，农村宅基地改革的主要任务是加快完成房地一体的宅基地使用权确权登记颁证，探索宅基地所有权、资格权、使用权“三权分置”，落实宅基地集体所有权，保障宅基地农户资格权和农民房屋财产权，适度放活宅基地和农民房屋使用权。鼓励农村集体经济组织及其成员盘活利用闲置宅基地和闲置房屋。在符合规划、用途管制和尊重农民意愿前提下，允许县级政府优化村庄用地布局，有效利用乡村零星分散存量建设用地。推动各地制定省内统一的宅基地面积标准，探索对增量宅基地实行集约有奖、对存量宅基地实行退出有偿。

平罗县抢抓两轮宅基地制度改革机遇，围绕依法取得、公平使用、规范管理、有偿退出、盘活利用，聚焦建立闲置产权自愿有偿退出和闲置宅基地盘活利用等机制，以“增、减、调、租”等方式，探索农村产权自愿有偿退出“1345”模式，实现了闲置土地有增值、农民集体有增收、产业发展有支撑的良好效果。

1. 夯实“一个基础”，以确权赋能让农民吃上“定心丸”

把农村产权确权登记颁证作为深化农村改革的基础性工作，在全区率先完成53208宗房地一体不动产确权颁证，核查农村集体建设用地面积13.9万亩。赋予宅基地使用权和农房抵押、转让、退出、置换、租赁、入股等财产权能，利用房地一体不动产权抵押736笔3343万元，让农民闲置的房地资产变成看得见、摸得着的真金白银。

2.探索“三种方式”，以农民自愿为基础实现产权“能出能进”

在充分尊重农民意愿的前提下，针对不同类别、不同意愿的农民探索承包地等不同的产权退出方式：一是宅基地使用权、房屋所有权、土地承包经营权全部退出；二是宅基地使用权、房屋所有权退出，土地承包经营权在二轮承包期内退出；三是宅基地使用权、房屋所有权全部退出和承包经营土地面积部分退出。建立产权价值评估、置换转让补偿、部分退出产权农户权益重新获得等机制，退出承包地按照当年本村土地流转平均价格进行收储，宅基地和房屋退出依据县政府农村闲置房地收储指导价格执行。同时，允许退出产权农民生活无保障时可再次返村进行有偿承包或租赁集体土地，确保农民“进得了城、回得了村、种得了地”。

3.巩固“四个突破”，以规范管理促进集体资源公平使用

出台农村宅基地有偿使用管理、新增宅基地取得审批管理等办法，针对农村宅基地长期审批不严、批而未建、违规多占、一户多宅等问题，推进宅基地规范化管理。一是超占有偿使用。在自治区270平方米宅基地使用面积基础上，对超占面积中200平方米确为庭院用地无偿使用，超出470平方米按照差异化标准一次性收取有偿使用费。全县宅基地超出470平方米的22755宗，占37.6%，收缴宅基地超占有偿使用费1120万元，解决了集体资源占有不均衡的问题。二是转让政府补贴。鼓励引导符合宅基地申请条件的农户，通过转让规划保留村庄内其他农户闲置房地的方式，解决住房需求，县政府按照每宗8100元的标准给予转让补贴，着力盘活农村闲置存量建设用地和农民房屋。三是审批县域统筹。打破乡镇、村组界限，允许符合条件的农户，在全县规划保留村庄范围内调剂审批宅基地，重点解决新型经营主体人地分离、赡养老人不便等农村现实问题。四是新增多元保障。通过城镇购房、新居购建、农村转让、租赁使用四种方式保障农户住房需求，全县新建农民住房362套，已有12户退出房地的低收入户和老年户通过租赁方式获得住房，保障了不同群体住房需求。

4.探索“五种模式”，以综合利用促进集体土地集约节约

一是因地制宜，对农田中间或周边零散房地全部腾退复垦，新增耕地指标通过占补平衡进行交易。平罗县农村闲置房地25434宗1.96万亩，平均空置率42%，部分村庄空置率高达70%。规划不保留村庄范围内20户以下零星村庄点354个，10户以上空置率达60%的村庄点287个。针对零散或农田中间房地乡村基础设施差、公共服务布局及产业规划建设跟不上的现状，开展清理腾退。对符合“一户一宅”农户自行腾退复垦并通过验收的，可按照二轮承包地确权；“一户多宅”、非集体经济组织成员占用宅基地复垦的，由村集体经济组织有偿发包。如高庄乡银光村将48户群众闲置房地集中收储，整治复垦耕地63亩，其中：农户以退出宅基地置换复垦耕地34亩，剩余29亩复垦土地由村集体流转给大户经营，退出农户户均增加财产性收入3.7万元。

二是将新建与规划保留村庄改造提升相结合，提质增效，改善农民居住条件。针对村庄小而散、“空心化”率高、缺乏传统村落等现状，在科学规划的基础上，按照“县城为中心、乡镇为支撑、中心村为补充”思路，采取集中统建、农户自建、社会联建等方式，高起点规划建设新型村庄；对规划保留村庄进行改造提升，打造符合地域特色、民俗特色的中心村，因地制宜建设乡村小微游园、健身广场等，提升生活品质，让农民就地过上现代文明生活。如姚伏镇灯塔村采取“闲置宅基地自愿有偿退出+集体统规统建+政府投资基础设施”模式，投资1.48亿元，清理腾退闲置房地90宗121亩，规划房屋323套，布局采摘园、集配中心等产业项目，建设成美丽宜居村庄，让农民就地过上现代文明生活。

三是将村庄内零星、分散的集体建设用地调整到符合规划的产业集中区入市，助企纾困。平罗县原有集体经营性建设用地317宗2826亩。针对集体经营性建设用地面积小、分布零散的现状，将宅基地制度改革与集体经营性建设用地入市有机结合，允许符合规划条件的闲置宅基地退出调整后纳入入市交易范围，同时，对村庄内零星、分散的集体建设用地及主干

道路两侧闲置房地清理腾退，腾退后的用地指标利用增减挂钩的方式调整到符合规划的产业集中区入市，解决企业用地难题，促进产业发展、增加村集体收益，收益折股量化后农户可享二次收益。如城关镇星火村将4宗2.8亩零星、分散的集体建设用地腾退，与周围未利用地打包调整为集体经营性建设用地入市，出让给宁夏龙泽农业机械制造有限公司5.57亩，土地出让金33.42万元，村集体分享增值收益7.98万元。

四是租赁入股，将闲置宅基地退出发展种植、养殖等特色产业。依据各村特色，将闲置宅基地盘活利用与行政村特色产业发展有机结合，探索“合作社+企业”、村集体自营、村民自营等多种模式，在规划保留村庄农户以闲置宅基地入股，由合作社统一租赁流转使用，发展民宿、农家乐或种植产业，形成持续的经济带动效应，产生的收益合作社以股值给农户分红。如通伏乡通城村将58户农田周围农户闲置房地集中收储清理腾退建设用地141亩，调整入市出让给平罗县绿康林家庭农场30亩发展稻米深加工，村集体分享增值收益53万元。通过租赁82亩土地给经营主体发展稻草编制和加工产业，以及29亩土地用于发展设施农业，村集体经济组织年收入达到了5.51万元。

五是将农民自愿有偿退出与插花移民安置相结合，把移民分散插花安置到退出产权的农民所在村组。围绕插花移民安置，探索建立了农村产权自愿有偿退出机制，安置移民每户分配5亩二等以上水浇地，建设年限5年以内、面积80平方米以上住房和一宗宅基地。退出农户土地按照当年土地流转价格年增幅5%的标准进行价值评估，并按二轮承包期内剩余年限计算评估总额；对永久退出全部产权的，一次性享受村集体收益分配。部分退出的，继续保留其村集体经济成员身份，仍然享受村集体收益分配权。如黄渠桥镇四渠村4、5队，探索开展闲置宅基地整队退出安置移民模式，采取“村级收储、统一规划、农户自建、集中安置”的方式，利用13宗农民闲置宅基地和部分农户未利用建设用地，建设安置房20幢，完善村庄基础设施，拓宽了农村资源有效利用渠道，快速提高了移民生活质量。

截至2023年底，平罗县已实施25个“空心村”庄点退出整治，累计退出农村闲置房地1125宗，复垦耕地1325亩。调整为集体经营性建设用地入市79宗1084.69亩。改革带动村集体累计增收2.07亿元，村均143.54万元，85%的村集体经济组织经营性收益达10万元以上。

（三）建立集体经营性建设用地入市制度，开启乡村发展“新纪元”

2015年以来，平罗县在农村宅基地制度改革创新突破的基础上，统筹协调推进农村集体经营性建设用地入市制度改革试点任务，基本完成农村宅基地确权登记，存量集体经营性建设用地摸底调查，建立了农村集体经营性建设用地数据库，出台了农村集体经营性建设用地入市管理办法，赋予农村集体经营性建设用地出让、转让、出租、作价入股、抵押等权能，规范了入市交易行为。为加快推进农村集体经营性建设用地入市制度改革试点，创新了土地入市“4343”模式，即探索“优先、直接、调整、整治”4种入市模式，“自主、委托、合作”3种交易方式，涵盖“工业、仓储、商业、旅游”4种入市用途，建立“国家、集体和个人”三者收益分配机制。截至2022年底，已入市交易161宗1588亩，出让价款1.14亿元，55个村集体分享增值收益3893万元，引进相关产业项目110个，首宗“千万级”农村集体经营性建设用地入市由平罗县长实能源有限公司以1612.8万元竞得。农村集体经营性建设用地入市彰显了村集体主体权能，盘活了闲置土地资源，引进了联农带农产业，增加了集体经济收入，拓宽了农民增收渠道，实现了土地价值最大化、村集体和农民利益最大化。

（四）打造农村产权交易平台，搭建乡村资源利用“新桥梁”

全国首个集成农村改革试验试点县，涉及部门众多，单靠农业农村或自然资源部门，都难以承担改革任务和协调各部门、乡镇关系的职责，需要一个统一的服务平台来扮演产权交易中的“裁判员”角色，这是降低农村产权交易成本的有效途径。经自治区金融局和编办批准，先后成立了农村产权流转交易服务中心和农村综合改革服务中心，主要承担改革配套政策制定、产权交易、权证审核、抵押融资等职责，设置了多个办事窗口。

一是构建高效推进的组织保障机制。成立由主要领导挂帅的改革领导小组，设立改革专项小组，设立政府直属事业单位农村综合改革服务中心，从组织领导、政策制定、督导落实入手，构建起“领导主抓、专班专抓、上下联动”的推进机制。

二是构建明晰完整的权益保障机制。把确权颁证作为改革的基础性工作，在完成土地承包经营权、房地一体不动产权等确权颁证的基础上，颁发农村集体土地所有权证474本、流转经营权证123本、农业设施使用权证171本，确权颁证种类达13项，让农业经营者吃下“定心丸”，为农村产权流转交易提供合法“身份证”。

三是构建交易顺畅的服务保障机制。健全“互联网+App”交易机制，赋予9项产权抵押融资权能。聘任157名农村改革助理员并实行“三定”（定任务、定标准、定考核）管理模式，主动适应农村产权交易双方多元化需求，实现农村产权与金融系统无缝联结。

农改中心充分发挥农村产权流转交易平台服务功能，截至2023年底，颁发交易鉴证书152本，线上竞价流转土地7825亩542万元，挂牌入市土地310.8亩3533万元，发包集体土地1047.17亩40.06万元，抵押贷款2954笔5.3亿元，促进了农村产权流转交易的扩面增值。

（五）建立农村产权抵押融资机制，点亮乡村振兴“长明灯”

长期以来，农村贷款难、借贷成本高、金融服务不足等问题严重制约了农村经济社会的发展，农民缺乏抵押物、农村信用机制不健全、农业风险高是其主要原因。为破解农村贷款难问题，平罗县在2014—2016年，先后开展了农村信用体系建设、农村承包土地的经营权抵押贷款和农民住房财产权抵押贷款三项试点，赋予农户土地承包经营权、农民住房财产权、土地流转经营权等9项农村产权融资权能，并给予利率优惠。截至2023年底，通过对村集体经济组织评级授信，探索"免抵押、免担保、低利率"的"集体信用贷"模式，累计办理农村产权抵押贷款2.73万笔19.17亿元，为11个村集体经济组织发放信用贷款1100万元，为农户、经营主体、村集体经济组织引入"金融活水"。50亩以上连片荒地承包经营权43笔1804万元，农户土地承包经营权2.62万笔13.4亿元，农民住房财产权737笔3348万元，土地流转经营权100笔5859万元，农业设施使用权140笔4.03亿元，农村林权6笔4520万元，集体经营性建设用地不动产权登记14笔1935万元。其中宁夏广德源牧业有限公司利用农业设施使用证抵押融资4000万元，成为"两权"抵押贷款试点开展以来额度最高的一笔。平罗县能够有效破解农村贷款难的难题，其做法值得借鉴。

一是由县政府设立改革风险基金。资金规模300万元，主要用于农村经营主体因经营不善而不能还款所带来的风险，并广泛向银行宣传，如果出现贷款风险，由政府承担80%的责任。随着贷款业务的开展，发现违约情况并不严重，改为基金和银行各承担50%的责任，再后来改为基金承担20%，到现在基金完全不承担贷款风险。从试点开始以来，贷款总共违约不到10例。此举打消了银行的顾虑，各家银行争相向农村发放贷款。

二是全面开展信用评级。平罗县以"三信评定"为抓手，深入推进信用户、信用村、信用乡（镇）评定，建立科学、有效的评价体系，精准识别农村经济主体信用状况。人民银行石嘴山市中心支行以新型农业经营主体信用等级综合评价为重点，制定印发了《石嘴山市新型农业经营主体信用等级综合评价指导意见》，出台星级经营主体评选办法等配套文件，兑现补助资金超过1548万元。以整村授信为核心，创建"整村授信+政银合作""整村授信+两个带头人""整村授信+合作社融资担保贷款"三个品牌模式，指导金融机构进一步优化"631"农户评级授信模型，有效提升信用贷款覆盖面。截至2022年9月末，平罗县评定4个信用乡（镇）、108个信用村、44105户信用户，占全县总户数的75%；涉农金融机构对59家（户）新型农业经营主体信用示范单位累计授信金额近5.5亿元，用信59户5.35亿元；农户信用贷款余额27.25亿元，同比增长23.2%。

三是新型经营主体能够按时还款。大部分抵押的标的物能够产生较好的效益，银行风险小，收益稳定。如耕地种玉米每亩纯收益能达到300元以上，集体经营性建设用地流转较为顺畅，宅基地及房屋使用权容易流转交易，农业设施如大棚、农机、养殖设施设备等具有较高的价值。

总的来看，平罗县相对人少地多、农业规模经营效益好、制度体系完善、农村产权交易顺畅是金融能下乡的主要原因。

（六）大力发展农村新型集体经济，共创乡村富裕“聚宝盆”

发展农村新型集体经济，对提升村级组织服务功能、增强基层党组织凝聚力和战斗力、增强老百姓对村集体的信任与支持、推动农村各项社会公共事业大发展具有重要作用，它可以维持村两委正常运转并提供更多更好的公共服务，可以提升产业组织化程度、改善农民在市场交易中的弱势地位，可以提升乡村治理水平、提高群众的满意度和幸福水平，对于巩固农村基层政权、维护社会稳定、实现共同富裕和建设农业强国具有非常重要的意义。

一是紧抓村集体经济发展的关键载体——村党组织。将村集体经济收入情况作为村党组织评星定级的重要指标，与村两委班子成员工资绩效挂钩，将集体经济发展作为检验村党支部工作成效的一项重要指标。其中三星级村党组织集体经济经营性收入达到5万元以上，五星级村党组织集体经济经营性收入达到20万元以上，实行“星级补贴”，把村干部任职补贴与村党组织星级评定结果挂钩，有效激发干事创业激情。出台发展壮大村集体经济激励政策，明确规定对通过盘活村集体资源性资产且年经营性净收益在5万元以上的村，提取净收益的8%给享受任职补贴的村两委班子成员补助，提取最高额度为20万元。2017—2022年兑现奖补资金585.79万元，切实解决“干多干少一个样、干好干坏一个样、干与不干一个样”问题，全面激发村干部发展集体经济的积极性。

二是给予村集体经济发展的重要支持——发展项目。2016—2023年，全县共争取财政扶持壮大村级集体经济项目131个，涉及130个村（其中财政扶持400万元的村1个，扶持200万元的村23个，扶持100万元的村106个），占比90.3%，扶持资金1.56亿元。截至2023年底，131个项目全部实施完成，共完成项目总投资2.01亿元。项目村能够紧紧围绕主导产业，坚持党建引领，探索形成农业服务型、项目建设型、资金入股型、资源开发型、资产盘活型、产业带动型、土地利用型、物业管理型8种发展模式，初步建立了“权属清晰、责权明确、管理科学、运行规范”的村级集体经济组织框架。在运行模式上，按照宜农则农、宜工则工、宜商则商、宜旅则旅的原则，探索形成了村集体自主经营发展优势特色产业、闲置资产（资源）盘活利用、村企合作、租赁经营、参股经营和农业社会化服务等较为成熟的运行模式，经济效益和社会效益均十分显著。130个项目村项目平均年收益总额为829.27万元，每个村平均年收益为6.63万元，最高年收益为62万元。截至2022年底，全县144个村集体经营性收益达到5980万元，村均经营性收益达到41.53万元。其中，20万～50万元以上的59个，占比40.97%；50万元以上的27个，占比18.8%。村集体经济组织发展集体经济的能力明显提高。

三是强化村集体经济发展的重点保障——督导检查。平罗县以增强村级集体经济实力为目标，以农村集体资产、资源、资金等要素有效利用为纽带，以土地股份合作、农业生产经营合作为经营形式，调动村集体成员积极性，增强村集体自我发展、自我服务、自我管理能力和水平，强化督导指导。严格规范项目管理，凡是涉及基础设施建设、设备采购等固定资产投资的，即实行项目招投标制、项目合同制和项目监理制，完善项目实施方案并向上级部门备案，无特殊原因的，一经备案不得随意变更项目内容和资金使用范围。规范项目资金管理，制定印发了《平罗县财政扶持壮大村集体经济项目资金管理办法》，在项目实施过程中，严格落实财务开支审批、财务公开、收益分配以及管理费等财务管理制度，全面执行村干部离任审计、年度审计和重大工程项目审计，加强农村集体资产监督，规范农村集体资产管理。

（七）推进农业支持保护制度改革，描绘乡村发展“新画卷”

一是建立新型农业经营主体扶持培育机制。出台星级经营主体评选办法等配套文件，兑现补助资金1548.4万元，培育家庭农场、社会化服务等新型农业经营主体1079个，创建国家级示范社10个、自治区级示范社30个，盈丰植保专业合作社理事长蒋洪波荣获全国十佳农民称号。

二是建立农产品价格风险防范机制。开展“订单农业+保险+期货+融资”改革试点，以合同形式约定玉米种植标准和价格，引导农户、家庭农场、流通大户购买玉米期货保险8680吨，通过期货市场抵御价格波动风险，促进了农业经营稳效益、稳增收。

三是建立农业生产社会化服务机制。推行“社会化服务主体+经营主体+农户”的产业发展模式，健全覆盖全程、综合配套、便捷高效的农业社会化服务体系，农业生产托管服务面积达12.76万亩，促进了新型经营主体与小农户利益联结。

二、经验启示

（一）农村土地制度改革需要久久为功

平罗县的农村改革自2012年的农村土地确权登记和有效利用开始，到2023年的农村产权流转交易市场规范化建设改革，10余年时间30项改革不断在推进。中国的“三农”问题是复杂的，每项改革都牵一发而动全身，每次改革都需要在解决问题中不断深化。从产权到流转再到市场化，从耕地到宅基地再到集体经营性建设用地，从产业发展到农民利益再到乡村振兴和粮食安全，从村民、村集体到各个部门再到各级政府，农村改革都需要各方兼顾多方协调。在改革过程中，农民对土地经营权和使用权的需求愈发强烈。以土地确权改革为例，农民不仅需要拥有自家承包土地的确切权益，还渴望再次通过改革盘活承包土地，实现流动。同时，随着进城农民越来越多，村集体和农户又迫切需要通过改革落实宅基地集体所有权、保障农户资格权、适度放活使用权。对此，平罗县创新制度设计，以农村土地承包经营权和农民住房财产权为基础，赋予9项农村产权抵押融资权能，进一步激活了农村产权权能。

从目前来看，平罗县10多年的改革已初见成效，产权流转顺畅有序，宅基地改革使村庄焕发生机，产业发展带动农民有效增收，村集体经济有钱办事，能够为村民提供较好的公共服务，但在共同富裕的目标下，还有许多工作要做，改革需久久为功，平罗仍有很长的路要走。

（二）农村土地制度改革需要统筹谋划

为了创新农村土地经营管理制度，加快城乡一体化进程，平罗县在2012年12月印发的《农村土地经营管理制度改革实施方案》中，明确提出要建立承包经营权、宅基地使用权和房屋产权“三权”的自愿有偿退出机制，并安排了土地收储资金，确定了改革时间表和责任分工方案。2013年2月和3月，平罗县先后印发了《农民宅基地、房屋、承包地收储参考价格暂行办法》《农村土地承包经营权自愿退出补偿和重新承包保障（暂行）办法》，详细说明了农村土地退出程序、补偿办法、保障机制等。在2013年7月印发的《推进农民向市民转变暂行办法（修订）》中，平罗县要求永久退出“三权”的进城落户农民，须“同时退出村集体经济组织成员身份”。2013年底，平罗县制定了《农村产权交易管理暂行办法》《农村产权交易规则（试行）》，明确了农村产权交易机构的组成、业务范围及方式，并提出了农村土地承包经营权、集体建设用地使用权（含宅基地使用权）、集体经济组织股权、农村房屋所有权等流转交易的详细程序。

上述政策文件及其详细规定表明，平罗县的农村土地退出试验，一方面坚持规则先行，通过一系列目标明确的政策文件，有效地推进了改革；另一方面注重改革的系统性、整体性和协同性，不仅统筹考虑承包地、宅基地和农村房屋问题，还强化农民进城与退地、退集体组织成员身份的联动。

（三）农村土地制度改革需要分层分类有序推进

相对于沿海东部地区和南方平坝地区，平罗县具有地广人稀的特点，在40多年的城镇化进程中，大量农民进城务工，农民群体不断分化，使得不同类型农户的土地权益诉求差异较大。以农村土地权益退出改革为例，平罗县充分考虑不同情况的农户差异化需求，分层分类有序推进，在设定农村土地退出条件时，充分体现了分层分类有序推进的改革理念。

具体来看，平罗县土地退出涉及的人群主要为三类：第一类是已经融入城镇，基本完成从农民向市民转变的群体。平罗县在《农村土地承包经营权自愿退出补偿和重新承包保障（暂行）办法》中，明确农村土地承包经营权的退出条件为“迁入城镇并有稳定职业和固定住所，或者长期外出有稳定的收入来源”，对于“单纯依靠土地生存，没有其他收入来源”的不允许退出。第二类是即将失去劳动能力且没有子女或不愿让子女赡养的老年农民群体。为了解决这部分农民的养老问题，同时盘活农村土地资源，平罗县在2014年6月印发的《老年农民自愿退出转让集体土地和房屋产权及社会保障暂行办法》中规定，只有达到退休年龄（男60岁，女55岁）的农村户籍人员，才可以退出农村土地和房屋产权。第三类是拥有闲置农村宅基地和房屋的农民群体。如果说前两类是针对部分农民群体的特殊性政策，那么在2015年4月启动的集体经济组织内部转让和村集体收储机制，则是更具普适性的改革。理论上，这一制度安排让所有拥有闲置农村土地和房屋的人群，都可以自愿有偿放弃这部分财产，从而迈出了农村土地资源以及房屋的资产化、可交易的重要一步。

可以看出，在农村土地退出改革试验中，平罗县充分按照“先易后难、先重点铺开后全面跟进”的分层分类有序改革策略，不仅“摸着石头过了河”，还有效控制了改革风险。

（四）农村土地制度改革需要发挥集体经济组织平台作用

平罗县的农村改革是以各类土地制度改革为核心，而农村土地的集体所有，决定了农村集体经济组织是实行各项农村土地制度改革的基础平台和重要抓手。平罗县的经验表明，无论是土地确权颁证和流转交易，还是产业发展和村庄整治，集体经济组织都可以在其中发挥重要作用。

具体来看，集体经济组织的作用主要体现在四个方面。一是组织实施作用。尤其是在集体经济发展上，大部分村集体经济主要以产业发展为主，村集体经济组织具体负责，集体经济得到了较好的发展。二是各项改革的审核筛选作用。集体经济组织最熟悉本集体成员的经济社会状况，可以根据政府文件审核退地农户的退出资质。只有符合条件的农户，集体经济组织才准予其退出农村集体土地。三是退地改革的防火墙作用。村集体允许退地农户再次承包，是农户土地退出“反悔机制”的关键环节，可以消减因退地者市民化失败而可能出现的风险。四是市场中介作用。集体组织成员内部交易，主要是集体经济组织组织实施。除了这些作用，农户以“三权”抵押贷款等其他土地流转行为，也需要村集体参与，比如交易协调、备案及开具证明信等。

三、完善建议

（一）规范农村新型集体经济组织运营管理机制

在对村集体经济调研中发现，平罗县村集体经济组织依托资源资产和发展壮大村集体经济项目资金，发展多种经营模式，不仅明确了发展方向，也增强了村民发展集体经济的信心。尽管平罗县大部分村集体经济发展较好，但部分村党组织书记兼集体经济组织负责人对农村新型集体经济在认识上还存在模糊不清的情况，如集体经济的性质与作用、组织架构构建、村两委干部与集体经济组织人员的交叉分工、规范运行、风险规避等，需要在符合法治与纪律的规范下进一步完善，使负责集体经济的两委干部不仅能够在上级权责约束下发展集体经济，更能够按照市场化法治化的原则提高收入，进而激发由内而外的发展积极性，从而使集体经济走得更好走得更远。

（二）探索农村土地改革的“溢出”配套与创新

虽然平罗县10多年的改革取得了较大成效，但部分改革还不全面、不彻底，还存在以点带面的情况，如村庄布局调整、农村环境整治等，有的改革还需要继续创新，如完善社会保障体系，使进城的农民工与城市居民同等享有失业、养老、医疗等社会保障政策，让自愿永久放弃农村土地和房屋的农民能够维持基本的生活，解决农民离开土地后的基本生存和后顾之忧，使土地不再承担已不合时宜的社会保障功能。建议稳步推进拓宽新型农村集体经济发展路径、家庭农场高质量发展和“以权养老”改革试点任务，探索建立退出评估、收储补偿、住房安置、服务保障等机制。

（三）注重以城乡融合发展理念推动农村土地改革

土地是最根本的自然要素，在城乡发展中承载着人口、资本等匹配要素，对要素配置起系统性引领作用，因此盘活土地要素是推进城乡融合发展的关键，在顺应人口和资本的城乡流动趋势下，需要深化农村土地制度改革。平罗县具有丰富的农村改革经验，尤其是在土地要素的合理配置上取得了较好效果，下一步，可以在明晰农村土地产权、活跃市场、提升效率和清晰规制等方面深入谋篇布局，规范并放活土地要素市场行为，全面释放农村土地要素活力，促进土地规模化经营和非农产业用地合理配置，解决县域城乡融合发展土地问题，为农村产业兴旺、生态宜居提供良好条件。同时需要在人才下乡、乡村公共服务与基础设施、产业多元发展、乡村建设、乡村治理上等方面着力，促进农村一二三产业融合发展，缩小城乡发展差距，为平罗县建设农业强县目标奠定坚实基础。

课题组调研高庄乡广华村

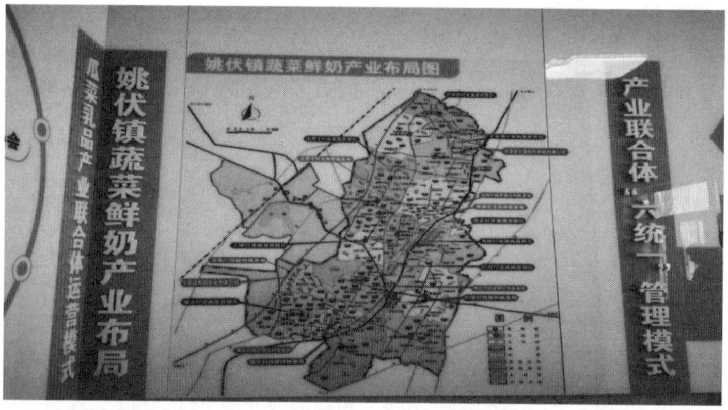

课题组调研姚伏镇蔬菜鲜奶产业

课题组调研灵沙乡设施蔬菜产业项目

课题组调研金堂桥村党群服务中心

5

资源型工业城市转型升级下的乡村可持续发展之路

时　　间： 2024 年 3 月 6—8 日

地　　点： 四川省攀枝花市银江镇

参加人员： 邓蓉　林天若　刘星　苟焕森　刘美均

执 笔 人： 刘星　苟焕森　刘美均

内容摘要

攀枝花市地处中国西南川滇接合部，位于四川省最南端，20世纪60年代到80年代因三线建设和丰富的钒钛等矿产资源而兴，是一座典型的工业城市、移民城市。除矿产资源外，攀枝花还具有得天独厚的南亚热带气候资源，年均气温20.7℃，冬无严寒，夏无闷热，是一座没有冬天的城市，在全国大部分地区都还在霜冻雪飞或阴雨绵绵的时候，这里早已阳光灿烂、温暖如夏，盛产各种热带水果。

作为一个传统的资源型工业城市，在新形势下，其发展模式面临新的挑战。由此，攀枝花市一方面谋求产业提档升级，另一方面通过城乡融合战略，积极探索工业转型升级下乡村的可持续发展道路，提出了打造“阳光康养旅游城市”的区域发展战略，利用自身温度、湿度、海拔度、洁净度、优产度、和谐度的六度资源禀赋，积极探索“康养+”产业的发展，开拓了一条跨越农业、工业、医疗、旅游、运动的产业融合发展之路。在此背景下，作为攀枝花市东区唯一的涉农乡镇银江镇，以一三产业融合发展为牵引，聚合资金、人才、产业、土地等要素，着力推进“农文旅体养”五项业态深度融合、齐头并进，构建起“一村一品、一村一业、一村一特”的发展格局，其中尤以弄密村和阿署达村为典型代表。

银江镇位于攀枝花市东区东北部，距离市中心很近，属于近郊地带，辖区面积大约124平方公里，下辖7村4社区，常住人口约4.7万人。3月初的“钢城”攀枝花气温已经直逼30℃，行驶在起伏蜿蜒的道路上，不时还可以从窗外看到“工业当先，制造为重；阳光赋能，绿色低碳；城乡融合，共同富裕”的标语。火热的气温、沿山起伏的道路、特有的宣传标语，都在告诉我们攀枝花这座城市与众不同的是它的建设发展与工业生产密不可分。在前往银江镇弄密村的路上，弄密村党支部书记付某介绍道：“1990年到2000年我们这儿就有千万富翁了。”原来随着20世纪攀枝花市大量企业投入钢铁生产，在生产技术和监管都不那么先进的情况下，附近的村民因为地理优势承接了钢铁生产的下游产业——捡渣铁，一吨渣铁市场价从几百元到几千元不等，通过捡渣铁弄密村实现了富裕，在90年代就产生了千万富翁。随着工业生产的高质量发展，生产效率和环境保护要同步重视，一方面生产技术不断革新，另一方面相关规范制度逐步完善，村民靠捡渣铁致富的时代已经过去了。渣铁不能捡了，但是村民不能不发展。随着城市产业转型升级，无法通过粗放式工业生产“漏洞”致富的村民，又该如何在时代的洪流中实现可持续的发展呢?

一、主要做法

（一）农旅融合打造“阳光康养+”新业态

独有的气候特征使得攀枝花市成为四川唯一的亚热带水果生产基地，盛产杧果、枇杷、莲雾、石榴、草莓、樱桃等特色水果，更是冬天避寒、老年人养生的热门目的地。“冬天的时候我买杯奶茶都得排队两个小时。”银江镇党委副书记形容攀枝花冬天的旅游人气时说道。在绿色发展理念推动下，银江镇在产业转型升级与城乡融合发展中，抓住本地区独特的气候资源与近年来兴起的旅游人气，构建“一村一品、一村一业、一村一特”发展格局，探索出农村一三产业融合发展的新方向，弄密村和阿署达村就是其中的代表。目前，两村已成功打造星空露营、精品民宿、特色餐饮、节庆活动等多个品牌文旅项目，创造就业岗位400余个、解决就业370余人。

银江镇弄密村面积17.38平方公里，距市中心12公里，“先富起来”的弄密村在2022年又实现了一个领先——攀枝花市第一批牛油果的成功培育。2019年弄密村通过区农业农村和交通水利局招商引资引进牛油果项目，2020年6月开始种植了4000株牛油果树，经过两年的悉心栽培成功结出了第一批果实。如今，这里已经形成了近200亩的牛油果产业园，并配套花田和应季蔬菜等，园内阡陌纵横，花田、菜园、瓜地、亭阁等错落有致，可谓空山幽谷，令人流连忘返，牛油果园成为附近城镇居民假日休闲的“网红打卡地”。当地村两委敏锐地抓住这一机遇，在产业园中修建了品茗观光区和精品民宿，升级游客的游玩体验，吸引更多人走进弄密村开展采摘体验、家庭活动，坐在山中的休闲处沐浴温暖的阳光和清凉的山风。

随着来村里的人越来越多，开始有年轻人将目光投向了村里空置的民居，村两委再一次抓住机遇积极作为，以村集体的名义租下闲置的民居，再转让给外来人员进行改造引流。有游客来是发展的必备条件，如何引流？如今在抖音、小红书、哔哩哔哩网站等社交平台上，乡村治愈系视频具有庞大的流量，乡村老旧房屋改造就是其中的一类，弄密村吸引来的外来人员将改造民居的全过程录制上传到社交平台，吸引了众多粉丝前来参观，闻名而来的人在民居中品茗、用餐，寄托自己的乡愁，享受快节奏生活中珍贵的慢时光。

弄密村充分挖掘自身的特色资源，从单一的经济体模式，成功引入各类社会资本发展成为一个集种植、休闲、体验等为一体的综合性项目，2023年集体经济收入为618.2万元。弄密村牛油果基地的发展给村民带来了真真切切的好处，截至2023年11月，弄密村先后举办丰收节、泼水节等节庆活动26次，年接待游客20万人次，实现村级集体经济经营性收入439.8万元，解决110余名村民就近就业，带动周边70余户农民增收。

而阿署达村则早在2008年新农村统规自建房就开始修建，建成房屋88套，并将其中闲置的9套房屋作为民宿对外开放，为阿署达村的民宿产业发展奠定了基础。后来阿署达村建成了新村集中居住区一期、二期，将部分闲置房屋进行投资改造，建成了阿署达“故事里”康养酒店、精品文化民宿，并配套打造露营地、农耕文化体验区及民族文化表演团队，累计建成康养接待床位500余个，初步形成了以“故事里”乡村旅游文化品牌为核心的康养产业体系。2020年，村集体公司将当地集中居住区闲置的8套房屋作为“乡村民宿示范点”打造，成为该村乡村旅游的新亮点。同时，阿署达村试点部分闲置承包地有偿退出，在依法依规的基础上打造了青少年教育实践基地、星空露营地以及一批具有民族特色的吊脚楼。阿署达村的集体经济组织通过大力发展民宿产业，打造文旅项目，使闲置房屋、土地资源有效盘活，实现了集体经济积累和村民创业致富的双丰收，成为银江镇乃至东区深化农村产权制度改革的一个样板。

银江镇产业转型催生了一大批新业态，而各种各样的新业态迸发蓬勃生机，吸引了更多的“凤凰”来到银江镇，又推进了产业的发展，形成了“筑巢—引凤—促发展”的良性循环。

（二）三招破局撬动“集体经济”新引擎

银江镇阿署达村辖区面积14.63平方公里，是一个有着600多年历史的村落。从前的阿署达村是一个贫穷落后的小山村，基础设施条件较差，产业发展落后，属于典型的村集体经济“空壳村”，村民收入普遍偏低，村穷民穷，“有女莫嫁阿署达”就是真实写照。转机出现在2015年，当年阿署达村大量土地被征用，村民得到一笔征地补偿款收入，紧接着村上完成两委班子的大调整，班子成员平均年龄优化至35.2岁，大专及以上学历提升至70%。

新班子要有新气象，怎样带领村民走上致富路？新班子在做好民族团结工作的同时，得益于先进的发展理念、独特创新的发展模式以及全村人民敢想敢干的冲劲，村集体经济带领全村进行了一场别开生面的产业转型升级。在新班子成立的第二年，两委班子带领全村通过代持股的形式，成立了注册资金2000余万元由村集体控股的金玛缔康养旅游服务有限公司。“我们村在2016年就成立了公司，”阿署达村的夜书记带着自豪说道，“公司由40余名党员率先出资，带动全村1800余人以人均3000元的股金全员入股。”公司成立后该怎样发展呢？

一是盘活资源布局产业。公司充分挖掘村上的现有资源，采用租赁国有资产、试点部分闲置承包地有偿退出、活用拆迁安置房等方式经营了民宿、酒店、餐饮、露营服务等产业，在不改变土地性质的前提下，以吊脚楼、研学基地等思路进行建设，充分盘活本村土地等现有资源。

二是筹集资金。产业规划起来了，去哪里找那么多资金来推进实施呢？那就考虑利用本地特色接轨政策与投资风向。阿署达村属于典型的民族村，且受地域气候决定，拥有优越的阳光、蓝天、星空等自然环境，村上便综合各方面资源，成功争取到民族团结项目资金、文旅资金等专项资金与社会资本的投入，在总投入超过2000万元的星空露营地项目中，村里投入仅有600多万元，其余均为项目专项资金以及社会投资。

三是找准落实。如此丰富的产业形态必须有大量的土地、房屋资源，阿署达村人打开了思路，为农村土地、房屋的使用提出了5个思路，并作出了很好的实践。第一，盘活自身资源，阿署达村以新农村建设、农民集中安置增减挂钩为契机，将统规自建的88套房屋中剩下的9套房屋作为村集体资产，改造成了现在的景别院民宿。第二，租赁国有资产，银江镇有一处常年闲置的征地拆迁后配套的房屋正处于阿署达村，村集体经济组织经过考察，发现此处房屋地理位置优越、交通便利、周围环境优美，于是便将此处房屋租赁过来，开发成集餐饮、住宿、会议等服务于一体的阿署达故事里酒店，这里现在也是攀枝花市委党校（攀枝花行政学院）干部培训现场教学基地。第三，试点部分闲置承包地有偿退出，打造青少年农业体验基地。第四，集体公司租赁农用地经营水果种植园，由技术大户来负责种植，种植的水果品种包括杧果、梨、葡萄、沃柑、桑葚等。第五，村集体组织准备通过购买处于城镇边界的国有建设用地，用于新项目的开发。

经过几年的不懈努力，集体经济公司不仅盘活了土地、经营起了多种产业形式，还吸引各类人才回流并提供了大量的就业岗位。阿署达村现有“星空露营地、故事里康养酒店、景别院精品民宿、涵管小屋”4个产业品牌，布局房车康养、采摘体验、星空露营、簸箕宴、杀猪饭等“土特产”业态，带动全村发展农家乐、乡村客栈、民宿等接待点21个，可容纳5100人就餐，提供住房283间。随着各个项目的逐步推进，阿署达村2023年实现了集体经济收入857.9万元，其中金玛缔公司、景别院民宿、星空露营地等集体经营性项目收入833.3万元，农村人均收入4.6万元，集体经济企业更是吸纳80余名村民就地就业，月均工资超过4000元。对比九年前的贫穷落后，如今的阿署达通过集体公司的成立推动村里人心齐、人气旺、人人富，可谓是实现了非常成功的一次“华丽转身”。

（三）产业联动激活“归雁经济”新动能

近年来，攀枝花市东区紧紧围绕人才强区战略部署，实施更加积极、更加开放、更加有效的人才政策，通过“政策引人”“生活留人”“学习育人”“干事有人”的四大招式为当地经济发展奠定了良好的基础。在此基础上，银江镇以产业引人留人，其中阿署达村便是例证。

阿署达村的产业项目多、业态丰富，项目做起来了，需要人来经营，人从哪里来？阿署达村顺势开展“引凤回巢”行动，通过公招农村公共服务中心人员，选拔农民工、退役军人、致富带头人等优秀人才，强有力建设了本村的人才队伍，为各项目的发展提供了坚实的人才支撑。阿署达村的集体经济公司规模较大，且经营的业态也十分丰富，如何能够做好专业的管理，创造更大的价值，村集体经济组织在公司运营管理上注重专业人才的运用，采用职业经理人运营，聘请专业会计管理公司的财务，公司的各项管理都十分规范。村集体经济组织的蓬勃发展也吸引了在外打拼的阿署达村人回归乡村，他们看中了家乡良好的发展势头，村集体经济组织也会在他们当中选择更优秀的人才，真正实现了人才的双向选择，现在已经有60多人回到家乡投入村集体经济的发展和产业发展中来，其中最有代表性的就是从日本留学归来的鲍进芝。他既怀着对建设家乡的热情，也看到了家乡发展的美好前景，毅然投身到家乡产业发展的热潮中。回乡之后，村集体经济组织聘请他为金玛缔康养旅游服务有限公司的总经理，他也为公司的发展贡献了很大的力量。在课题组在阿署达村调研的时候，鲍经理正为了村上新项目的开展赴外地考察。除鲍进芝外，村民龙柯妤也是其中的典型，她曾在攀枝花市东区一家商场做服装销售，“每天早出晚归，虽说外出务工一个月能有3000多元工资，但花销大，一年到头存不下多少。”2018年4月，听说村里建好的康养酒店正在招聘服务人员，龙柯妤果断辞职，返乡成为阿署达故事里酒店员工，现在，酒店的100多名员工大部分是本村村民，“在家门口就业，这在以前想都不敢想。”

阿署达村通过以村集体经济组织为载体引才、以乡情为纽带留才，大力推动人才归乡，为村集体经济发展注入了“人才活水”，有效带动当地村民就业增收。同时，返乡就业的人才又能够为村集体经济的管理和发展出谋献策，正是由于阿署达村集体经济发展得好，才能够实现从大力引才到人才主动返乡创业就业的转变。

（四）多元投入打造“城乡融合”新样板

资本下乡主要是指城市或发达地区的资本、技术、企业等因素向相对落后或欠发达的农村地区流动和转移，以促进农村经济的发展和改善农民的生活水平。以阿署达村的星空露营地项目为例，已投资2000多万元，其中村集体出资600万元、民族团结项目资金350万元、文旅项目资金100多万元，并且还有很多专项资金与社会资本的投入，目前占地经营400多亩，年均营业收入达到200万元以上。另外村集体经济组织通过与攀枝花市内大企业联建，协调劳务运输、物业管理、三产服务等，探索打造了阿署达青少年教育实践基地、阿署达花海等重大项目。阿署达村借助专项资金极大地改善了当地的基础设施条件，最直观的体现就是观光农业科技示范园产业道路。据村委介绍，这条“产业路”总长3.6公里，“直通田间地头，解决了附近两个村民小组生产出行、杧果运输等难题，增加了村民收入，还为旅游农业旅游打下了基础”。资本下乡，使得阿署达村的发展走上了一条快车道，并积累了一定的资金，再加上地处城镇开发边界，于是村集体经济组织准备动员全体村民集资去购买国有建设用地指标，这在全国都是罕见的。

正因为资本的精准投入取得了较好效应，2024年农发行四川分行特地支持攀枝花投放贷款7700万元，专项用于生态环境综合治理及乡村振兴示范基地建设项目，该项目建设地主要位于阿署达村。

二、经验启示

在攀枝花市这样一个传统工业城市，作为涉农乡镇的银江镇要探索产业融合发展，面临着一定的挑战，但通过像弄密村与阿署达村的探索，我们可以看到人才、资本、土地、技术等要素通过一定的方式形成了集聚效应，走出了具备自身特色的产业发展之路，对于其他地区的产业转型升级、城乡融合发展都有一定的借鉴意义。

（一）要紧紧抓住村集体“领头羊”这一关键要素

村级党组织书记是农村基层“主心骨”，其能力素质如何，直接影响农村基层工作成效，选优配强村级党组织书记，才能更好助力农村美、农民富、农业兴。近年来，银江镇依托村级建制调整，围绕“把建制村规模调大、布局调优、实力调强、服务调好、队伍调活、机制调新”的目标，实现了调优空间布局、调强班子力量、提升基层党组织组织力的目标。如阿署达村就抓住村两委换届契机，将班子成员平均年龄优化至35.2岁，大专及以上学历提升至70%，一举摘掉软弱涣散村党组织的“帽子”，由年富力强的好班子率先吹响了集体经济发展的“冲锋号”。在此基础上，银江镇还加大了对村班子成员的培训力度，2023年就组织开展基层干部“开年第一课”能力提升专题培训、3个批次的镇村干部外出考察学习，提升村两委班子成员为民办实事、带动乡村发展的能力。

（二）要紧紧抓住创新敢为这一内驱动力

创新敢为是发展的内驱动力。在银江镇的具体实践中，我们看到了这一重要理念的展现。城乡融合发展进程中，关键要实现劳动力、资本、信息、服务、土地等市场要素的双向畅通，要实现这个目标，既需要政府的积极作为，同时也需要探索与创新。阿署达村通过组建公司，搭建产业发展平台，促进各类要素向本村流动正是创新敢为而形成的成绩。一方面，阿署达村早早通过集体出资成立公司，开发经营村上的各类资源，形成了至少包含4项产业并可以提供多类服务的产业群，这样一个产业群不仅可以提供大量落地在本村的就业岗位，还能有力强化项目的包装力量，争取更多资金支持，同时吸引优秀劳动力回村发展，在阿署达村招引回村的60多名人员中，不仅包括原本在城里从事各类服务的工人，更有从日本回国的“海归”人才鲍进芝；另一方面，集体公司正在计划集资购买国有建设用地指标，用于村里下一步的发展，这一做法不仅在银江镇属于创新实践，在全国来说都不多见。也就是说，阿署达村通过自身的敢想敢为，在城乡融合实践中，已经成功实现了自有土地资源的整合利用、资本的下乡、人才的回流，下一步还会进行珍贵国有建设用地资源的争取，在当下来说无疑为农村主动创造实现融合发展提供了一个前沿范例。

（三）要紧紧抓住人才回流这一重要支撑

在攀枝花市银江镇的产业转型升级和城乡融合实践中，人才的作用不容忽视。人才是推动发展的关键因素，是创新的源泉，是实现可持续发展的重要支撑。银江镇弄密村与阿署达村在转型升级的过程中，都紧紧抓住了人才这一重要支撑。调研中，我们发现弄密村与阿署达村如今转型成功，既离不开村两委班子的准确判断和及时作为，也离不开回乡人才的招引与任用。在弄密村，当地的农村工作先锋队正在逐步构建，其成员主要从具有丰富实践经验的返乡农民工、具备坚韧品质的退役军人及拥有成功经验的致富带头人群中选拔和发展党员与村干部，旨在引导和激励本土青年才俊积极投入乡村建设事业，打造出一支深谙农业之道、心系农村发展、热爱农民群众的专业团队。西南交通大学培养出的致富能手游明东便是这支队伍中的重要一员。与此同时，阿署达村采取了更加开放和多元的选拔机制，通过公开招募公共服务中心人员以及储备干部的方式，同样注重从返乡农民工、退役军人和有影响力的致富带头人群体中发掘并培养党员和村干部人选，进而形成了一支以留学归来的青年党员鲍进芝、当地杧果产业领军人物余国富等为代表的一流本土人才队伍。这一举措不仅为激活和壮大村级集体经济组织注入了鲜活力量和高附加值的智慧支持，而且对整合和优化乡村存量资源起到了关键作用。为进一步提升集体经济的治理水平和运作效能，阿署达村还引入了现代化管理模式，聘用职业经理人来领导和运营村集体公司，并且配以专业会计师负责财务管理，确保每一笔账目清晰、每一步决策科学。这样的规范化经营管理模式标志着阿署达村集体经济正式步入制度化、专业化轨道，有力地促进了村集体经济健康、快速的发展，并为其持续繁荣提供了坚实支撑。

（四）要紧紧抓住政策设计“前瞻性”这一核心要义

促进产业迅速发展，需要高质量、高标准的系统部署，尤其是政策设计要有前瞻性、指导性。习近平总书记强调，党中央已经明确了乡村振兴的顶层设计，各地要解决好落地问题，制定出符合自身实际的实施方案。过去因农村三资管理不够规范，集体资产底数不清是普遍现象，为彻底摸清家底，攀枝花市东区就以农村产权制度改革为契机，组建了“区、镇、村、组”四级清产核资工作组，并出台《东区农村集体资产清产核资办法》，摸清了家底，便于集体经济组织更好地盘活资源。同时制定了《东区农村集体经济组织成员身份确认指导意见》，2021年银江镇各村、组就认定了集体经济组织成员10192人，确保了应当享有集体产权的农民“不落下一个人”。自2021年以来，银江镇便制定出台了《银江镇“一村一业”发展思路》《银江镇关于镇党政领导分工及包村（社区）工作的通知》《银江镇集体经济组织管理办法（试行）》《银江镇农村集体经济组织财务制度（试行）》《银江镇村（社区）集体经济组织管理实施细则（试行）》等制度，为当地集体经济组织、产业融合发展提供了政策上的指导和保障。

三、完善建议

银江镇弄密村和阿署达村无疑为我们提供了在产业转型升级与城乡融合发展的契机下，高质量发展农业，探索一三产业融合、促进农民实现可持续发展的优秀案例，同时这两个村的实践仍处在起步探索阶段，调研中课题组也结合在全国各地学习到的经验启示，为他们下一步的顺利发展提出几点意见和建议。

（一）规避土地流转风险

适度规模的土地流转是产业发展的必然需求。在土地规模流转过程中，往往涉及多个农户，社会资本嫌与一个个农户打交道麻烦，一般会提出要与村合作社签订流转协议的要求，同时农户个体也觉得对社会资本不了解不信任，也想村里出面帮着流转。所以有的村在土地流转中，先是由村集体出面将农户手中的土地流转过来，再集中流转给社会资本。这就带来一个风险，一旦社会资本经营不善破产跑路，农户在找不到社会资本的情况下就会找到村集体，而村集体又无力承担农户的租金，造成村集体与农户的大矛盾。《中华人民共和国农村土地承包法》第四十条规定："土地经营权流转，当事人双方应当签订书面流转合同。"因此，在土地流转前，务必要先由农户与村集体签订委托流转协议，再由村集体与社会资本签订流转协议，以流转程序的规范性和合法性来避免在后续发展中产生不必要的争议，影响项目的推进和村民权益的实现。

（二）规避市场风险

市场具有不可控性，为了尽可能规避市场带来的价格波动、产业迭代等风险，建议避免大面积种植一类农产品，采用套种、轮种其他水果或花卉等形式，丰富农业园的观光采摘体验，分担市场可能出现的各种风险，同时可以在现有产业的基础上考虑仓储、冷链、深加工等配套产业，通过增加农产品下游产业链来实现延长水果的销售周期、提高销售价格等增收目的。

（三）争取专项政策资金

目前，从上到下都有乡村振兴产业发展财政专项扶持资金，这是当前可以解决资金短缺的重要途径，但在此过程中一定要注意资产最终的权属问题，村两委干部要清楚地知道，财政专项资金打造的资产产权属村集体所有，避免在发展过程中出现所有、处分、收益等相关物权争议，制约下一步发展。

（四）按照相关会计制度合法解决集体收益分配问题

农村集体经济组织每年获得一定的收入后，如何进行收益分配、如何扩大再生产，是银江镇许多村普遍面临的困惑。课题组建议，参照2024年1月1日起施行的《农村集体经济组织会计制度》规定执行，其中第六十三条明确规定："农村集体经济组织当年收益加上年初未分配收益为本年可分配收益，主要用于弥补亏损、提取公积公益金、向成员分配等。在提取公积公益金、向成员实际分配收益等时，应当减少本年可分配收益。"此处的公积金就可以用于弥补公司（集体经济组织）的亏损，扩大生产经营或者转为增加资本。根据公司法的要求，公积金分为法定公积金和任意公积金，其中法定公积金是强制性提取当年税后利润的10%。在提取法定公积金之后，就应提取税后利润的5%～10%列入法定公益金，主要可以用于村民的福利支出，如帮扶老幼病残、开展村集体活动等。

课题组在弄密村牛油果园地的休闲区座谈交流

阿署达村特色吊脚楼

课题组调研牛油果现代农业观光园

课题组与银江镇座谈

6

依托“天府粮仓”精灌区实现三产融合发展

时　　间： 2024年4月1日

地　　点： 四川省成都市都江堰市天马镇金陵社区

参加人员： 邓蓉　邢永亮　章敏　刘星　梁景智　罗明东　郑淑堃　刘美均　杨怡宁

执 笔 人： 杨怡宁

内容摘要

打造新时代更高水平的“天府粮仓”，是中共四川省委十二届二次全会提出的城乡融合发展的新要求。都江堰是成都平原建设新时代更高水平“天府粮仓”整体推进的重点区域，近年来，都江堰金陵社区以建设高产高效的天府好田、培养绿色优质的天府好粮、融合农商文旅的天府乡游、建设宜居宜业的天府乡居为目标，致力于一二三产业融合发展，在做大做强粮油、果蔬生产的同时，积极发展现代农业冷链、物流、托管等业态，引进民宿、餐饮、休闲等文旅项目，探索了一条特大城市远郊区城乡融合发展路径，可为同类区域提供借鉴参考。

金陵社区位于都江堰市天马镇西南部，川西旅游环线穿境而过，距成都市区60公里，处于成都1小时经济圈，交通网络体系完整，可达性强。辖区面积3.6平方公里，其中基本农田4201亩，是都江堰“天府粮仓”精灌区核心区域之一。如何在保证国家粮食安全前提下，让农民通过一二三产业融合获得更多收益？近年来，金陵社区按照新时代打造更高水平“天府粮仓”要求，优化配置村级资源，通过盘活闲置农业设施用地、集体建设用地租赁入股、小区闲置房屋利用及招商引资社会资本等方式，全力推进农业产业全面升级，探索实践“农旅融合”发展路径。2023年，该社区争取到100万元资金用于发展壮大集体经济，成功申报了成都市四星级现代农业园区，新增粮经生产经营主体、龙头企业8个，粮食播种面积达到2200亩，蔬菜种植规模化经营面积达到800亩，实现农民人均年收入34050元，增收2500元以上，超过都江堰市平均水平。

一、主要做法

（一）守好粮食“安全线”，一产稳固发展

行驶在通往金陵社区的乡间道路上，大片大片的油菜花在连续春日暖阳的“关照”下，摇曳的身姿已悄然换上了一片金装，置身花海世界中十分享受，这是被幸福包围的感觉。据社区党委书记介绍：“目前，成都德弘农业公司流转了1000余亩的耕地进行粮经轮作种植，如今已经形成了以粮食、猕猴桃、经济苗木为优势产业的发展模式，产业规模化经营覆盖率达到100%。乡亲们也从产业兴旺中尝到了甜头，获得了经济收益。”德弘农业公司需要一定的人手来从事种菜、收菜、打药、施肥等基础性工作，在

农忙时节每个月大约可招400人，劳务报酬为每人每天100元，这可以直接带动当地农民实现就近务工，并获得稳定收入。在农产品销售上，该公司与周边学校建立长效合作机制，公司种植的粮食、蔬菜直供成都外国语学校、天马学校等，经营收益比较稳定，实现了粮菜生产销售本地一体化，对稳定供应市场、减少中间环节、节约销售运输成本、保障农产品质量等均较为有利。这是由企业带动农村产地与城市学校联动的一种有效方式，更是城乡融合的重要体现。

金陵社区农业产业发展也呈现过“低小散”的状态，表现为农业生产规模小、效益低。要想解决农业产业效益低的问题，就必须改变农业的传统种植模式，向现代农业方向发展。近几年，金陵社区探索调整农业生产结构，通过整合分散耕地，促进有限资源向龙头企业、专业大户流转，实现连片规模化集约化经营生产，形成了2000余亩粮油蔬菜基地、400余亩以猕猴桃为主的大地景观，促进了乡村第一产业转型升级，为进一步守住“粮袋子”“菜篮子”“钱袋子”进行了有益尝试。

与此同时，金陵社区在粮食扩面增产、高标准农田建设、种粮农民收益保障上多点发力，提升粮食生产保障能力。一是严格落实“田长制”，建立了“田长制”网格化管理，实行分片包干，责任到人，动态巡查，切实提升保护每块耕地的能力，进一步遏制耕地“非农化”“非粮化”倾向，杜绝耕地撂荒，腾退低效果木200余亩种植粮食。二是推动粮食高效生产，承接省农科院、川农大等科研院所的合作项目，建设20亩水稻中试熟化基地、配设2套农作物病虫害预测预报联网平台，争取到四川德瑞集团等一些社会资本，在合作基础上打造“天府粮仓”田园研学基地。充分利用好惠农政策，激发各类经营主体种粮的积极性和主动性，在目前标准化规模化种植面积基础上，进一步加快提升粮油生产经营规模化程度，打造1个千亩“千斤粮、万元钱”的粮经复合高产高效示范片区。三是打造金陵特色品牌体系，鼓励和支持经营主体自主创建和培育企业品牌，拓宽市场销售渠道，形成“社区经合组织+职业经理人+农户”的运营模式，推动粮食、蔬菜等“产品变商品”，让农业从纯农产品种植延伸到二三产业的领域，促使农业产业链各个节点寻找更多增值空间。

（二）抓好农业设施，二产配套发展

2024年中央一号文件强调，要推动农村流通高质量发展，优化农产品冷链物流体系建设，加快建设骨干冷链物流基地，布局建设县域产地公共冷链物流设施。现代冷链物流的新型运营模式对于推进农产品价值提升和守护“舌尖上的安全”作用较大，在农产品生产和粗深加工协同整体推进方面效益明显，可以直接促进农产品就近就地转化增值。金陵社区在充分做大做强第一产业基础上，积极向上争取到现代设施农业用地55亩，其中20亩主要用于发展与农业配套的第二产业，包括冷链、农机服务、烘干、育苗等。2023年10月建成运营的冷链中心是都江堰目前最大的现代农业冷链物流中心，也是体量最大的果蔬冷链仓储基地，拥有40个标准化的冷链仓库，包括果蔬冷链仓储区、智能分拣区、产品包装区、商务流通区。中心实施全程标准化作业、数字化管理，冷链仓储处理能力达5000吨。

同时，该冷链中心相比成都周边区市县的冷链仓储设施，具备租用成本低、用工成本低和交通便利等优势，除承接本地农产品外，陆续吸引了阿坝州、眉山、蒲江、邛崃、彭州等地的松茸、羊肚菌、车厘子、柑橘、清脆红李、猕猴桃、蔬菜等农产品汇聚都江堰进行仓储、包装和中转销售。冷链中心一方面可减少农产品产后损失、扩大消费品优质供给、保障食品消费安全，另一方面为进一步提升农产品的销售周期和销售价格提供强有力的技术支撑，一定程度上有助于延长产品价值链和供应链，从而提升农产品的附加值。更为重要的是，该项目联合了重点龙头企业、合作社、家庭农场、果农等新型农业经营主体，实施订单生产和年度分红返利，累计已有1500余名种植户、8个合作社、15个家庭农场参与到项目中，同时为当地农户提供了超过100个固定就业岗位，人均务工年收入超过4万元，实现“以企带农、农企共赢”的新型盈利创收模式。

由于发展势头良好，该冷链中心下一步还将启动二期建设，并对冷链中心进行重新分区和优化升级。同时，辖区内的猕哆哆农业公司也将建设20亩冷链物流中心和秸秆综合利用中心，德润集团蔬菜分拣中心正在筹备中。另外，该冷链中心为了保障粮食生产安全和提高粮食归仓效率，计划投资1016万元建设粮食烘干储存中心项目，投资建设2台15吨循环式烘干机和6台30吨循环式烘干机，以及配备相关的粮食烘干机辅助设施设备。该项目占地大约3000平方米，日处理烘干粮食200吨，粮食烘干储存量可达到2000吨，将原有耕种、收取等基础性环节延伸到烘干领域，真正实现粮食生产全程机械化、智能化。金陵社区通过盘活闲置土地资源，引进前沿科技发展项目，延长农业产业链和价值链，补齐了农产品产地中粗加工和精深加工、储藏、冷链、烘干等短板，提升价值链、打通供应链，推动城乡产业融合向纵深发展。

（三）布好新业态，三产补充发展

一个村的发展需要寻找属于适合它的方式，才会产生美丽的蝶变效应和激发出无限的发展可能。金陵社区在做深做实农业产业、发挥农业的基本功能基础上，还积极拓展农业的休闲、文化及生态功能，全方位激活乡村价值，让闲散土地资源得到充分盘活和有效利用。

一是统筹发展布局。在对资源分布进行详细梳理的基础上，社区对三产业态选择、项目空间布局、车行交通道路、慢行绿道设施等进行统一规划，按照乡村旅游要素结合现代时尚需求，布局了乡村民宿、特色餐饮、星空露营、健身骑行、休闲娱乐、研学采摘、土特产购买等多种产业形态，满足城市各类人群的不同需要，绘就一三产业融合美丽蓝图。

二是抓项目落地落实。第一，民宿项目。依托油菜花经济、大地景观节点、休闲凉亭等打造了暖暖远人村、林栖、金陵半盏等特色民宿项目，距离都江堰市区只需10多分钟车程，交通区位条件较好，这给节假日期间来往游客在此住宿提供了便利，利润较为可观。第二，休闲娱乐项目。利用现有大地景观，发挥精华灌区独特的灌溉水系建设优势，打造了“金陵会客厅”休闲项目，已完成基础设施建设。“金陵会客厅”共修建约570平方米，一楼修建420平方米，二楼修建150平方米，周边交通区位优势明显。该项目主要集餐饮、休闲、娱乐于一体运营，不仅可用于发展咖啡休闲、观赏大地景观、非遗手工制作空间等业态，而且在景观升级的基础上可用于发展户外露营、亲子游乐、乡野集市、休闲运动等优势产业，预计全年集体经济总收入在70万元左右，利润在15万元左右。第三，农耕、研学项目。该项目位于都江堰市金陵现代农业四星级产业园核心区，也是金陵社区大地景观区的核心区域。依托金陵千亩油菜花地、在地民宿等新兴业态，结合农事体验活动，开展各类农耕、研学项目，社区既有丰富的传统文化底蕴，又可为各类文创艺术类项目提供灵感，实现以“农”引“学”、以“学”促“游”。该项目在旺季日均人流量可达到1000人次，一定程度上可为社区居民带来就业机会和增加辖区内百姓的经济收入。第四，采摘体验项目。目前沿着沙西线一带已经形成了葡萄、蓝莓、草莓、耙耙柑等采摘体验园区，已经有较为成熟的采摘规模，可为八方游客提供独特的农业农事和采摘活动体验，一定程度上带动了精品循环农业高质量发展，不但让土地利用提质增效、老百姓实现增产增收，也为助力乡村振兴的发展夯实了基础。第五，露营基地项目。该项目位于驾青线旁，距离成灌高速出口3公里、都江堰城区9公里、成都30公里，交通十分便利。此项目正在筹备过程中，将依托以2000亩的粮油水稻、800亩蔬菜、500亩猕猴桃为主的大地景观区，继续深挖社区特有的生态水系本底资源，在金陵社区打造了“老柏木河”露营戏水空间。总体上来看符合村庄整体规划，此处是一条天然河道，不存在占用耕地现象，河道长度大约3000米，内有多处泉眼，具有较高的生态价值转换空间，同时已完善了周边一三产业的基础配套设施，产业基础比较稳固。

三是办节会、聚人气、引人流。为了促进第三产业提档升级，社区积极争取财政资金，引入社会资本参与其中，在集中连片种植区打造了“金陵菜花基地”，形成了千亩油菜花海的大地景观。每年初春时节都会举办“金陵菜花节”活动，上万亩油菜花吸引众多游客前来打卡观赏，让花节“流量”成为增收“留量”。

四是争取各方支持激活产业。社区充分把握各级政府对乡村振兴大力支持的机会窗口，积极争取各级部门扶持项目资金，通过招商引资规划建设一系列产业项目，形成了一波强大的乡村流量。以塑造金陵品牌体系为契机，打造“品牌+产业”发展的新业态，进一步深化“拾村记忆”品牌效应，售卖生态大米、土鸡蛋等特色农产品，呈现出“百米见风景，一里有消费”的沉浸式田园消费新场景，让城里的游客能够在此停下脚步，拉动消费经济，实现村民收入多元化增长，促使一二三产业充分融合发展助力当地老百姓拓宽增收渠道，让他们的“钱袋子”鼓起来。

（四）土地交给“田保姆”，农民生产增收有保障

与其他传统农村社区一样，金陵社区也曾一度面临农村老龄化和空心化带来的谁来种地的问题。农业生产托管这一新型生产性服务业的诞生，为金陵村带来了希望。金陵社区在刚开始引进托管制时，还担心老百姓对于土地的特有情怀以及租金支付等问题，但经过充分沟通协调，为老百姓讲清楚流转、出租土地的好处之后，金陵社区占地近20亩的天府粮仓精灌区农事综合服务中心成立了，中心集农机化社会服务、农产品展示、仓储、物流、无人机喷洒药物、施肥、监测害虫等功能于一体，采取更高效科学的现代农业生产托管体系，为农户提供春耕、起垄、播种、施肥、除草、防虫、收割、储运等全程托管服务。据中心负责人介绍，他们会根据农户实际需求，提供合情合理的现代社会化服务，“农民把田交给我们，到时候来领谷子就行了”，目前的农业托管服务已经趋于成熟。而社区内的都江堰沃千里农机服务专业合作社，不但提供农机服务，还建有育秧育苗中心，两条智能育苗流水线配置了两台机器人，流水线面积为800平方米，温室大棚有5000多平方米，水稻育秧行车覆盖面积30亩左右；粮食烘干中心面

积为1800平方米；合作社中农机具有94台套，拖拉机动力涵盖了90马力到210马力，从育秧育苗、耕地、插秧、无人机撒肥打药、收割、粮食烘干、仓储全产业链条均能完成，直接服务于农户和农业生产，将专业的事交给专业的团队去做省时省力又省心，农户则不必进行高强度低收入的农事劳作，为转向其他产业提供了条件。

二、经验启示

金陵社区通过发展一产作为基础，有效带动了二三产业联动发力，找到城乡融合发展的突破口。这一摸索过程持续了近十年时间，历经了很多艰辛，其经验启示值得借鉴，尤其是同类地区可做参考。

（一）产业要发展，领头雁是关键

产业要发展，关键在于人，核心在于有一个好的带头人。课题组经过对金陵社区的深度调研发现，社区夯实打牢第一产业的粮油片区、蔬稻基地、猕猴桃基地的发展基础，通过稳定粮油生产做大做强二三产业的配套发展项目，与10年前相比发生了翻天覆地的变化，这都离不开村（社区）党委书记带领大家敢想敢作敢为的精神。金陵社区党委书记陈某是一位女同志，她告诉我们作为一名基层干部需要“向上生长，向下扎根”的道理，多年来深耕脚下的这片土地是出于她内心强烈的责任感，抢抓机遇、积极奔走，为人民群众争取审批现代设施农业用地发展村上产业，是她作为一名普通基层社区党委书记应该做的实事。同时，陈书记为推进村上的产业规模能够更加科学合理，专门聘请行业专家统筹规划村庄土地布局，花费时间、精力甚至金钱，更好更快促使村上一二三产业闯出一条有机融合的新路子，在希望的田野上绽放出村庄的无限光芒。

习近平总书记曾说“人民对美好生活的向往，就是我们的奋斗目标”，此刻这句话在金陵社区呈现出更为具象化、生动化的存在。陈书记带领村上的老百姓打开思维格局，在城乡融合的大背景下抓住产业发展的东风，通过三产联动发力壮大村级集体经济，为老百姓实现增产增收的美好愿景实属不易。中国式现代化的发展需要千千万万城市乡村的繁荣和美建设，金陵社区正是千万个乡村发展中的生动缩影，社区带头人能够聚焦城乡融合发展态势不断摸索前进、敢于尝试，找准产业发展的切入口进行层层击破，将“油菜花经济”作为载体带动了一二三产业的蓬勃发展，充分打通城乡之间的人才、资金、土地、信息技术等要素的流动通道。

（二）土地要流转，读懂政策是前提

2023年6月印发的《全国现代设施农业建设规划（2023—2030年）》中明确强调了现代设施农业用地在当前农业农村现代化工作开展过程中的重要性，并且肯定了未来一个时期是现代设施农业发展的关键期，必须抢抓机遇、聚焦重点。从国之大事角度看，国家政策呈现出一种收紧状态，要求基本农田必须用来种植粮食作物，保障国家粮食安全。这样一来，那些可用于开垦的荒地、闲置土地资源就变得值钱了，因此要在充分读懂政策的基础上，找出其中能够开发的闲置土地资源，科学合理盘活土地用来发展二三产业，并且积极与上级沟通联系，争取政策、项目和资金，将产业项目一步一步脚踏实地做起来，形成一种干事创业的良好氛围，才能够在国家发展战略背景下推动产业持续发展。金陵社区在精准研读政策基础上，对于乡村土地建设规划持续深挖政策，找准发展的可切入点，积极寻找建设用地的可利用空间，把握政策发展方向，尽量向上争取现代设施农业用地来发展二三产业，该社区能够抓住政策的时代风口，紧扣中央、省、市对于城乡融合发展推进、现代设施农业用地规划的政策支持，打开土地利用方式的发展格局，争取一些创新开发项目，盘活村内的集体经济优质资源发展一二三产业，继续擦亮金陵社区打造新时代更高水平“天府粮仓”

精灌区的金字招牌，这充分说明了读懂政策、科学利用政策谋发展，打通政策的堵点、难点、痛点问题，对于各乡镇推进城乡融合有序开展具有很好的借鉴意义。

（三）业态要布局，统筹规划是基础

2015年底，国务院办公厅印发的《关于推进农村一二三产业融合发展的指导意见》指出："以新型城镇化为依托，推进农业供给侧结构性改革，着力构建农业与二三产业交叉融合的现代产业体系。"由此可见，产业融合发展是当前发展现代农业的必由之路，产业发展错综复杂，因此必须进行全面统筹规划。2024年中央一号文件强调，提高乡村建设水平需要增强乡村规划引领效能，进一步强化县域国土空间规划对城镇、村庄、产业园区等空间布局的统筹规划。在耕地总量不减少，永久基本农田布局基本稳定的前提下，整合盘活零散闲置资源，保障乡村基础设施建设和产业发展用地。

金陵社区先行先试，秉承"摸着石头过河"这一理念探索出了一条独具特色的金陵发展之路，即以农业为基础，延伸农产品产业链条，通过盘活闲置林盘、民房等资源，打造社区独有的特色产业产品，实现一二三产业互动发展，带动了当地民宿、餐饮、旅游等产业的发展，促使了社区群众增收致富，让老百姓在党建引领下感受到更强烈的获得感和幸福感。从整体上来看，一个社区统筹规划产业的发展道路并非一件易事，而是要一步步科学设计产业发展模式和方向，通过循序渐进才能找准一个地区或是一个村的准确发展定位，就是要用系统思维去科学布局规划产业，一二三产业发展定性并不相同，需要的基础设施配备亦有差异，在这一点上产业的短板会直接决定其发展的长板，只有将各个产业都划定在一个科学合理的空间规划内，才能促使产业发展的部分之和大于整体。金陵社区在全面分析村情、民情、地情之后，聚焦"花海经济"做大做强第一产业，并且选定可利用的现代设施农业用地来进行二三产业发展，将三产融合做得有声有色，根据土地规划相关条例将一二三产业进行规划整合。从这些方面来看，做好乡村振兴工作需要做好整体长远的规划，而这种规划不一定都要花大成本外请专家团队，但是一定要请了解当地实际情况的专业人士来参与，规划一旦制定，就要将一张蓝图绘到底，避免重复建设，少走不必要的弯路。

（四）农业要规模，现代社会化服务是核心

金陵社区通过引进现代社会化服务手段，实现了农业的规模化集约化生产，加速了现代科技成果与管理方法在农业生产经营中的广泛应用，推进社区农业综合性社会服务功能更上一个新台阶。一是提高了良种率和农业标准化作业水平，单位耕地面积的垄沟宽度、播种密度、播种量、施肥量、农药播撒程序都能够得到严格有效控制；二是提高了农业机械化水平和现代农业科技水平，无人机喷洒药物等新技术在农业生产过程中得到广泛应用；三是极大提高了农业劳动生产率，以万亩农业生产托管为例，如果采用农户自耕则需要涉及农户500户近1000人，如果采用农业生产托管则只需要30人，劳动生产率提高近30倍，接近发达国家水平。金陵社区依托现代农业托管模式，农业转型的步伐明显加快。

三、完善建议

2024年4月1日，都江堰市委党校（成都村政学院）赴金陵社区就城乡产业协同发展进行专题调研，在调研过程中深刻感受到一个村的产业协同发展，对村两委所付出的巨大努力和取得的肉眼可见的成效尤为敬佩。但城乡融合发展是一个漫长的历史过程，需要不断探索不断努力，在当下，还有较大的提升空间。

（一）用好现有设施农业用地，进一步配套建设相关产业项目

2023年6月印发的《全国现代设施农业建设规划（2023—2030年）》强调，以打通设施农业产后的痛点堵点为导向，以建设提升产业仓储保鲜冷链物流设施和粮食减损绿色烘干设施为重点。金陵社区目前争取的设施农业用地已经用于冷链物流中心和农业农事综合服务中心，课题组针对社区情况综合考虑提出建议，按照相关文件要求配备设施农业用地，在此基础上配置10%的点状用地争取做好育苗研发中心，大力发展水稻、蔬菜集约化育苗（秧）中心建设项目，加快补齐商品化育苗（秧）短板，满足水稻、蔬菜种植对高质量种苗的需求。金陵社区作为打造新时代“天府粮仓”精华灌区双核之一，要进一步做好保障粮食安全和生产兜底工作。

（二）搭建营销宣传平台，形成“马太效应”

宣传是拓宽市场的最佳手段。积极创新营销宣传模式，大力推动农村电商下沉到农村市场，引导物流、商贸、供销等各类主体到社区布局，进一步促进农产品、土特产品的顺畅销售。依托现有冷链库，承接阿坝州的松茸、羊肚菌、车厘子等农产品在都江堰地区的转运集散，通过现代冷链物流中心进行储存、冷藏再销往成都，其中可节省一大笔费用，充分发挥市场导向作用更全面地辐射到成都市各地区的农产品交易市场中心，更加注重产销衔接。充分抓住两地的价格差，有利于提高设施农业的商品化处理水平，掌握价格差的“马太效应”，进一步提升农产品的销售周期和销售价格，从而提高产品的附加值和增强市场的核心竞争力。在此基础上争取形成以金陵社区作为核心发展区域，辐射到其他地区的一种特色发展模式，推进都江堰地区实现首次以村和乡镇为代表的产业协同发展平台，实现城乡区域之间的合理联动。

（三）科学利用林盘资源，发展现代服务业

金陵社区生态本底较好，资源丰富，辖区内的河道有7～12米宽，多处泉眼，林木茂盛，并有多处小而美的林盘资源。目前该社区林盘资源以现代建筑手法延伸了5种基本模式，分别是组群类、带状类、宅院内隐式、宅院围田式、宅院旁置式，林盘资源种类独具一格。因此课题组建议“就地挖宝”，开发利用当地丰富独特的优质林盘资源，在政策基础上多争取一些“小挂”项目（村内土地整理），配套建设现代服务业用来开发旅游业、乡村民宿，可以为驻都江堰市的商户、物流人员提供歇脚住宿方便。继续加强对林盘的修复开发利用，深入学习浙江“千万工程”经验，持续推动社区人居环境整治，对“陈家院子”林盘进行集中整治，依托社区自然本底、农耕文化、川西林盘等优质资源，聚焦川西林盘文化与都江堰灌区水文化，理水为脉、田园为基、林盘点缀、链绿成廊，打造川西林盘博物馆，构建黄金灌区农耕原乡美学景观格局，推动“一村一品、一村一特”特色村庄建设，匠心打造“茂林修竹、小桥流水”的川西林盘美景，全力争创成都市宜居宜业和美乡村先行示范村。

（四）争取政府支持，强化政策倾斜帮扶

根据《中华人民共和国土地管理法》的规定，土地根据用途可以分为农业用地、建设用地和未利用地。耕地是农业用地的主要类型，分为基本农田和一般农田。都江堰市有95%的田地都是基本农田，而设施农业用地只能在一般农田上做，这就限制了二三产业的发展。金陵社区在不利条件下也积极奔走争取政策支持，蹚出了利用仅有的现代设施农业用地发展产业的新路子。课题组认为可以进一步争取上位政策支持，建议天马镇政府直接出面对接农业农村局、规划和自然资源局等相关部门，争取在政策上更多考虑对金陵社区的倾斜扶持，对于批准设施农用地的数量规模可以适

当增加，多多关注该社区在城乡产业协同发展过程中对政策、金融、人才、技术、资源等方面的支持。社区的发展更需要各级部门的通力合作与协调帮助，同时可以邀请一些土专家、农业专家、职业经理人到社区帮扶指导工作，并且在一些问题处理上注重灵活机动的方式方法，将更有利于城乡融合这一发展进程的推进。

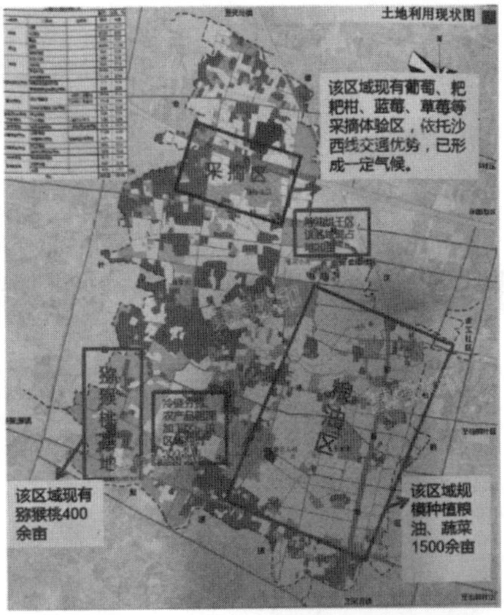

金陵社区土地利用现状图

金陵社区现代农业冷链物流中心

课题组在金陵社区座谈交流

7

让“天府之源”不仅有生态“颜值”更有经济价值

时　　间： 2024年4月2日、11日

地　　点： 四川省成都市都江堰市

参加人员： 邓蓉　袁华兵　官青　唐晓曦

执 笔 人： 官青、唐晓曦

内容摘要

都江堰市是长江上游生态屏障的重要组成部分，是成都平原主要水源涵养地，地处都江堰精华灌区核心区域，拥有青城山－都江堰、四川大熊猫栖息地、都江堰水利工程三大“世界遗产”，自然资源丰富、生态本底优越。2019年12月，国家发展改革委等18部门联合印发《关于开展国家城乡融合发展试验区工作的通知》，批准设立四川成都西部片区国家城乡融合发展试验区，范围为包括都江堰市在内的8个区（市）县全域。为统筹推进国家城乡融合发展试验区建设，都江堰市确定了“5+1+1”（5个国家规定动作、1个自选动作、1批骨干支撑工程）的改革架构，其中首要试验任务即“探索生态产品价值实现机制”，这是基于都江堰市优质生态资源本底以及良好区位发展条件的考量与部署。生态产品价值实现是促进

城乡融合发展的有效途径，主要基于环境效应和就业效应两个方面发挥作用，对城乡融合水平提高产生着积极影响。以国家城乡融合发展试验区建设为契机，探索生态产品价值实现机制，都江堰市既有得天独厚的优势，又积极进行了各项路径探索实践，持续用力抓好生态产品价值实现工作，在“山、水、田、林、碳”五大经济生态价值转化等方面初见成效，本文也将为都江堰市继续深化生态产品价值实现提出建议。

“天府好水润好物，春茶正是好味道。”最美人间四月天，春和景明之时，课题组走进了“天府之源”都江堰市，去探寻这座世界“三遗之城”如何利用自身优质的生态资源本底以及良好的区位发展条件，探索生态产品价值实现的多元路径。都江堰市位于成都平原西北部，面积1208平方公里，是长江上游生态屏障的重要组成部分，是成都平原主要水源涵养地，地处都江堰精华灌区核心区域，拥有青城山-都江堰、四川大熊猫栖息地、都江堰水利工程三大“世界遗产”。探索生态资源型城市深入践行“两山”理论，做优做强成都市郊区新城生态价值转化核心功能，是当前都江堰市的根本出发点和发展着眼点。都江堰开展生态产品价值实现具有“三大资源优势”：都江堰灌区气候温和、土壤肥沃、水源丰沛，自然资源丰富；青城山-都江堰风景名胜区等文旅资源丰富；猕猴桃、中药材、茶叶等优势特色农产品丰富。具备“三大工作基础”：生态保护成效显著，生态文明建设硕果累累，生态产品价值转化有序推进。

一、主要做法

一般而言，生态产品可分为三大类别，即物质产品供给（如粮食、蔬菜、木材、中草药等）、生态调节服务（如水源涵养、空气净化、防风固沙等）和生态文化服务（如精神享受、旅游观光、美学体验等）三类。不同类型的生态产品由于不同的属性，其价值实现路径有所区别，如物质供给类和文化服务类生态产品，因具有私人产品或俱乐部产品属性，可直接或通过开发经营进行市场交易，调节服务类生态产品则属于公共产品或准公共产品，较难直接通过市场交易实现价值，主要通过生态保护补偿实现。都江堰在自然空间格局上呈现“六山一水三分田”特征，既有近300平方公里的大熊猫国家公园核心保护区，也有90多平方公里可适度利用的一般控制区，境内河网密布、水量丰沛，还有1800多个在历史演变中形成的川西农村居住形态的林盘，各类生态产品形态丰富。都江堰市对照《关于建立健全生态产品价值实现机制的意见》，积极探索各类生态产品的多元价值转化路径，培育发展“山、水、田、林、碳”五大经济，推动生态优势转化为发展优势。

（一）“山”经济发展密码——山地资源优势赋能“林下经济”发展

都江堰山地资源十分丰富，全域1208平方公里中60%是山区，除近300平方公里的大熊猫国家公园核心保护区禁止开发外，还有青城山（含前山、后山、外山）、赵公山、灵岩山等较多低山、中山山地。山地生态资源开发包括物质产品开发和景观资源开发两大部分。在物质产品开发上，都江堰累计建成三木药材（杜仲、厚朴、黄柏）基地15万亩、笋用竹基地8万亩、茶叶基地3万亩，培育都江堰猕猴桃、茶叶、方竹笋、厚朴等地理标志农产品品牌。以成立于2009年的四川春盛药业集团股份有限公司为例，其主要业务为中药种植生产、批发零售，2023年产量1.8万吨，产值2.03亿元，每年收购都江堰道地川芎、三木药材、重楼等100余个品种6000余吨，带动种植户2000余户，在都江堰建有规模化川芎、重楼种植基地。此外，都江堰还争取到国家储备林项目，生态林产品产业化初具雏形。

在山地景观资源开发利用上，多年来都江堰以文旅为主导产业，形成了景区观光、乡村民宿、运动休闲、养老养身等多种产业形态。除早已开发成熟、年游客量达500多万人次的青城山景区外，近年来都江堰还成功培育国家级、省级森林康养基地11家、国家森林乡村8个、四川省自然教育基地11家、四川省生态文明教育基地10个。以乡村民宿为例，目前都江堰有品质民宿500余家，如全球文旅产业“十大必睡民宿”的“坐忘”、天府旅游名宿的卿宿青城、获“金熊猫天府创意设计奖”的青暇山居、最成都·生活美学新场景的峨山大坪等，都江堰民宿已成为成都民宿的打卡地，节假日更是一房难求。都江堰的民宿大多以山地丰富的自然景观和浓厚的道家养生文化为背景，如“坐忘”打造森林养生文化产品“森林愈场”，推广森瑜伽、森呼吸、森灵音等森林养生疗法，年营业额1000万元以上；青暇山居四面青山环抱，坐拥18亩花海、森林、竹林美景，致力于为游客提供亲近自然、明心见性的山居生活方式，配备无边际景观水池、水中抄经品茶亭、掬月观书静心室、悟道养心场、崖壁观景台等设施。民宿市场的火爆，还吸引了英国、日本、新加坡等海归，以及北京、重庆、丽江、大理等地民宿热爱者来都江堰投资兴业，民宿已经逐渐成为都江堰市旅游产业的重要支柱，成为生态价值实现带动城乡融合和农民增收致富的典型案例。

此外，都江堰山地生态价值实现还体现在山区每年有来自成都、重庆等地规模庞大的养老群体，有年游客近千万人次的山区乡村旅游，还有受年轻人十分喜爱的户外露营、山地运动，以及由国家体育总局水上运动中心授予“西部第一漂”称号的虹口漂流，等等，这些都是山地景观资源带来的文旅产业大发展，是“绿水青山就是金山银山”的有力证明。

（二）"水"经济发展密码——"天府好水"加速转化为"经济活水"

都江堰市位于岷江上游，拥有"天府之源"的美誉，水多水好的资源优势如何有效转化为经济社会的发展优势？这是都江堰近年来的新探索。都江堰市境内水系发达，拥有岷江过境水资源量为148.4亿立方米；水量丰沛稳定，多年平均水资源总量20.89亿立方米，排名成都市第一，人均水资源量2942立方米，为成都市人均水资源量的5倍多；水质优良，荣登"2020中国净水百佳县市"榜首。据四川省水利科学研究院对都江堰市水资源承载能力的评价分析，都江堰市多年平均条件下的总水资源可利用量达3.266亿立方米，可开发利用水资源余量约为3.16亿立方米，2020年都江堰市水资源生态系统生产总值达298.48亿元，具备做强水生态价值转化的良好基础，水产业发展潜力巨大。

2020年以来，都江堰市借智专业团队高水平编制"天府好水"产业发展规划，聚焦"天府好水"食品饮料主导产业，带动绿色制造产业集群加快发展，打造了一批"专精特新""单项冠军"企业，先后引进了元气森林、农夫山泉、高意匠等重点产业项目，协议总投资超90亿元，通过项目集群推动培育"天府好水"产业集聚优势，预计到2025年底，集聚10家以上食品饮料核心企业。推出"都江堰"本土水产品品牌，"魅力青城"饮用天然泉水、都江堰啤酒系列、老灌县国民老汽水"天府好水"系列文创产品分获2023中国特色旅游商品大赛"两金一铜"佳绩。持续丰富"亲水""拜水"消费场景，拓展开发了以都江堰水利工程、莲花湖风景区为代表的水生态文旅产业，打造了南桥"蓝眼泪"水景、融创水世界、热雪奇迹为代表的水主题文旅消费场景，新建改建了以水文化广场、李冰纪念馆、都江堰生态文明展示展厅等为代表的水文化科普产业，打造了以都江堰清明放水节、都江堰市消夏夜啤季、音乐啤酒节等为代表的水主题节庆品牌，“天府好水”正加快转化为“经济活水”。

（三）“田”经济发展密码——借力“天府粮仓”建设良机成效凸显

都江堰市地处成都平原岷江流域精华灌区核心示范区，区域内耕地质量优、自流灌溉条件佳，有15万余亩优质良田，各类农产品十分丰富。近年来，都江堰市把粮食安全放在重要地位，以“天府粮仓精灌区”创建为目标，致力于打造新时代更高水平的“天府粮仓”。

一是巩固提升粮食生产格局。严格耕地种植用途管控，共享国土监测数据信息。完善耕地动态监测机制，遏制耕地“非农化”、基本农田“非粮化”及农户承包耕地撂荒。推进四川省“天府菜油”示范县项目实施，围绕都江堰“天府粮仓”精灌区发展布局，推动粮经复合种植面积在11万亩基础上稳步增长。

二是提升生态农产品价值。构建“1体系+1中心+N基地”农产品质量安全监管模式，培育“两品一标”认证农产品72个，推动生态农产品价值增值。建成猕猴桃海关出口备案基地17个，创建国家级出口食品农产品质量安全示范区、四川省有机产品认证示范区。都江堰猕猴桃成为成都市唯一通过两部委双认证的地标产品，四川省唯一入选全国农业品牌精品培育计划，品牌价值从2019年的18.63亿元增长至2023年的39.16亿元。天赐猕源、青城茶叶和青城道茶成功入选2023年“天府粮仓”首批100个精品（培育）品牌名单。

三是加强农业科技创新。都江堰市与四川省农科院、四川农业大学共建耕地“容积率”提升研究工作站，提升耕地、林地“容积率”，探索“粮果”“粮药”等套种新技术，开展四川省基层农业博士、硕士科技服务创新试点，成立猕猴桃“科技小院”“专家大院”，推进“间作”“套作”试验示范，避雨设施栽培和溃疡病防控两项技术获得“全国农业重大技术协同推广项目”并在全省推广应用。

四是以设施农业增加农产品附加值。为进一步提升农产品的价值，都江堰通过建设果蔬冷链仓储中心、初加工车间、购置水果分选线等设施设备，建成冷库39座，合理利用有限土地资源，有效解决“用地难”问题，并在运行高峰期可向社会提供80余个就业岗位。通过这些农业设施，有效缓解了各主体生产品类不同、上市周期不同造成的库容矛盾。在储存本地猕猴桃、蔬菜之外，经营主体积极对外扩展业务，吸引周边地市（州）柑橘、石榴、苹果、李子等各类农产品交易并开展仓储服务，积极对接电子商务生鲜宅配、中央厨房、团购直配等新型消费模式需求，预计每年可为经营主体增加收益100余万元。

（四）“林”经济发展密码——林盘富集优势推动“精品林盘”开发

川西林盘是成都平原及丘陵地区独有的农村居住环境形态，茂林修竹、沟渠环绕，是集川西民居、生态平衡、产业发展、农耕文化等为一体的鲜活载体，也是乡村经济的基础单元，具有十分重要的生态价值、经济价值和社会价值。根据《都江堰市川西林盘保护修复总体规划（2018—2035年）》，都江堰市可利用川西林盘1768个（占成都市20%，排名第一），其中重点林盘211个，林盘分布范围为都江堰东部及南部平坝区域，涉及8个镇街117个村，分布面积约354.61平方公里。据专业机构测算，2020年都江堰市重点林盘生态系统生产总值为3.12亿元，价值密度位于40万元～70万元每公顷，包括物质产品价值、调节服务价值和文化服务价值。

随着国家城乡融合发展战略的深入推进实施，川西林盘迎来了价值转化提升的新机遇。都江堰市发挥川西林盘富集优势，以“景区化、景观化，可进入、可参观”为理念，以“整田、护林、理水、改院”为主要内容，实施川西林盘保护修复工程。持续深化林盘打造与开发，通过“林盘+”模式，积极创新“林盘+”音乐、医养、露营、科创等场景，打造了川西音乐林盘、朱家湾林盘、问花村医养林盘等成都市级A级林盘景区14个，建成林盘诊所2个。挖掘都江堰精华灌区和川西林盘乡村田园底蕴，按照“林盘+农业园区”“林盘+景区”“林盘+产业园”的思路，突出书院、诗歌、古街、老镇、古村落等不同发展主题，开展田园小品、渠岸景观、旅游通道建设，以川西林盘休闲康养、灌区农耕文化体验、安龙特色川派盆景为主要发展方向，积极推动农商文旅体医融合发展，吸引城市人来到农村，为游客提供独特的田园康养体验。

（五）“碳”经济发展密码——先行先试推进“零碳景区”建设示范

近年来，都江堰积极探索碳排放权等生态权益交易机制，通过生态权益交易实现生态受益者对生态保护者的市场化补偿，促进生态产品直接转变为经济收入。

一是创建“零碳景区”。青城山-都江堰风景名胜区在国内首创“碳核算+碳披露+碳中和”的零碳景区建设模式，通过四川联合环境交易所碳中和服务平台购买国家核证自愿减排量（CCER）并注销两景区2018年度和2020年度温室气体排放量等量的减排量，发布碳中和实现声明，成为全国首个完成零碳中和的景区，入选首批“四川省低碳发展25个优良实践案例”，被授予四川省首批“中国低碳旅游示范区”称号。

二是积极参与用能权交易。积极参与四川省用能权交易工作，以能耗增量调控为主，鼓励都江堰拉法基水泥有限公司、成都市长峰钢铁集团有限公司、四川都钢钢铁集团股份有限公司3家纳入四川省用能权交易企业，利用清洁水电资源开展节能降碳改造，通过实实在在改造节约的用能量入市交易，充分发挥市场化机制作用，促进用能指标实现“变现”。

三是探索实践生态环境损害赔偿。与汶川县、郫都区深化跨区域生态环境联防联控，建立“岷江流域生态环境资源保护检察联盟”等，着力构建岷江流域生态保护“立体网”，确保成都上游饮用水源安全。

二、经验启示

当前，生态产品价值实现普遍存在“度量难、交易难、变现难、抵押难”的“四难”问题，全国各地开展许多有益探索，尝试破解难题。都江堰市从“山、水、田、林、碳”五种形态的生态产品载体入手，根据生态资源特点选择不同方式，厘清生态产品价值实现的理论逻辑与实践路径，先易后难不断探索，其路径可供同类区域参考。

（一）“统筹谋划、分类施策”是推进生态产品价值实现的关键

探索生态产品价值实现路径应坚持系统观念，根据各类生态产品价值实现的难易程度，分类施策、因地制宜。在路径选择方面，通过对市场路径、政府和市场结合路径、政府路径三种路径的梳理比较，结合都江堰现阶段财力等实际，提出以市场路径为主、政府和市场相结合路径为辅、政府路径为次，更多依靠社会力量和市场手段来实现；在实现机制方面，都江堰市建立健全生态产品价值实现机制全面考量、统筹谋划，提出聚焦生态产品调查监测、供需对接、经营开发、价值增值、核算评价、金融支持六大方面系统推进；在模式确定方面，都江堰市在做好生态系统生产总值（GEP）核算基础上，将生态价值转化模式浓缩归纳为生态价值直接转化与生态价值间接转化两大类，明确当前生态价值转化的重点和突破点集中在间接转化上，尤其是在市场化上特征明显。

（二）“明确重点、板块核算”是推进生态产品价值实现的基础

都江堰市对标国家生态产品价值核算最新规范，系统完成了全域、重点区域以及重要类型生态产品GEP核算。经核算2020年全域GEP为920.24亿元，分版块来看，全市生态系统物质产品、调节服务、文化服务总价

值分别为62.74亿元、372.3亿元、485.2亿元，占比分别为6.8%、40.5%、52.7%，表明都江堰市水权、碳汇等调节服务及文旅产品开发等文化服务的转化空间都较大。同时，完成了大熊猫国家公园核心保护区、一般控制区、都江堰-青城山景区、精华灌区核心区、重点林盘、重点水域等7个重点区域生态系统，以及水资源、猕猴桃、茶叶和川芎4种生态产品GEP核算。从难易程度及资源属性上分析，以最容易实现市场化交易方式入手，分别确定了文旅产业、生态农产品、景区提升、林盘开发、水资源产业化等开发重点，以此推动生态产品价值实现，并取得良好效果。

（三）“建圈强链、拓展开发”是推进生态产品价值实现的核心

在严格保护生态环境前提下，鼓励采取多样化模式和路径，加快推进生态产品多元化经营开发。都江堰市立足自身资源条件，扎实推进生态产业“建圈强链”，采取多样化模式和路径培育发展“山、水、田、林、碳”五大经济，积极探索更加丰富的机制与经营开发模式。一是构建“生态+”农业发展模式。支持创建各级现代农业园区，培育以园区为基本单元的产业集群，优先支持高标准农田、农村道路、精华灌区现代化改造等项目，提升区域内基础设施、公共服务，依托资源优势及区位优势重点发展主导产业，大力发展特色产业，重点发展观光农业，加快发展创意农业，鼓励率先建设“和美乡村”。二是发展环境敏感型产业。依托优质水源这一生态资源，激发资源优势，形成水产业，创造综合效益，探索出一条政府主导、企业和社会各界参与、市场化运作、可持续的水生态产品价值实现路径；依托龙池国家森林公园“野生植物基因库”的生物多样性优势积极竞跑“生物经济”新赛道，充分发挥川芎、三木药材产业优势，引导海蓉药业、春盛中药等药企开发天然植物药和药食同源产品，做大绿色食品、生物医药产业。三是提升文化旅游的价值转化。依托青城山、都江堰水利工程等优质自然景观资源，叠加“世界遗产”文化属性，系统梳理遗址空间肌理、自然景观、建筑风貌、名人盛事和风俗民情等记载，通过多媒体技

术形成虚拟式、互动式消费等世界遗产沉浸式体验场景，让生态资源与文化遗产“活”起来、“火”起来、“热”起来，进一步提升文旅价值。

（四）“多点发力、增值赋能”是推进生态产品价值实现的方向

依托不同区域独特的自然资源禀赋，多点发力、多措并举来促进生态产品价值的增值赋能。一是打造区域公用品牌。制定农产品公用品牌战略规划，对品牌命名、定位、理念、符号系统、渠道构建、传播策略等进行全面策划；建立区域公用品牌质量标准体系，运用有机产品、良好农业规范等质量认证工具，提升区域公用品牌的权威性；成立生态农业协会，创建覆盖全区域、全产业、全品类的农业区域公用品牌，建立产品和企业数据信息系统，加强质量控制和授权使用管理，建立企业质量信用体系和区域公用品牌进入与退出机制。二是深入推进产品品质提升。以增加优质农产品供给为主攻方向，支持企业组织开展绿色食品、有机农产品、地理标志农产品、国家生态原产地产品保护、良好农业规范（GAP）、全国名特优新农产品、全国农产品全程质量控制技术体系（CAQS-GAP）认证与管理。积极引进市场美誉度高、效益好的优质新品种，加强良种良法技术推广和成果应用。三是培育本土旅游商品品牌。推进文创产品、农副土特产品、户外旅游装备智能产品自有品牌建设，选送参加国家级特色旅游商品评选，打造“国际级”旅游商品品牌，树立高质量的品牌价值形象；严格质量把控，引用ISO9001—2015国际质量标准，建立和完善地区旅游商品认证体系、形象体系；加大品牌宣传力度，通过举办本土特色旅游商品推介展销、特色旅游产品大赛等活动提高本土特色旅游商品品牌曝光度。

三、完善建议

2024年4月2日、11日，都江堰市委党校（成都村政学院）课题组与都

江堰市青城山旅游装备产业功能区以及市发展改革局，就都江堰市探索生态产品价值实现机制情况进行了调研和访谈。在调研过程中，课题组切实感受到了都江堰市为促进生态产品价值实现所作出的探索努力以及取得的积极成效，同时也发现在实践过程中，存在诸多问题和障碍。为确保城乡融合发展试验区建设工作稳步有序推进，课题组为都江堰市推进生态产品价值实现提出以下优化路径建议。

（一）虽然“水”经济开始启动，但其产业链还有待完善

建议继续依托“天府之源”的天然水源优势，发展高端天然饮用水，并大力引进健康饮料产业链上下游优质企业，带动原材料、包装、物流等上下游产业集聚配套，形成以农夫山泉为核心的绿色食品产业链。继续招引高能级水科技研发机构、实施好水源品牌战略，聚焦饮用水、低（无）糖饮料、精酿啤酒、功能性食品等细分领域，深入实施食品饮料产业建圈强链行动，构建水科技、水制品、水文旅等水经济创新发展链条。全面打通从“自然之水”到“发展活水”的生态价值转换通道，擦亮“天府好水”品牌。

（二）虽然“林”经济较为成熟，但尚未形成规模效益

建议探索林盘场景赋能，连点成面。从产业规划设计步骤开始，结合“微度假”，在项目建设、业态提升、场景打造中融入乡愁体验、亲子互动等，以此促进林盘经济辐射各个年龄阶段的消费群体。同时通过乡村美学营造，打造绿道打卡地、美食品鉴地、特色林盘民宿等消费场景，以场景赋能林盘经济，围绕康养旅居、研学营地等新兴时尚业态培育林盘主体集群。

（三）虽然“田”经济借助“天府粮仓”建设契机有成效，但形成农业综合收益还需时间

一方面，建议搭建科创平台，与四川农业大学、省农科院等院校签订

科技攻关合同，联同省级农业龙头企业开展战略合作，加强“水稻+”“玉米+”“川芎+”等粮经复合种植模式研究，优化种植组合；聘请中国农业科学院专家、教授，组成专家团队，共建提升耕地“容积率”研究中心和产学研用联盟，解决科研攻关、技术推广等难题，抢占复合种植科技“新赛道”。另一方面，建议突出“标准化、规模化、品牌化、数字化、景观化”，建立“企业+农户+市场+政府”的区域优良新品种推广机制。

（四）虽然“山”经济中的林下种植、森林旅游已起步，但未形成经营特色

一方面，建议招引成熟企业进行合作，加大龙头企业的引领带动作用，以解决都江堰市林下产业整体经营水平不高、单位面积产值较低、加工较薄弱等问题。另一方面，建议尽早出台森林康养基地、森林人家等相关配套用地的优惠政策，以解决林业配套基础设施用地申请较难的问题。

（五）虽然有“零碳景区”，但“碳中和”市场仍然处于空窗期

建议可尝试建立成都西部片区“碳中和”市场。一方面，向全国释放出成都西部片区是重要的生态屏障与精华灌区，承担着涵养水源、保护生态的特殊使命，是超大城市生态环境保护及水资源保护利用重要区域的信号。另一方面，通过“碳中和”市场，形成“碳中和”商流、物流、信息流集散中心，探索在全国范围内的生态产品价值转化。

课题组与产业功能区企业负责人进行交流

兼具乡村生态、文化与居住功能的川西林盘

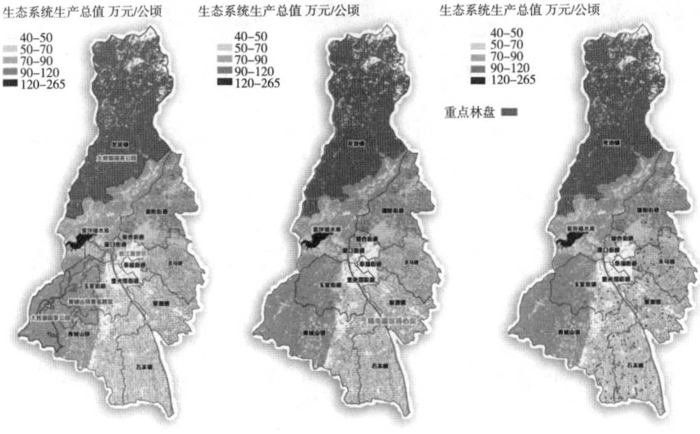

都江堰市大熊猫国家公园、精华灌区核心区、重点林盘等生态系统的生产总值密度分布

8

园区"筑巢"搭台"一二三"结对联动

时　　间： 2024年4月1—2日

地　　点： 四川省成都市都江堰市

参加人员： 邓蓉　袁华兵　邢永亮　袁馗　林天若　吴骋　唐晓曦

执 笔 人： 邢永亮

内容摘要

2023年11月20日，中共四川省委十二届四次全会指出，四川既有大城市、又有大农村，城乡差距与区域差距相互交织，城乡二元结构尤为明显。必须准确把握"重点在县域、难点在乡村"的重大判断，按照"抓好两端、畅通中间"的工作思路，以县域为重要切入点扎实推进城乡融合发展。要聚焦解决重点难点问题深入推进城乡融合发展，着力写好"四个融合"大文章。要着眼解决流通不畅问题促进要素融合，紧紧扭住"人、地、钱"三个关节点，有序引导人才到农村、资金到农村，让农村土地资源得到充分开发利用。2019年4月15日，中共中央、国务院发布了《关于建立健全城乡融合发展体制机制和政策体系的意见》。2019年12月19日，国家发展改革委等18部委联合印发《关于开展国家城乡融合发展试验区工作的通知》，选定东部地区、中部地区、西部地区、东北地区等11个片区作为国家城乡融合发展试验区，批准成都西部片区8个区（市）县作为国家城乡融合发展试验区。都江堰市成为8个试点区（市）县之一，确定了“5+1+1”（5个国家规定动作、1个自选动作、1批骨干支撑工程）的改革架构，其中搭建城乡产业协同发展平台是重点试点内容。近五年，都江堰市依托青城山旅游装备产业功能区和李冰文化创意旅游产业功能区2个平台，探索城乡一二三产业融合发展，2023年又抓住与成都市锦江区、高新区结对联动发展契机，探索跨区域产业协同发展，取得了初步成效，为城乡融合发展奠定了基础。

都江堰市，有着2000多年建城史，因享誉世界的旅游资源水利工程都江堰、中国道教发祥地青城山而闻名遐迩，被誉为“三遗之城”，是世界文化遗产、世界自然遗产、世界灌溉工程遗产所在地。从地理而言，地处成都平原西北边缘岷江出山口处，属于成都“西控”区域；从地势而言，西北高、东南低，高山、中山、低山、丘陵和平原呈阶梯状分布，山地、平原、水域面积比约为6：3：1。都江堰市2023年地区生产总值506.80亿元，三次产业结构比约为8.0：27.5：64.5。坐拥上风上水的都江堰是成都重要的生态涵养地，但这也给这个县级市带来了“幸福的烦恼”：作为成都控制性发展的“西控”片区如何打造产业协同平台推动本地城乡融合发展？作为成都第三圈层通过怎样的空间载体实现结对联动推动跨区城乡融合发展？当前成都市以重点片区开发和区（市）县结对联动作为重大决策部署，作为成都市第三圈层的都江堰，分别以李冰文化创意旅游产业功能区、青城山旅游装备产业功能区为依托形成新消费产业生态圈和都市农业及食品产业生态圈等两大产业园区，同时有效结对联动第一圈层的成都市高新区、锦江区，探索通过“飞地园区”实现跨区城乡融合发展。

一、主要做法

（一）以工带农，青城山旅游装备产业功能区带动乡村一二产业协同发展

青城山旅游装备产业功能区（蒲阳街道）位于都江堰市城市东北部，总体规划面积114.4平方公里，核心区面积16.3平方公里，服务人口近8万人，在行政管理上实行功能区管委会与街道办事处合二为一，除直接管理原蒲阳镇外，还辐射带动天马镇、聚源镇，以产业功能区发展带动街道和周边乡镇的产业发展。在产业发展上，旅装区在成都市12个产业生态圈中归属于都市农业和食品产业生态圈，重点发展旅游装备制造和旅游休闲食品产业，重点细分领域为户外运动装备、旅游交通装备、旅游康养装备、旅游休闲食品等，着力构建以旅游装备制造、绿色食品、医疗康养、文化旅游等为主要形态的开放型产业体系，是都江堰市现代制造业与旅游场景应用融合的重要承接载体，也是四川省唯一的旅游装备制造园区，推动整个城市从以旅游为核心的“门票经济”向“产业经济”转变。目前，功能区核心区以蒲阳河为界，分为南北两区：北区以转型升级为主，7.2平方公里基本实现项目全覆盖，大致形成以建材、精密机械、现代医药、健康食品为主的制造产业体系；南区以整体开发为主，4.6平方公里已基本完成“三纵四横”骨架路网建设，基础配套设施不断完备，土地储备资源丰富，已签约落户具有行业引领意义的标杆项目——智能旅游装备产业园及研究院项目，为都江堰市构建智能制造产业创新融合生态圈奠定核心基础。

青城山旅游装备产业功能区依托丰富的旅游资源和应用场景优势，围

绕旅游户外运动装备、旅游康养装备、旅游交通装备、旅游休闲食品等领域，做实做优智能制造和绿色食品产业生态圈，构建具有国内竞争优势和区域带动能力的旅游产品制造产业体系。在旅游户外运动装备领域深度挖掘户外山地特色资源，大力发展山地运动；在水雪运动装备领域加快轻型装备布局，拓展水雪场地重型设备制造；在旅游康养装备领域着力开拓旅游康养装备的应用场景；在旅游休闲食品领域注重夯实食品深加工环节，推动饮料及纯净水加工，重点发展都江堰特色产品。在新经济领域重点打造绿色、数字、共享经济，推进资源配置效益立体提升。

近年来，功能区通过加快推进环境友好型制造业发展，镇域经济实力大幅提升，在提升城镇化水平、优化城乡产业结构、完善城乡基础设施、提高城乡治理能力等方面取得了明显成效。现已入驻企业累计达523家（其中规上工业企业95家），包括元气森林、华都核能、纽塞特工业机器人、利尔药业、蓝堡咖啡、天府软件园、清华电子商务实验室等众多智能制造、现代医药、食品饮料、电子信息企业及科研平台项目，近三年年均税收超11亿元，吸纳产业工人2.5万人，解决辖区富裕劳动力就近就业5000余人，在带动周边劳动力就业方面作用较大。

（二）以旅带农，李冰文化创意旅游产业功能区带动乡村一三产业协同

李冰文化创意旅游产业功能区位于都江堰市西南部，在成都市现代产业体系中归属为新消费产业生态圈，是成都市旅游业产业链的主要承载地和都江堰市文旅业、会展业的园区载体，也是都江堰市构建世界遗产山水文旅新城的核心载体。功能区规划范围与青城山康养文旅发展片区范围一致，涵盖玉堂街道、青城山镇全域，面积约300平方公里，主导产业为世界遗产旅游、医疗健康度假，重点发展遗产旅游、主题游乐、会奖旅游、休闲养生、健康管理、节事活动等旅游产业细分领域。

李冰文化创意旅游产业功能区的文旅等新消费产业与片区城乡融合发

展联系紧密，不仅体现在功能区的空间结构中，还体现在较为显著的产业业态和连片发展上。区域内既有以熊猫谷、熊猫乐园、大熊猫国际生态旅游度假区为支撑的大熊猫主题旅游产品集群，也有以全国田园诗歌小镇、川西音乐林盘、问花村等为代表的农旅融合、景城融合精品景区。在近两年时间中，功能区内的就业人口激增68%，新增登记市场主体超9000户，有效促进了功能区与所在片区镇和街道在要素、产业、设施与治理上的共同发展。

一是促进要素融合，增强发展高地吸附力。在人才招引上，深化与成都东软学院、成都外国语学院等校地合作，鼓励引导辖区高校毕业生在地培养、在地实习、在地就业，完善落实返乡下乡人才扶持政策，加大就业创业扶持力度，着力“引育留用”一批有能力、懂市场、会经营、敢创新的“田秀才”“土专家”“乡创客”。在盘活土地资源上，加大土地保供力度，有序推进污水处理厂、电力设施及文化遗址用地拆迁工作，以增减挂钩方式推动集体建设用地确权登记及上市流转，探索以规划为手段，收储和整合利用分散的集体建设用地、闲置宅基地等土地资源，提升土地开发利用价值。在资金引流上，用好金融支持全面推进乡村振兴政策，争取粮食等重要农产品生产、高标准农田和水利基础设施建设金融支持，积极争取专项债、特别国债落地实施；发展壮大新型农村集体经济，完善联农带农益农利益联结机制，激活城乡共富新动能，让资金留在乡镇、服务基层。

二是促进产业融合，提升经济辐射支撑力。规划引领，打造文旅主轴核心区。围绕重点片区建设总布局，在李冰文化创意旅游产业功能区总规基础上，高标准推动TOD片区城市规划设计，高水平打造“一心（核心起步区）、两翼（山、坝）、三片（前山、后山、平坝）、四区（产业功能区、“青村院景”盆景产业示范区、“鱼米之乡”现代农业示范区、“梦享青城”民宿文旅示范区）、七组团（七大场镇）”发展新格局，全域联动建设世界遗产文旅主轴核心承载地。建圈强链，发展特色产业集群。大力发展文旅康养产业和数字经济，以五粮液华西青城山国际康养中心、东软智慧健康产业园、青城数字文博中心等项目业主企业为链主，加快康养旅居、生态观光、数字服务等项目招引，全力推进中联瑞弘等重点项目，高标准打造“青城智谷”，不断增强产业生态集聚力。产镇融合，带动区域连片发展。以重点片区核心起步区产业升级集聚发展为基础，带动周边乡村全面振兴。依托问花村、川派盆景园发展“田间经济”，依托民宿集群发展“文宿体验”，依托现代农业发展“农旅观光”，进一步将非遗、熊猫、美食等元素融入太平、天下幽、大观、安龙等特色场镇街区，构建全域全时段消费新场景体系，推动全域产业化。

三是促进设施融合，强化服务供给承载力。在城镇更新上，分批开展传统林盘和老旧场镇更新和适旅化改造，重点提升太平—青城旅游接待和文旅产业核心区道路、供排水、供电、供气、污水处理、垃圾处理等基础配套功能，争取加大财政对市政设施维护、道路清扫保洁、环境卫生整治等方面的资金投入，逐步补齐设施配套短板。优化公共服务，引导争取公服人才下乡，通过组建联合体、托管、结对等方式，积极招引“名校”落地办学，推动“名院”“名医”招引培育，促进城乡公共服务普惠共享。繁荣商贸服务，依托各个场镇、片区特色，积极引进精品民宿、特色餐饮、文娱体验项目，进一步开发“青梅竹马”音乐节、青城山登山赛等成熟IP，形成特色街区，做优节会经济，构建完善便捷繁荣的15分钟“生活圈”“商业圈”“消费圈”，全方位提升宜居宜业吸引力。

四是促进治理融合，增强基层善治竞争力。加大社区运行资金保障力度，强化社区干部队伍建设，实施村党组织带头人队伍优化提升行动，探索建立基层干部发展性和荣誉性激励机制。减负提能，推动社区干部将精力转移至产业发展、公共服务、社会治理等主责主业上去。完善治理网络，探索镇、社区以及社会公众、社会组织等多元主体参与社会治理的新路径，赋能和推动多元主体共管共治。有序孵化和引进社会组织，加强各类自治组织规范化制度化建设，健全村级议事协商制度，强化农民、“新市民”参与基层治理的内生动力。

（三）以“城”带“乡”，发达区域带动乡村一二三产业协同发展

近年来，成都市各区市县的发展差距有逐渐拉大的趋势，以2023年各区市县GDP为例，最高的高新区超过3200亿元，最低的蒲江县仅为214亿元。2022年4月，成都市第十四次党代会首次提出“三个做优做强”战略，即做优做强中心城区、做优做强城市新区、做优做强郊区新城。成都市中心城区经济体量大，产业配套完善，人才引聚能力突出，而郊区新城拥有“绿水青山”的生态本底，土地储备充足，产业发展潜力与空间巨大。在做优做强郊区新城上，推动区（市）县结对联动，以共建结对联动合作区为重点，推动经济区与行政区适度分离改革，建立健全深度利益耦合机制，突出优势互补与双向赋能，是成都市在中心城区与郊区新城融合发展的创新举措。

在成都市目前确定的8个结对中，都江堰与高新区和锦江区结对，两区一市现已新组建高都建设公司、锦都文旅公司及策源高都投资基金作为投建运管平台，确定文化旅游、医疗健康、电子信息（研发设计）为产业主攻方向的同时，在合作机制、规划水平、承载能力、产业协同、和美乡村、历史债务等诸多方面相互促进、相互赋能、相互成就，在建圈强链过程中，以李冰文化创意旅游产业功能区作为承接一圈层结对联动的空间载体，通过“飞地园区”探索成都一、三圈层跨区城乡融合成效已见，形成首批合作项目38个并明确首批重点攻坚项目6个，同时新包装策划青城中医药康养中心等核心功能类项目12个、青城山医养结合社区综合体等基本功能类项目5个、世遗文旅主轴环山综合赛道等特色功能类项目4个等。从短时间内的结对效果上看，两市一区在结对联动中通过“造血”激活多元市场主体投资，已有五冶集团、倍特建安等9家税源型企业在都江堰市投资注册，预计年均税收增加4亿元。

与此同时，成都市青羊区、郫都区、都江堰三地依托丰富的文旅资源

优势、多个天府文化代表，加之同获四川省首批天府旅游名县命名县、候选县、全域旅游示范区等殊荣，联合建设“国家级文旅产业融合发展示范区”，串联打造天府文化精品旅游带。示范区将形成中心城区对周边区域的协同带动，推动文旅融合与城市更新和乡村振兴双向赋能，依托四大核心区（文创产业融合发展区、农旅融合产业片区、数字内容产业片区、文旅康养融合发展区）打造青羊——天府文化会客厅、郫都——融合创新体验地、都江堰——文化旅游集散地。示范区到2030年将建立结构合理、特色鲜明的现代文旅产业体系，成为辐射带动成渝地区双城经济圈旅游经济的核心引擎。

成都这座超大城市，正通过城乡一盘棋的系统谋划，探索一条“大城市带大农村”的城乡融合发展新路径。

二、经验启示

（一）城乡产业协同发展需要园区支撑

城乡融合发展，平台是支撑。城乡产业协同发展平台是实现城乡融合发展的必要空间支撑载体，起着城乡要素双向流动、城乡要素跨界配置、城乡产业有机融合等一系列有效推动作用，这种有效推动作用决定了城乡融合发展中城乡产业协同发展平台的必要性。从实践来看，小城镇、特色小镇、美丽乡村、产业园区、典型项目等作为城乡产业协同发展5种主要平台类型，但毫无疑问产业园区尤其是农业园区是重要平台。一方面产业园区可以吸引产业、人口等集聚，另一方面可以实现资本、资金等政策集聚。身兼长江上游生态屏障、成都平原水源涵养地、“天人合一”城市基因等多重“要职”的都江堰，在2019年总体规划划定了“85%自然生态环境区、15%生态经济区”，大力实施“双限双减、双提双优”，设立了青城山旅游装备产业功能区、李冰文化创意旅游产业功能区，不断优化功能区布局，其对应的产业生态圈正在逐渐形成，践行“绿水青山就是金山银山”的同时，注重探索以功能区作为实现城乡融合发展的承载空间，实践证明是可行的。

（二）城乡产业协同发展需要优化业态布局

城乡融合发展，产业是关键。产业布局是政府有效调控和市场作用有效发挥的重要手段，从城乡产业协同发展来看，“布局”起着对城乡融合发展当前和今后的重要链接作用，这种链接作用决定一座城市当前资源本底优势和未来竞争优势能否有效实现。从产业布局发展历程看，产业布局的变化将直接导致区域空间结构的变化，而影响产业布局变化的诸多因素中重大发展战略毫无疑问是最重要的，推进城乡融合发展是顺应四川发展趋势的精准战略举措。都江堰市，一座城、两个功能区，不论是“老牌”的青城山旅游装备产业功能区还是“新秀”的李冰文化创意旅游产业功能区，两者各有各的物理空间、各有各的产业侧重、各有各的业态布局、各有各的生态圈归属，呈现出极为不同的“对立”，也恰是这种对立实现了“合一”，既不是“以新代老”也不是“新老相争”，既不因“新秀”让“老牌”丧失积累优势，也不因“老牌”让“新秀”丧失作为空间，关键在于战略上注重把握生态保护和产业发展的优先次序，不断调整两个功能区的产业布局方向，同时战术上注重对布局产业的链条延展和未来产业的集聚效应实现，将产业、本底、功能区等进行最大化布局匹配。

（三）城乡产业协同发展需要跨区结对

城乡融合发展，联动是前提。实现城乡融合发展的重要前提是政府统筹推进城乡资源合理配置和协调发展，将“城”和“乡”这两个相反方向最终联结成为城乡融合发展共同体。从现实来看，都江堰市作为第三圈层，相较第一圈层，主体能级不高、开发能力不强，但作为郊区新城，资源禀赋特质明显，在空间、资源、生态等方面有潜力，且已有两个产业基础较好的功能区，为有效结对联动提供了空间载体，这是能有效结对联动、彼此成就的基础。同时，将产业作为结对联动的核心支撑，这无论是对都江堰市这一背靠超大城市的小城市而言，还是对成都市这一拥有大郊区的超大城市而言，都有值得借鉴的经验。对都江堰市而言，如何在争取弯道超车中保持好底线思维，不破坏资源禀赋优势，分析比较优势的同时精准找好结对联动对象，同时建立精简、高效的协同协作机制至关重要。对成都市而言，如何在做强中心城区极核功能的同时，注重对内结对联动，形成多中心、组团式功能结构，不仅是理念更是具体的支持政策措施。

（四）城乡产业协同发展需要设立专项基金

城乡融合发展，保障是基础。产业从落地建设到盈利发展、企业从中小企业到链主企业等均需要时间周期，面对地方财力小而散且有限、初创企业抵押贷款难和自行融资难等现实问题，在城乡产业协同发展中成立专项基金是保障基础。对内而言，整合城乡融合发展各项上级专项资金和同级财政资金等成立城乡融合发展专项基金，带动和撬动社会资本、金融资本，对重点城乡融合发展产业项目和企业进行支持；对外而言，需要在跨区域产业结对联动中对利益链接机制进行细化，都江堰市与成都市高新区、锦江区在结对联动中明确以合资公司为依托开展合作片区的基础设施、专业化园区、项目等建设和实施，同时将"一年成长、两年示范、五年带动"作为建设目标，明确规定了五年内两区一市各自一般公共预算投入比、主要经济指标分享、新增财政收入留存比等。

三、完善建议

都江堰市以园区为空间载体，有效结对联动先发区域，通过"飞地园区"探索跨区城乡融合发展，为超大城市中的相对落后区域实现城乡融合发展提供了探索实践，后续结对联动成效值得持续关注。针对现有实践基础，课题组提出如下几点完善建议。

一是城乡产业协同发展平台的能级不高，缺少国家级农业园区、创新平台、政策资源等，因此，城乡产业协同发展平台还不能完全承担产业融合、人才双向流动、资本落地以及生态产品价值转化等重任。建议：一方面对上积极争取国家级产业园区申报或升级；另一方面对内不能只盯着城镇而忽视乡村，注重城乡要素在产业协同平台上的高效双向流动的同时，特别要注意如约实现泊江社区宜居宜业和美乡村及教育医疗资源扩容下沉等合作项目建设成效。

二是产业未成体系，链主龙头企业辐射带动不够，现有各类产业园区的产业与农业耦合度不强。建议：一方面注重优质商源招引，对不同产业类型尤其是对第三产业黏性较大的商源加大招引力度；另一方面借助结对联动的东风培育链主龙头企业，注重招管并重的同时加大对两类园区现有产业和农业耦合度分析，做好“土特产”文章，坚定发挥中药材道地原产区优势，选取有代表性的如川药等“川字号”农产品提高综合效益，将生物医药产业园作为跨区结对联动实现城乡融合发展的产业方向，提升中药饮片等从粗加工到新质生产力转化水平。

三是城乡产业协同发展结对中的联动不够，当前结对联动双方在土地出让、资金变现、新增税源、国企增信等领域，通过“止血”和“输血”取得的阶段性成效已经显现，下一步要处理好结对联动中的“输血”和“造血”的关系。建议：一方面要注重通过结对联动激发联动双方干事创业的内生动力、能力本领；另一方面要通过创新结对联动发展合作模式，探索细化“合作共建”“飞地园区”“托管建设”等具体合作实践模式，通过“造血”双向赋能，实现跨区域城乡融合发展。

李冰文化创意旅游产业功能区发展意向图

川西音乐林盘

9

从“零元村”到“八村合一”抱团发展

时　　间： 2024年4月17日

地　　点： 四川省成都市金堂县云合镇

参加人员： 邓蓉　袁华兵　邢永亮　梁景智　唐晓曦　刘美均

执 笔 人： 刘美均

内容摘要

云合镇隶属四川省成都市金堂县，交通便利，紧邻成都经济圈环线高速，资水河穿境而过，水源丰富。受制于以丘陵为主的地形条件以及远离成都主城区的区位条件，城乡融合的发展道路并不顺畅。近年来，开端于云桥村（社区）从集体收入“零收入”到集体经济创下县内第一的蝶变，云合镇的集体经济发展开始有了起色，并且在镇村两级领导的合力探索与学习借鉴之中开创了“八村合一”抱团发展的模式，为云合镇的集体经济发展搭建了初期框架，在不断探索完善的过程中，逐渐担当起了促进城乡融合发展的重任。同时，一些创新的做法也在发展的过程中开始显现，如多措并举拓宽增收渠道、集体经济反哺社区治理、集体经济承担社会责任等。云合镇在城乡融合探索道路上的方式方法值得总结和思考。

云合镇位于金堂县东南部，地处龙泉山以东，海拔最低386米、最高538.1米，地形以丘陵为主，地势东北高、西南低，受地形地貌限制，云合镇存在土地不成片、难以发展利用的问题。云合镇境内资水河属沱江水系，从北至南流经境内，过境长度10千米。全镇辖区面积44.28平方公里，共辖1个涉农社区和7个行政村。2023年末，全镇总人口31024人，其中农业人口26151人，常住人口约1.7万人。全镇产业以第一产业为主，包括粮食种植、畜牧业、水产养殖，因为水资源丰富，又以水产养殖最具特色。云合镇在城乡融合发展道路上的探索，也和水产养殖这条线密不可分。而提到水产养殖，又不得不提云合镇的云桥村（社区），该村（社区）在2020年以前，曾经是村集体经济零收入的“零元村”，近年来依托优质水产资源，试点创新集体承包经营模式，集中发展以鲈鱼、黄辣丁、大闸蟹等为主的特色水产养殖业，不断壮大集体经济。2023年村级集体经营性收入超300万元，带动了周边群众实现产业增收。云桥村（社区）在城乡融合的道路上探索着美丽乡村特色化差异化发展的创新模式以及盘活用好乡村资源资产的新路径，为整个云合镇的城乡融合发展带来了新气象，也为其他地区提供了好的思路和启迪。

一、主要做法

（一）承包人“撂挑子”，集体经济组织“挑担子”

云桥村（社区）地理位置优越，水量丰、水质好，具有发展塘库养殖的天然优势。2011年11月，成都市丰润水产养殖农民专业合作社经过介绍来到云桥村（社区），先后租赁村（社区）内旱地和水田共520亩，水田用于大闸蟹的养殖，旱地全部种植杨梅，“资水河”大闸蟹这一品牌也是在这时打响。前期合作社经营收入还比较可观，农户的租金在合同约定的付款时间内也能准时兑现。但是从2016年起，由于合作社频繁更换合作伙伴又经营不善，于2019年倒闭，村（社区）面临原水产养殖基地和旱地无人承接、集中流转的农户土地租金无法兑付等突出问题。与此同时，随着几个主要业主资金链断裂，不断撤出云桥水产养殖行业，村（社区）水产养殖产业发展遇到瓶颈。再加上村（社区）早期不重视集体经济发展，没有盘活集体资产，也没有健全的产业发展思路，集体经营性收入为“零”，村（社区）面临矛盾问题突出和产业发展停滞的双重压力。

承包人撂下的挑子谁来挑？2020年3月初，根据当时情况，村（社区）两委准备找人接手继续流转原有土地，联系多个意向人，都没能谈成全盘接手田地和旱地的合作。面对每年20多万元无法兑付的农户租金，经过云合镇党委、政府、村（社区）两委多次商讨，最后决定由云桥村（社区）全盘接手丰润水产全部土地，创办云合镇首家村集体经济组织，最初的愿望就是把20多万元土地租金挣回来给农户，养殖大闸蟹，保住“资水河”大闸蟹这一品牌。计划敲定之后，云桥村（社区）成立了成都兴云资尚生态农业有限公司，法定代表人由时任村（社区）党组织书记陈波担任，主要养殖大闸蟹、鲈鱼、黄辣丁等特色水产，村（社区）同时成立了以村组干部、养殖大户和产业人才为骨干的产业发展党支部，指导和支持集体企业发展。

村集体经济组织成立初期，针对不懂养殖技术、谁来管理、没有资金等一系列问题，村集体经济组织本着问题导向的原则，在盘活各项资源的过程中寻找解决良方。在养殖技术上，村集体经济组织与资河滨水产养殖专业合作社合作，获得专业技术支持。在管理上，村（社区）两委进行明确分工，由村（社区）党组织书记、主任中一人负责管理鱼塘，另一人负责村（社区）工作。在资金上，一是由政府借资解决前期鱼苗、蟹苗和设施设备购买资金；二是积极获取专项资金，2022年通过水产养殖尾水治理项目获得专项补助104万元；三是由村集体经济组织摸排村级固定资产、土地资源等情况，以资产作价入股等方式为集体经济注入活力，又吸收周边党员和养殖大户、项目业主等社会资本参与集体经济合作。通过这些方法，一共募集到350万元资金参与集体经济项目。2011年11月，村集体经济组织又与金堂县弘安农业签订合作协议，将320余亩旱地与弘安农业合作，实现每年不低于500元/亩的保底分红。

2021年、2022年云桥村（社区）集体经济经营收入均突破200万元，到2023年集体经济经营收入超过了300万元。农户的租金问题解决了，“资水河”的品牌不但保住了还变得更加响亮，云合镇成为远近闻名的“渔美水乡”。

（二）一内一外两条腿，集体经济组织抱团取暖

云桥村（社区）集体经济组织的成功发展给镇上以及其他村带来了启发，同一个镇的各村资源禀赋有同质的地方，也存在一定的差异性，如果能够将各个村的资源汇聚到一起进行整合利用，是不是可以为村集体经济的发展带来新的空间呢？恰好此时云合镇了解到简阳市三合镇塘坝村已经有类似构想的抱团发展雏形，在学习塘坝村经验做法的基础上，再加上镇村两级想要整合各村资源以及社会资源，进一步发展村集体经济的愿景，云合镇先后建立了两个抱团发展的集体经济组织。一是在2022年初，云合镇引进成都弘安金实股份有限公司、成都安金经贸集团有限公司与所辖7个村（社区）联合成立成都新云合商业管理有限公司（以下简称新云合公司），统筹发展镇域集体经济。两家公司出资1000万元占股93%，7个村（社区）集体以资源优先使用权、项目优先实施权和“资水河”系列商标注册使用权作价入股，占股7%。二是2023年11月，云合镇的8个村（社区）又以认缴的方式成立了成都资水云盛农业有限公司（以下简称资水云盛公司），持股比例各占12.5%。该公司目前由三桥村党委书记担任董事长，磨盘山村党组织书记担任公司经理，白象村党组织书记担任公司监事，其他村党组织书记分管公司其他项目。

为了统筹抓好两个抱团发展的集体经济组织的产业发展，云合镇规划了对内对外两条产业线。对外产业方面，新云合公司利用大股东背后的资源和市场对外经营，利用镇上提供的“资水河”商标品牌，在2023—2024年投资450万元，启动了餐饮、酒类销售、渔业养殖等3个项目。目前集体经济组织已在金堂县城开设了第一家资水河中餐厅，2024年在成都市成华区开设了第二家分店，计划未来5年在全市每个区县各开设一家分店。对内产业方面，资水云盛公司对内负责镇内相关产业经营，目前经营项目分为三个板块。首先，成立子公司负责镇内的餐饮产业，主营的渔歌舫中餐厅位于资水河畔，已于2024年3月1日进行试营业，因为良好的区位条件、食材来源和稳定的客源，经营状况良好。其次，承接镇内开荒出来的4600亩土地进行耕种，在预算收支平衡的基础上承担社会责任，为保障粮食安全贡献力量。最后，积极承接县内相关工程项目，中标后优先吸纳本镇劳动力就业。内外两条产业线吸收和引入社会上的优质工商资本，投资餐饮、粮食种植、工程项目等，努力实现项目间的互融互动，形成“一二三产业融合”产业链，既依托了云合镇的资源禀赋，又充分考虑了集体经济收入、社会责任、村民就业等方面的现实问题。

抱团发展的模式打破了村与村之间的壁垒，让各项资源能够更畅通地流动，镇内的各村根据自己的优势投身到集体经济发展中，原本发展能力不均的村，依靠抱团取暖形成了强大的发展合力，同时也让各村都能够在集体经济发展的过程中享受到红利。

（三）4600亩土地谁来种，集体经济组织尝试承担社会责任

云合镇在大力发展集体经济，以特色水产养殖为依托，探索一二三产业融合发展的过程中，从2020年起，多次对低效果木种植地进行耕地恢复，仅2023年就通过此途径恢复了852亩耕地，再加上老百姓不愿意耕种荒废的耕地，云合镇共积累起4600多亩无人耕种的土地。又一个难题摆在面前，难道就让这么大面积的土地赋闲吗？2019年修订的《中华人

民共和国农村土地承包法》明确规定，土地经营权人弃耕抛荒连续两年以上，承包方在合理期限内不解除土地经营权流转合同的，发包方有权要求终止土地经营权流转合同。对于无人耕种的，指导各地充分发挥集体经济组织优势，发挥居间服务作用，大力发展代耕代种、代管代收、全程托管等社会化服务，积极为外出务工和无力耕种的农户提供全程托管服务。云合镇、村两级的干部通过学习相关政策文件以及党中央对于粮食安全工作的一系列重要部署精神，决定再次由集体经济挑起重任，就算不挣钱也要把责任扛起来。

镇上所做的决定立足于土地的特点以及统一经营的优势，云合镇的4600亩耕地具有单块面积小、分布零散、地形起伏大、机械化耕种难的特点，如果统一耕种，则可以形成规模效应，争取农业补贴，以此来平衡种植粮食收益低的问题。资水云盛公司于2024年初承接了镇内无人耕种的4600亩土地，其中3000多亩采取玉豆复合种植的模式进行耕种，另外1000亩种植油菜，再轮种晚玉米和蔬菜。公司通过耕种防收全过程与社会化服务相结合，同时按照《四川省农机购置补贴新产品实施方案》购买农机农具。在销售环节，村集体经济组织依赖以下两个销售渠道：一是由金堂县县属国有平台公司进行品牌包装和售卖，二是由金堂弘安农业有限公司下属平台公司（新云合公司的大股东）进行销售。后续云合镇还计划按照县里的建议由几个村共建一处烘干厂房，以此保证粮食的品质和销售。

（四）社区治理初见成效，集体经济“功不可没”

云合镇的集体经济经过近几年的发展，初步取得了成效。《中共中央 国务院关于建立健全城乡融合发展体制机制和政策体系的意见》中提出城乡融合发展要“坚持农民主体、共享发展”的原则。集体经济发展的目的之一是提升党组织凝聚力、推进社区治理、让广大村民受益，这在优先发展的云桥村（社区）已经开始实施。云桥村（社区）集体经济发展反哺社区服务机制，通过提升基础设施和公共服务整体水平达到服务群众、造福群众的目的。

对于农户来说最直观最实际的就是收入、就业问题，云桥村（社区）通过建立“集体+农户”利益联结机制，在成立村集体经济组织实现集体经济收入突破“零”以后，为村（社区）群众解决了500多亩土地30余万元的流转租金问题，为当地群众提供20余个就业岗位，年务工总收入达到12万元左右（人均年收入6000元），同时还带动了周边120余户农民发展水产产业，拓宽了群众的增收渠道。针对村（社区）的特殊群体，云桥村（社区）建立集体经济爱心基金，每年从集体收益中拿出10万元帮助社区特殊群体。近两年一共对3名困难大学生、18名孤寡老人、31名困难群众进行了关心帮扶，让群众更多感受到集体的温暖，也增强了集体凝聚力。村集体经济组织也考虑到了对群众文化活动方面的支持，近两年来，集体企业出资举办丰收节1场（3000余人参加）、社区志愿服务活动多次（惠及82人），另外每年为村（社区）舞蹈队、老年舞蹈队、腰鼓队等组织提供活动经费，村（社区）群众享受到越来越多的集体经济红利。云桥村（社区）也真正成为有温度的社区，其做法在云合镇的其他村也进行积极的推广。

二、经验启示

近年来，金堂县云合镇在城乡融合中发展集体经济取得的成绩有目共睹。比起成都其他平原地区，云合镇因受到自然条件的限制，在资源整合、招商引资、经济发展等方面似乎处于不利的地位，其发展道路也略显坎坷，但它有自己的优势。任何的发展都不是循着一条路成功的，云合镇从困难中找到前行的路——成立集体经济企业，又在前行的过程中学习和创新了新的路——抱团发展。这是一条适合云合镇自身发展的路。当然，通过他们的探索过程，也能够提炼出在城乡融合发展中值得学习的经验和方法。

（一）尊重农村集体经济组织主体是激发乡村发展的内生动力

农村集体经济组织在村党组织的领导和村委会的指导下承担着协调生产服务和市场营销、运营集体企业等经济管理职能，确保村集体资产保值增值。村集体经济公有形式决定了村集体经济组织是唯一有资格和能力对接“城乡融合”建设相关项目的。云合镇通过整合田地、旱地分别发展特色水产养殖业，水果、蔬菜、粮油种植，以及整合各村资金、土地、人力、技术等资源形成多村抱团发展的集体公司，发挥村集体经济组织主体作用，将村民分散细碎的资源进行规划，并对接社会资本，实现对钱、地、人的高效配置，提高资源的利用效率和资本的投资效益，实现村集体资产的保值增值。

在具体的操作过程中，云合镇坚持对集体经济组织主体地位的尊重，表现在三个方面。一是由集体经济组织牵头为乡村产业发展积聚资源供给。村集体经济将乡村潜在资源大量盘活，资源利用从以往传统的土地等资源出租、建设用地和房产设施等物业租赁，向整合利用集体积累资金、政府帮扶资金发展特色农业产业和特色餐饮服务等领域拓展。逐渐实现资源变资产、资金变股金、农民变股东的改革，吸引大量社会资本投入乡村，让农民分享到了产业增值带来的红利。二是大力发挥集体经济组织对农民的组织引领作用。云合镇在集体经济的发展过程中，坚持问题导向，从解决村民无法兑现租金、水产养殖业发展停滞、社区治理能力羸弱等问题入手，为集体经济聚集了强大的群众基础，强化了集体经济对农民的组织引领作用，在集体经济收入不断增加的背景下进一步增强农民的组织归属感。三是在与社会资本、相关单位和组织合作中均由集体经济组织法定代表人签名，重大签约合同上都是各类业主与集体经济组织双方签名，进一步明确了农村集体经济组织的市场主体地位，尊重了农村集体经济组织依法独立进行经济活动的自主权，为明晰产权关系、发展新型集体经济奠定了基础。云合镇在发展村集体经济的过程中充分尊重村集体经济的主体地位，为乡村的发展激发了源源不断的内生动力。

（二）鼓励农村集体经济多途径抱团发展是盘活乡村资源的重要途径

城乡融合的要点在“融”。乡村有资源，这些资源要发挥价值，就需要与资本、技术、人才等要素相融合。虽然云合镇的集体经济发展方式不一定适合每个村，但思路是可以借鉴的，即要实现资源与资本、技术等要素融合。《中共中央 国务院关于做好2022年全面推进乡村振兴重点工作的意见》明确指出：“巩固提升农村集体产权制度改革成果，探索建立农村集体资产监督管理服务体系，探索新型农村集体经济发展路径。”在“融”的过程中，云合镇敢于尝试创新，采用抱团发展的方式有效盘活乡村资源。

为了整合资源，带动各村共同致富，云合镇先后运用“村+村”模式和“村+企业”的模式成立两家抱团发展集体经济公司，统筹发展镇域村集体经济。抱团发展的模式将各村的资源要素汇集在了一起，从公司运营、产业发展的角度加以整合运用，有利于在全局上实现对产业以及要素流动的把控和规划，既为集体经济的进一步发展提供了更大的力量，也为各村群众提供了共同致富的机会。云合镇的抱团发展在实践中又衍生出了多种新模式，除了单纯的“村+村”“村+企业”的抱团模式，还尝试了部门联动抱团模式、校地合作抱团模式。其中部门联动抱团即云桥村（社区）与县级主管部门合作，实施水产养殖尾水治理和渔美水乡示范园项目，从各方面提升集体产业规模化标准化水平；校地合作抱团即云桥村（社区）与四川大学建筑与环境学院、中建西南设计研究院有限公司合作，通过参与相关课题，打造水产品展销和渔业文化展示基地，提升水产品质量，增强集体产业市场竞争力。因此在农村集体经济发展过程中，鼓励抱团发展能够有效盘活乡村资源，通过优劣互补、资源互通、融合发展，不仅让一盘散沙握成一个拳头，更实现了资源利用上“1+1＞2”的效果。

（三）促进农村集体经济承担社会责任是保障粮食安全的基础力量

保障粮食和重要农产品稳定安全供给始终是建设农业强国的头等大事。2023年中央一号文件提出藏粮于地、藏粮于技，健全农民种粮挣钱得利、地方抓粮担责尽义的机制保障。村集体经济发展到一定程度，它不仅要承担推动地方经济发展的责任，也要承担起一定的社会责任。云合镇在集体经济主动担当、挑起维护粮食安全这份社会责任上的做法值得借鉴推广。伴随国家老龄化程度加剧、农村人口外流等现象，农村大量撂荒地的积累，会引起很多危害。第一，危害粮食安全。中国是一个人口大国，粮食消耗量非常大，农田荒芜会让粮食产量下降，导致粮食市场价格飞涨，给消费者带来更高的生活成本。第二，制约农村发展。农村的发展离不开基础设施、土地资源及劳动力等多方面的支撑，土地资源的价值得不到体现，农村就很难发展起来，这就要求集聚各方面力量，让农业尽快走向现代化。第三，影响生态平衡。长期以来，人类的农业生产活动、生存、生活等都依赖于耕种的土地，如果田地长时间不处理、不进行耕种，便会打乱生态平衡，影响到植物的正常生长。耕作撂荒会改变土壤性质，导致土壤肥力下降、侵蚀加剧。第四，加深农村“空心化”，使留守儿童、老人增多。种地收益微薄，大量青壮年外出务工，留守人员受体力等限制，无法进行土地耕作等生产活动，导致土地大量撂荒，部分农村“空心化”现象加剧。

农村经济是社会经济的基础，也是整个社会的基础，因此在处理撂荒地的问题上，除了政府应该有所作为，村集体组织也应该承担责任，在引进新的种植技术、规模化经营、多种模式种植、合理布局提高单产、提高农民经济收入水平等方面起到引领带动作用。另外，农村经济中人际关系较为重要，可以将农业经济股份合作社作为载体，加强产业经营中村民的凝聚力，统一生产、销售和服务，以提高粮食生产的品质和规模。因此，农村集体经济组织尝试承担社会责任，可以成为保障粮食安全的基础力量。按照这个思路，云合镇“八村合一”抱团发展的集体经济组织资水云盛公司承接了镇内撂荒的4600亩土地，肩负起了负责耕种的社会责任。虽然粮食经济价值不高，无法实现高额利润，但是为了响应国家创建“天府粮仓”的号召，村集体经济组织把耕种土地与社会化项目相结合，积极争取项目资金，通过预算既能达到一定的收支平衡，又为稳固粮食安全贡献了一份力量。

（四）发展农村集体经济反哺是补齐乡村治理物资短板的有效方法

乡村治，百姓安，国家稳。建设现代化的乡村治理体系，既是国家治理体系和治理能力现代化的重要内容，也是实现乡村振兴战略的题中之义。广袤的乡村类型多样，发展差异明显，部分乡村基层治理缺乏物质基础和有效手段，治理任务繁重，制约着乡村进一步发展。

近年来，云合镇的集体经济经过稳步发展，集体经济收入逐年增加，一方面，农民的收入得到有效提高；另一方面，集体经济的收入通过合理分配运用于帮扶特殊群体、丰富村民文化生活、供给农村公共产品等方面，提升了农村社区的温度，提高了村民的幸福度。云合镇在发展集体经济的过程中，用集体经济发展的成果反哺社区治理，真正是在用发展的思维解决乡村基层治理的堵点难点。通过云合镇的做法可以看到，农村集体经济反哺社区治理，以破解乡村发展之困、带动乡村基层之治，通过规范建立集体经济组织，健全集体经济组织经营、管理、监督、分配等机制，有效地补齐了支撑乡村治理的物质短板，坚持治理与发展相结合，推动乡村高效能治理与高质量发展同频共振。

三、完善建议

课题组在金堂县云合镇走访调研、座谈交流时发现，云合镇虽然在自然资源上的条件稍微欠缺，但是其发展集体经济、推动城乡融合发展的意愿十分强烈，并且经过近几年的积极探索，克服了发展初期的重重阻碍，初步找到了差异化的发展道路，集体经济发展在服务城乡融合中的成效也初步显现。课题组针对云合镇的城乡融合发展现状，认为云合镇应该在集体企业建立的规范化、集体企业管理的标准化、一二三产业融合程度、人才引进的力度上下大功夫，因此提出以下三点建议。

（一）规范集体企业股权结构和组织架构

云桥村（社区）集体经济组织成都兴云资尚生态农业有限公司由于在2020年成立时，村集体经济联合社还未成立，只有村（社区）委员会代表整个村（社区），而村（社区）委员会无法单独持股，就找了村（社区）的一位自然人持股1%，因此形成了村（社区）委员会持股99%、自然人持股1%的股权分配现状。自然人在村集体经济企业持股存在后续隐患，建议注销现在的公司，以集体经济联合社的法人名义成立独资公司。对于抱团发展的集体经济组织，课题组建议进一步规范组织架构。在乡镇层面，应该由各村（社区）以股份经济合作联合社成立独资公司，再由各独资公司共同建立总公司，各村（社区）的独资公司为子公司。总公司负责资产管理和资源调配，子公司独立核算、自负盈亏，根据各村（社区）的资源禀赋情况负责相关业务。

在公司组织架构方面，成都兴云资尚生态农业有限公司的董事长、总经理均由村（社区）党组织书记一人担任，会面临一人精力或者能力有限不能承担如此多责任的问题，也容易造成集体企业管理决策过程中“一言堂”的局面，不利于公司标准化、公平公正的运营管理。另外现阶段公司的会计由兼职会计担任，由于处理村集体经济账务的经验较少，对村集体经济会计制度可能不是十分熟悉。建议公司成立股东大会（股东代表大会）、董事会、监事会，村（社区）党组织书记可以担任董事长，总经理应聘请两委成员以外的村内或者村外的具有相应能力的人员担任，并聘请专职会计按照《农村集体经济组织会计制度》《农村集体经济组织财务制度》等政策要求，规范管理集体经济财务活动。

（二）延展一二三产业融合链条

农村的发展单靠第一产业是不能实现长久发展的，但是农村的发展也不能离开第一产业，要想实现农村可持续的发展，合理布局，实现一二三产业的深度融合是当下最正确的选择。云合镇水资源丰富，现阶段水产养殖是镇内支柱产业，同时也在配套发展生猪养殖、水果和蔬菜种植，背靠资水河，以此为品牌发展的餐饮业正处于起步阶段，部分村还有发展旅游民宿的想法，但还处于谋划阶段。因此，现阶段云合镇的产业结构还十分单一，要促进要素自由流动，激发集体经济的最大活力，还需要大力促进一二三产业融合发展。云合镇地形地貌以丘陵为主，水源充足，依托丘陵风貌和农耕养殖文化，可以挖掘发展农耕体验、特色民宿，持续发展特色餐饮。另外，以第一产业为基础，可以思考发展以水产品、水果、蔬菜深加工和冷链技术为主的第二产业，延长产业链。按照一二三产业联动的模式进一步健全产业构成，实现要素充分流动，提高集体经济收入。

（三）试点建立人才支撑机制

城乡融合发展中的要素自由流动，人力资本的流动是关键。现阶段云合镇的集体经济发展框架已经基本搭建，但是对于后续镇村两级产业整体发展和壮大的道路怎么走，镇村两级都没有特别明晰的规划。集体企业发展规划上的迷茫更多的原因是缺乏拥有专业知识的人才，各村都存在人才外流的情况，留在村里的多是老一辈的村民，因此人才的缺乏使得集体经济发展缺乏活力。对此课题组建议，云合镇要加大对人才的引进，建立人才支撑的机制。一方面，要通过乡贤治理等人才回流模式进行乡村人才补充，留住和回引本镇、本村有志于镇村集体经济发展的人才，如返乡农民工、退役军人、高学历本土青年等，这类人群既有对家乡的情怀，又拥有丰富的阅历和较宽的视野，可以通过一系列人才政策让他们安身于家乡发展事业，通过自己的专业所长为云合镇的发展注入新鲜的血液，带来崭新的思路；另一方面，针对集体企业所需要的如专业会计、职业经理人等，要加大力度引进具有专业素养的各类人才，通过制定一系列激励政策来留住人才，为集体经济的规范化管理运营提供人力资源的保障。

课题组考察渔美水乡产业示范园

课题组与云合镇各职能部门及各村（社区）党组织书记进行座谈

渔美水乡产业示范园风貌

10

当科创基因“邂逅”锦绣田园

时　　间： 2024年4月29日

地　　点： 四川省成都市郫都区

参加人员： 邓蓉　罗明东　梁景智　刘星

执 笔 人： 罗明东

内容摘要

你见过被高新技术产业带环绕的万亩高标准农田吗？你见过建设在鸡犬相闻的农村集体经营性建设用地上的科创板块上市企业吗？四川省成都市郫都区东林片区，借着两轮农村集体经营性建设用地入市试点的东风，紧紧抓住国家城乡融合发展试验任务的发展契机，以土地入市改革为动力，盘活闲置资源，推动土地节约集约化利用；以场景营造为路径，实现农民增产增收，推动乡村共同富裕；以活化川西林盘文化特色，美化人居环境，推动生产生活空间品质提升；以城乡产业协同发展为引擎，构建电子信息产业配套服务生态圈，突出科创服务功能，推动区域一体化发展，叠加城乡融合发展路径。

四川省成都市郫都区是中央两轮农村集体经营性建设用地入市改革试点区域，2015年9月，郫都区在全省率先开展农村集体经营性建设用地入市改革试验，“第一槌”在战旗村落下，开创了土地增效、农民增收、集体壮大、产业升级的新局面，也奠定了东林村蝶变新生的基础，激活了乡村振兴发展引擎。2018年东林村抓住“拆小院并大院”“并小田改大田”改革契机，以23.04亩集体建设用地（宅基地）使用权上市拍租，迎来了发展史上的“分水岭”，新兴项目得以不断引进，新鲜力量持续加入。2021年12月，郫都区聚焦农民集中居住、土地规模经营、产业高质量带动“三大任务”，按照片区发展理念，东林村划入东林片区，并组建了以东林片区为代表的八大乡村振兴集成示范片区。整个东林片区地处郫都区德源街道西南部，含东林、禹庙2个村，总面积约8.9平方公里。围绕“科技点亮乡村”的片区打造理念，东林片区紧扣郫都区“一心两廊三片”战略布局，把握科创新城和清水河科创走廊建设契机，立足桤木河、林盘和田园的良好生态本底优势，充分实践土地制度改革成果，导入科创动能和城市功能，构建起了“错落有致、产田相融、生态宜居”的新型城乡形态。当前，片区内已落地项目24个，2023年全年粮食播种面积约（含复种）7350亩，大蒜种植面积约6500亩，农业产值达1.55亿元，国盾金融中心、奥邦医药电商基地等科创林盘空间项目也正在加快打造推进中。

一、主要做法

（一）腾笼换鸟

土地是乡村振兴的核心资源，在乡村的广袤田野中，散落着不少“沉睡”的资源，撂荒的田野、闲置的房屋、废弃的厂房……如何让这些资源发光发热，焕发新的生机活力，是全面实现乡村振兴、推动城乡融合道路上必须解决的一个重要环节。要打通“沉睡资源”的“变现渠道”，通过盘活农村闲置资源，最大限度激发农业农村发展潜力。2015年至今，郫都区两次被国家纳入集体经营性建设用地入市试点，先行先试的政策优势也成就了如今东林片区“抬头望雪山，低头见稻田，茂林修竹，良田美畴”的锦绣画卷。

为盘活乡村闲置低效资源，东林片区从2018年开始了“拆小院并大院”“并小田改大田”，集体建设用地（宅基地）使用权上市拍租等一系列土地综合整治措施。一方面，通过“村民自主+国企搭桥”，郫都区西盛集团（原郫都区国投公司）于2018年拍得了片区内东林村的23.04亩土地的40年使用权，打造村民的适度聚居并促进区内产业发展，实现农村宅基地使用权自愿有偿腾退。针对片区内存量集体建设用地少、散居人均宅基地面积大等情况，开展了土地综合整治，整理出建设用地用于提升公共配套、居住环境，腾出了村集体人口增加的建房用地和产业发展的用地需求空间。2021年以来，片区共实施农村宅基地有偿腾退整理项目6个，引导850户农户集中居住，流转闲置农村住房及宅基地13宗，成交金额达315.6万元。另一方面，通过“拆小院并大院”“并小田改大田”“集体建设用地使用权入市”等创新举措盘活闲置低效资源用地781亩，引进袁隆平杂交水稻种业硅谷、国祥实业、深圳步科、海格通信等一批重大产业项目，吸引弥远咖啡、途远民宿、巴国布衣等知名品牌商家进驻，盘活宅基地建成子云温泉酒店、臻里水碾房等项目5个。近两年来，东林片区两个村集体经济年收入从120万元增加到400万元，常住人口从9084人增加到10023人，人均可支配收入从3.8万元增加到4.4万元。

（二）一张蓝图

规划引领是基础和前提。有了规划，农村土地综合整治进入了精细化时代，摒弃了过去“大拆大建”的做法。对农村地区碎片化建设用地及农用地实施精细整治，确保了农村零星、分散、闲置、低效土地“颗粒归仓”。东林片区坚持城乡一体设计，抓好规划落地和项目推进，加快构建“以城带乡、以乡促城”新空间格局。秉持“三生融合”“多规合一”“适度留白”理念，委托中国美院等专业团队进行设计，高质量修编村级国土空间规划等3部整体规划，有序策划农业园区、大田景观、林盘保护等专项规划，以产业先导定分区，确定“一轴一核一环四田园”的空间发展格局。同时，引入四川农业大学专业团队驻点指导，把控片区整体风貌，开展全域艺术化改造，科学制定稻蒜、油菜、油葵等生产种植计划，通过绿化补植、农田优化、沟渠疏通和水资源调度等方式，巧变田边地角为金边银角，有机植入20余个艺术景观小品，改造提升30余个林盘院落和600余亩农田生态景观，在核心区域形成“诗意栖居、美田弥望、四季有水”新美学格局，展现公园城市乡村表达。

坚持“一张蓝图绘到底”，为高标准、高效率推动东林示范片建设，片区汇集了区级部门、国有公司、德源街道等多方力量，抽调32名人员成立锦绣东林建设指挥部，下设综合协调、规划建设、项目服务、生态环境、社区治理、运营管理6个专项工作组，建立工作制度，明确职能职责，确保片区建设高效有序。不仅如此，片区还建立了“周一听取规划、周三研究项目、周五抓实管理”的“一三五”工作机制，及时研究协调解决工作推进中遇到的问题。定人定责定期限，紧盯项目招引建设，促进资源要素向片区集成高效配置，以“保姆式”服务推动重点项目快建设、快投产、快达效。片区内已集聚项目24个，包括音乐街区、农事服务中心等建成项目12个，艺术家部落、兴东苑二期等在建项目8个，Ruby瑰宝音乐酒店等拟建项目3个，以及方篱生活美学空间在谈项目1个，乡村振兴大小环线已初步呈现。

（三）场景招商

通过系统分析区域条件和市场需求，在产业与项目引育中，东林片区充分发挥毗邻清水河高新技术产业走廊的区位优势，通过植入科创产业及配套的生产性、生活性服务业，打造科创林盘总部经济带。

在科创产业方面，片区瞄准国盾融合创新中心等产业园、华为等高新西区龙头企业、电子科大等高校和中电科29所等科研院所，招引电子信息产业链关联的科创企业，推动科技创新与乡村产业耦合互动。上市公司深圳步科一期数字化餐饮研发中心主体施工已完成，未来3到5年，在林盘里办公的公司研发团队规模将达300人，成为在国内外同行业保持技术领先的“最强大脑中枢”。

在生产性服务业方面，将依托产业园区，主要引进信息服务、管理咨询、金融结算、工业设计、电子商务、现代贸易等生产性服务业，发展商务会务新业态新模式。奥邦集团医药电商基地项目用地面积为4.7亩，将打造坐落于川西林盘中的产业总部基地，主要建设内容为研发中心、数据中心、办公楼等，用于奥邦集团医药电商板块研发、接待及培训。同时，片区内村集体也通过引育小微企业对于零散的闲置房屋进行盘活利用。大美柯创公司是一家主营微景观、鲜花直播带货的企业，村集体通过一定期限的免租政策将其招引到片区内，既丰富了业态场景，也为本地居民提供了就近就业的机会。

在生活性服务业方面，依托林盘资源和生态田园，植入餐饮、酒店、休闲、研学、养老等复合型消费业态，满足电子信息企业人群、城市旅游客群和大健康养老客群的高端需求。针对片区内平东路沿线拆院并院后闲置的集体土地、房屋存量资源，通过招商引资、先后引入蔡小鱼、塑·艺术空间等项目，营造平东路沿线特色餐饮、乡村瑜伽等新消费场景。针对东林幼儿园等闲置资源，与周边园区企业成都瑞雪精密机械有限公司深度合作，就地转化1700平方米的人才公寓，解决200余名员工居住难题，促进村集体增收。

（四）稻蒜轮作

走进东林片区，映入眼帘的是万亩高标准农田，依托德源大蒜万亩种源基地和袁隆平杂交水稻科研基地，东林片区仍然延续着川西地区传统的稻蒜轮作耕作模式。稻蒜轮作在当地已有200多年的历史，种植的德源大蒜被评为国家地理标志保护产品，远销欧美、东南亚等地。稻蒜轮作的模式，既让农民填饱了肚子，也有了票子，水稻解决的是粮食安全的问题，大蒜解决的是农民增收的问题。如果连年种植大蒜的话，土地的肥力会下降，也会板结，但是通过种一季水稻，就对土地有很强的修复作用；反过来种大蒜对种水稻也有很好的作用，因为大蒜对大田的微生物环境起到一个很好的净化作用，如果水源能够保护好，种完大蒜种水稻，几乎不太需要打农药。东林片区的稻蒜轮作模式，一亩地平均收益约为2万元，既有效提升了农业综合生产能力，又促进了农业增效和农民增收。数据统计，2023年东林片区粮食播种面积（含复种）约7350亩，产量4386吨；大蒜种植面积约6500亩，蒜薹产量2600吨；蒜头产量6500吨，蒜头平均亩产达2000~2500斤，农业产值达1.55亿元。

立足片区特色资源禀赋，为进一步做强区域内优势产业，延伸稻蒜轮作产业链和价值链，东林片区在大力推进高标准农田改造的基础上，积极推动建立了郫都区蒜稻现代农业园。园区涵盖东林村、禹庙村，规划面积13518亩，集中连片种植区域约11000亩，以大蒜、水稻为主导产业，既守住了耕地“红线”，又保障了粮食安全，更增加了农业效益。依托蒜稻现代农业园区，东林片区充分发挥国家杂交水稻工程技术研究中心成都分中心和四川省农业科学院的科技人才优势，以种业研发和推广为核心方向，推动大蒜、水稻产业向高端延伸，发挥德源大蒜地理标志产品的品牌影响力，实现从卖“大蒜”向卖“种蒜”转变，大幅提升了产业附加值。同时，大力推广智能农业装备应用，实现标准化、数字化的稻蒜轮作生产体系，创新运用大数据、云计算等技术手段，推动智能网格、互联网政务向乡村延伸覆盖，实现从卖“产品”向卖“标准”转变。数据显示，整个园区范围内，高标准农田占比100%，水稻良种覆盖率达100%，社会化服务覆盖率100%，农产品质量安全追溯管理比例达100%，农业废弃物回收利用率为

100%。郫都区蒜稻现代农业园分别于2022年12月和2023年1月获评成都市四星级现代农业园区和四川省三星级现代农业园区。

二、经验启示

作为郫都区八大乡村振兴集成示范片区之一的东林片区，立足川西地区传统聚落形态——林盘的独特生态本底优势，依托片区稻蒜资源及田园风光，以科技链接城市与乡村，推动特色产业林盘打造，大力发展田园科创总部经济、生产性服务业、生活性服务业等新业态新模式，展现了一幅现代化城镇与田园美景交相辉映的大美画卷。其整合乡村资源、发挥特色优势、搭建科创载体的经验做法，为我们以科创点亮乡村，高质量打造“城乡融合界面”提供了示范样板。

（一）要善于利用试点抓住机遇

2015年2月，第十二届全国人大常务委员会第十三次会议通过《全国人民代表大会常务委员会关于授权国务院在北京市大兴区等三十三个试点县（市、区）行政区域暂时调整实施有关法律规定的决定》，郫都区（原郫县）有幸成为33个试点县（市、区）之一。由此拉开了郫都区农村集体经营性建设用地入市的“大幕”，试点开展以来，一系列纾困解难措施密集落地，为郫都区农村集体经营性建设用地入市试点保驾护航，增添了发展信心。2020年1月，郫都区又成为国家城乡融合发展试验区四川成都西部片区8个县（市、区）之一，同时郫都区再次入选深化农村集体经营性建设用地入市试点名单，这些政策机遇都为东林片区的土地综合整治提供了新的探索空间。借着试点的“春风”，东林片区也于2018年开始了自己的“蝶变”之路。片区内东林村23.04亩土地的40年使用权，被郫都区西盛集团（原郫都区国投公司）拍得，并按照林盘原貌建起了“东林汇”“东林里”两处新院落，杂交水稻研发（办公）中心、杂交水稻展览馆、院士工坊、会议中心等坐落其中，第一个超级IP——袁隆平杂交水稻科学园就此诞生。后期，民宿、咖啡、烧烤、餐饮、茶室、说唱、盆景、蜀绣、评书、文创集市、裸眼3D等多元场景的植入，串联起了东林村内的艺术装置和600余亩大田景观，并乘着第二届天府大地艺术季的春风一炮而红。2021年，凭借着东林村良好的资源禀赋与生态本底，东林片区划定落地。至此，整个东林片区迎来了任务聚焦、连片发展、集成推进的“高光”时刻，开创了城乡融合新局面，成为真正令人向往的诗与远方。

（二）要善于利用历史规划未来

东林片区所在地德源街道有着“西部蒜乡”的美誉，是成都市最大的种蒜种植基地，也是成都最大的优质蒜薹原产地之一。这里的村民们世代种植大蒜，据资料查证，早在清乾隆年间，德源大蒜就已远近闻名。东林片区的稻蒜轮作种植模式已有200多年的历史，一季水稻一季大蒜，水稻解决了农民的吃饭问题，大蒜解决了老百姓的增收问题。片区内的稻蒜轮作产业，带动农户面积达83%，农民人均可支配收入高于郫都区全区平均水平16.27%。通过水稻与大蒜的轮作，有效化解了高标准农田“非粮化”风险，提高了农业产值，使得东林片区的农田里，不仅有千斤粮，还有万元钱。同时，片区依托袁隆平种业硅谷、稻蒜科创中心、四川省农科院以及国家级示范社郫都区德之源大蒜专业合作社等多方资源，以现代农业园区为载体，实现了产业联动和模式创新，将水稻、大蒜产业链向两端延伸，通过两个“转变”占领产业高端。这样的做法为当前城乡融合过程中农业生产存在的经营分散、规模化程度低、多功能性挖掘不足、产业融合层次低等困扰提供了破题思路，既守住了“粮袋子”，又鼓起了农民的“钱袋子”。

（三）要善于利用资源错位发展

随着大都市功能外溢，拥有丰富生态资源的乡村还兼具生态涵养、文化传承等多重功能价值，要通过挖掘乡村生态文化价值激活田园创新业态，探索构建城乡融合新格局。依托自身资源禀赋探索错位发展，可以充分发挥自身特色和优势，找准发展定位，明确发展方向，避免盲目跟风，进而探索出可持续的、高质量的发展模式。东林片区的“腾飞”就是最好的诠释：一方面，立足片区特色资源禀赋，坚持“一张蓝图绘到底”，委托中国美院、四川农业大学等专业团队高标准开展规划策划，明确了主轴加小环线的组团式开发结构和临园滨水的发展思路，分期滚动开发，并通过组建工作专班，高效能推动规划落地；另一方面，东林片区在重塑乡村格局中保留传统林盘生活的文化和生态底蕴，引入现代化的生活设施和公共服务，提升游客体验感和原住居民生活质量。依托种业硅谷，立足四季分明的大田景观和川西林盘传统文化，围绕科创新城和清水河科创走廊建设，植入餐饮、酒店、休闲、研学、养老等复合型消费业态，开展丰富多彩的文化活动和农村旅游项目，实现生产功能与旅游功能相融合及东林片区与景区一体化建设，不仅吸引更多城市居民前来体验农耕文化，也提升了原住居民的生活质量，促进了城乡人文交流，让农村生态价值得到创造性转化。

（四）要善于利用区位优势突出特色

在当今快速发展的经济全球化时代，每个地区都面临着前所未有的机遇与挑战。而在这个过程中，如何有效发挥自身的区位优势，成为推动地区经济发展的关键所在。郫都区东林片区正是一个善于利用区位特色的典范，它的发展之路为我们提供了宝贵的经验和启示。东林片区位于成都市的西北部，紧邻清水河高新技术产业走廊，这使得它能够直接受益于周边地区高校、科技企业等高新技术团体的经济辐射与带动。同时，东林片区还拥有得天独厚的自然资源，如桤木河、林盘和田园等，这些生态资源不仅为东林片区提供了优美的自然环境，也为其发展生态农业、生态旅游等产业提供了得天独厚的条件。因此，东林片区依托毗邻清水河高新技术产业走廊区位优势，在保留川西林盘农耕文化系统的基础上，打造科创林盘总部，引入上市公司深圳步科，建成数字化餐饮研发中心（一期），在稻蒜科创中心、农事服务中心和园区内部闲置民居植入商务、会议、博览、办公、直播带货等现代功能业态，吸引德之源大蒜专业合作社、泰隆农业等农业科技主体入驻，创新农产品研发，延长稻蒜轮作产业链，最终成为引领区域发展的“新引擎”，书写了绚烂辉煌的“锦绣东林”篇章。

三、完善建议

2024年4月29日，成都市委政研室与都江堰市委党校（成都村政学院）组成联合课题组，赴郫都区东林片区开展实地调研。在调研过程中，东林片区依托生态本底导入科创动能和城市功能，推动城乡融合发展的经验做法让课题组成员一致好评。同时，结合东片区的探索实践与后续发展，课题组也给出了以下两点建议。

（一）立足高标准农田建设，打好稻蒜轮作“示范牌”

《成都市高标准农田建设规划（2021—2030年）》明确指出：依法严管，良田粮用。坚持高标准农田原则上全部用于粮食生产，强化用途管控。对已建成的高标准农田，要划为永久基本农田，实行特殊保护，坚决遏制耕地“非农化”、防止“非粮化”。2021年11月27日，自然资源部、农业农村部、国家林草局印发的《关于严格耕地用途管制有关问题的通知》指出，永久基本农田现状种植粮食作物的，继续保持不变；按照《中华人民共和国土地管理法》第三十三条明确的永久基本农田划定范围，现状种植棉、油、糖、蔬菜等非粮食作物的，可以维持不变，也可以结合国家和地方种粮补贴有关政策引导向种植粮食作物调整。种植粮食作物的情形包括在耕地上每年至少种植一季粮食作物和符合国土调查的耕地认定标准，采取粮食与非粮食作物间作、轮作、套种的土地利用方式。综合上述政策文件，高标准农田作为永久基本农田，有着严格的“非粮化”要求，但也为种植大蒜等蔬菜类作物提供了“政策空间”。在东林片区的郫都区蒜稻现代农业园内，高标准农田覆盖率为100%，结合当前成都市打造更高水平“天府粮仓”成都片区的建设要求，必须清楚地知道，稻蒜轮作稻是“核心”、蒜是“附加”，园区乃至整个东林片区的高标准农田都要在优先保障粮食安全的前提下，种植棉、油、糖、蔬菜等非粮食作物，提升耕地附加值。

（二）立足农村集体产权制度改革，找准乡村发展“领头羊”

农村集体产权制度改革作为“三农”领域的一项重大改革，为发展新型农村集体经济提供了重要制度保障。早在2008年初，成都就开启了农村产权制度改革的“破冰之旅”。如今，产权关系明晰、治理架构科学、经营方式稳健、收益分配合理的产权制度已在全市建立，实现了土地可持续利用、产业可持续发展、农民可持续增收和农村可持续繁荣。但受限于农村集体产权结构的相对封闭性与“特别法人”地位，加之市场化治理机制不健全，农村集体经济的产权结构与治理机制难以实现高效衔接。因此，要求在当前农村集体经济发展中，在完成农村集体产权制度改革并成立股份（经济）合作社的基础上，成立相应公司，赋予其“企业法人”资格，既有利于集体经济受公司法的调整与保护，也方便集体经济引入法人治理结构内部的制衡与管理手段。同时，代表全体组织成员权益的独资公司成立后，就可以与其他经济组织（包括工商资本、业主大户等）联合组建发展各类专业型公司，从而更好地对集体外部的人才、信息等要素与集体内部的土地、自然资源等要素进行组合生产，实现生产要素的全社会动员，进而夯实新型农村集体经济发展基础，引领乡村的发展。

课题组调研东林艺术馆

步科一期数字化餐饮研发中心

课题组在稻蒜科创中心座谈

袁隆平杂交水稻科技馆

11

乡村治理"微细胞"讲出城乡融合"大道理"

时　　间： 2024年4月12—14日

地　　点： 四川省自贡市富顺县

参加人员： 邓蓉　袁华兵　梁景智　罗明东　郑淑堃　张雁南　卢玉蓉　吴一凡　何方成　谭丽　宋谷冰　杨培英　陈鑫　李东良

执 笔 人： 郑淑堃　张雁南　卢玉蓉　吴一凡

内容摘要

四川省自贡市富顺县这座千年古县在历史的长河中积淀了深厚的文化底蕴。然而随着时代的变迁，位于浅丘地带的富顺县在乡村治理上面临着一系列新的挑战。在丘区农户"大散居、小聚居"的特点下，如何减轻三级自治组织"上面千条线，下面一根针"的治理压力？在大量年轻劳动力外出务工的情况下，如何处理好留守群体的关怀问题？在农村空心化、老龄化日益凸显，而因为丘区地形地貌无法引进大型器械开展规模化生产的背景下，如何守好耕地红线、确保粮食安全？富顺县创新性地提出了"乡情小院"治理模式，这种模式是在三级自治组织下进一步打破行政区划的跨组治理，依托这种治理模式，富顺县促进本地村民在耕地保护、粮食安全上达成了共识，又通过集体经济组织对外衔接社会资本、对内发动村民，带动起基本农田的种植，从而保证丘区的粮食安全。这种治理模式既尊重现行的三级自治组织架构，又探索了将基层工作化整为零的新路子，为丘区地带的乡村治理提供了新的思路和实践经验。

丘区地带乡村治理的烦恼可不小。富顺县内有五条沟、国家级文物保护单位富顺文庙、省级文物保护单位“戊戌六君子”之一的刘光第墓，有西湖、五府山、钟秀山、千佛寺、回澜塔、天然石佛、福源灏民居等景区景点。但正如当地干部所说，富顺县的地形地貌以浅丘为主，地表丘陵错综起伏，丘陵间，冲、沟、塝、坳、沟谷等纵横切割。正是这样的地形地貌让富顺县的农业很难有大规模生产，大部分年轻人都选择外出务工，农村60岁以上老年群体和留守儿童群体占比超过70%，乡村的老龄化和空心化问题也就接踵而至。除围绕留守儿童和空巢老人的治理问题之外，粮食安全也是当地干部担忧的问题，因为种植粮食作物的劳动强度大，留在村里的老年人和年幼的孩童无力承受，丘区地带又无法引进大型器械实施耕作，出现了土地撂荒和乱占耕地等现象。此外，在村级建制调整改革后，富顺县村民小组平均人数达306人，较改革前增长54.5%，平均面积达0.44平方公里，较改革前增长51.7%，村民小组长服务半径变大、联系人数增多，治理难度也大大增加。在城乡融合发展大背景下，丘区要怎样才能保障好粮食安全？老龄化和空心化的丘区乡村要如何才能闯出一条高效治理的新路子？千年古县富顺在探索尝试中给出了自己的答案。

一、主要做法

（一）聚焦更精准：治理单元由“村民小组”到“居民小院”

富顺县的“富顺”之名自宋朝第二位皇帝宋太宗执政即开宝九年（976年）起用，至今已有1000多年历史，在2007年富顺县被联合国教科文组织评定为“千年古县”。在漫漫历史长河中，富顺县见证了我国农村长期以来的自治和德治的传统，也见证了随着城镇化加快推进、传统熟人社会的农村格局被打破后，乡情日趋割裂的同时村民们对彼此守望相助的期盼，以及丘区地带存在的乡村治理现实困境。于是这座千年古县积极探索进一步划细划小治理单元，把乡村治理的层级从村民小组下沉到院落，逐步辐射到每家每户，最终构建起以党建为引领、乡情为纽带、自治为基础的“乡情小院”治理模式，用基层治理的“微细胞”来激发村民参与自治的主动性，进一步织密党建引领乡村治理的网络，建成和美、产业、法治等主题小院309个，带动6000余户群众受益，有效破解乡村治理资源匮乏、力量不足、成效不优的难题，在新时代焕发出了千年古县的崭新智慧光芒。

1. 根据乡情纽带，精准划分小院

富顺县作为典型的丘区，农村呈现出“大散居、小聚居”居住形态和熟人社会的特点，于是富顺县抓住乡情这一纽带，以地域相连、居住相邻为原则，按照村民自愿申请、村级推荐上报、镇街评估确定的流程，在较为完整或集中居住的10～30户自然院落设置小院，同步吸纳周边散居独户，成熟一个建设一个，逐步构建生产生活的小共同体。

2. 细化小院架构，完善内部设置

在村党组织领导下建立小院自治管理委员会，设置院长1名、委员2～4名，明确院长联系委员，每名委员联系5～10户群众。而院长和委员的选任则是按照有觉悟、有威望、有情怀、有意愿的“四有”标准，结合个人自荐、群众推荐，采取村党组织提议—党员商议—群众决议的程序，着重从老党员、退休干部、乡贤能人、退役军人等群体中推选。比如，狮市镇罗寺村岩上人家小院院长潘某某，有62年党龄，其个人威望高、责任感荣誉感强，村两委和群众一致推选其为院长，在她的带动下，小院以环境卫生整治评比为载体，实现了风貌整体提升、群众满意。

（二）聚焦更清晰：抓住“乡情”促进村民自治

1. 乡情小院运行机制

一是明确小院职责。富顺县首先明确了小院的功能职责为政策法规宣传、人居环境整治等6项功能，再进一步明确院长和委员承担民事纠纷调解、政策法规宣传、人居环境治理3项主要职责，常态化开展民情收集、居家养老、红白喜事筹办等服务，发挥院长和委员的带头示范作用，带动院内群众互帮互助。

二是坚持民主协商。明确了“谁干什么”之后就要形成一套小院全体遵守的议事规则，以院坝会为载体，采取群众广泛提、院长委员议、集体表决定的方式民主商议小院事务，能够当场解决的当场解决，不能当场解决的实行“小院吹哨、村组响应、乡街认领”限时办结。富顺县通过这样的“院事院议”收集了群众意见建议346条，乡街认领解决相关问题82件。比如，骑龙镇大田村群汇小院，群众反映撂荒地较多，通过小院反映、村组分析、乡镇协调，申请到高标准农田建设项目，整治撂荒地300余亩。

三是活用小院公约。各个小院因院制宜挖掘村规民约、乡情民俗、家风家训、院落文化等，由小院群众全程参与、民主商议“一院一公约”，探索“红黑榜”、积分制、评比奖励等方式，推动文明化风成俗，实现了2022年全县农村矛盾纠纷、刑事立案人次、信访量分别下降40.67%、9.52%、9.36%。比如，狮市镇花园村福临小院，试行推广“家风录”，深入挖掘家风家训20余条，精选编入小院公约，利用方言快板、墙绘壁画等形式广泛宣传，使公约成为群众看得懂的“土规定”。

2. 乡情小院监督机制

在加强乡村治理、促进和谐乡村建设的道路上，小院作为乡村基层管理的重要单元，其运作效能和干部表现直接关系到村民的切身利益。为此，村两委成员采取了一系列有力措施，以加强对小院的监督，确保小院工作的高效运行。

首先，村两委成员坚持日常走访制度，深入各小院与村民面对面交流，了解小院院长和委员在履行职责、服务群众方面的具体表现。这种走访不仅是对小院工作的常规检查，更是对村民需求的深入调研。通过倾听村民的声音，村两委能够准确掌握小院干部的工作状态和群众满意度，为及时调整提供有力依据。

在走访过程中，村两委成员对履职不到位、群众反响差的小院干部进行了重点关注。他们深入了解问题的根源，及时与相关干部进行沟通和反馈，指导其改进工作方法，提高工作效能。对于问题严重、无法胜任的干部，村两委采取了果断的调整措施，确保了小院工作的正常运转和群众利益的有效维护。

同时，村两委也高度重视对小院优秀干部的发现和培养。他们通过走访调查，发现了一批表现优秀、群众认可度高的小院干部。为了激励这些干部更好地发挥作用，村两委对他们进行了宣传表扬，并将他们纳入了村级后备干部的行列。此外，村两委还积极推荐这些优秀干部参加入党积极分子培训，为他们提供更高的发展平台和更广阔的晋升空间。

为了进一步加强对小院的监督，村两委还建立了一套完善的监督机制。他们定期组织村民代表对小院工作进行评议，收集村民的意见和建议，及时将评议结果反馈给小院干部，并督促其改进工作。同时，村两委还加强对小院财务的监管，确保小院经费的合理使用和公开透明。

此外，村两委还鼓励村民积极参与小院管理，通过设立村民监督小组、开展小院工作座谈会等方式，引导村民对小院工作进行监督和评价。这种村民参与监督的机制不仅提高了小院工作的透明度，也增强了村民的归属感和参与感。

通过这些措施的实施，村两委成功加强了对小院的监督和管理，确保了小院工作的顺利开展和群众利益的有效维护。同时，也为乡村的和谐稳定和繁荣发展奠定了坚实的基础。

（三）聚焦更细微：一院一主题，院院有特色

富顺县现有323个乡情小院，除了在小院议事外，每个乡情小院根据各自传统习俗、产业发展、乡风文明、文化底蕴等的不同，逐院确定不同的创建主题、细化不同的创建方案，做到“一院一主题，院院有特色”，各自工作侧重点有所不同，实现了治理方式从“大水漫灌”向“精准滴灌”的转变。

1.岩上人家乡情小院：留守妇女家门口的“致富伞”

2024年2月3日，中央一号文件《关于学习运用“千村示范、万村整治”工程经验有力有效推进乡村全面振兴的意见》强调，“做好流动儿童、留守儿童、妇女、老年人、残疾人等关心关爱服务”，农村妇女是其中需要关心关爱的重要群体之一。乡情小院为留守妇女们提供了家门口的就业机会和从业场地，例如狮市镇罗寺村岩上人家乡情小院，村民与镇内竹米村的富顺县雨心阳伞制造厂签订了加工制作订单，由企业提供免费技术指导、上门产品回收等服务，带动小院村民足不出户实现增收。小院村民陈某某说：“大家每天坐在这个院坝里，一边摆龙门阵，一边加工雨伞，一个月能增收1000多元，在家门口就能赚到钱，特别感谢小院这么贴心的服务。”

2.金鸡村乡情小院：民族文化传承的“温馨课堂”

富顺县古佛镇除了有浓郁的少数民族风情，还有着丰富的各界人才资源，包括归侨侨眷、民族宗教界人士、非公经济人士、新的社会阶层人士等，这些人才不仅有着较高的文化素养和专业技能，也有着强烈的社会责

任感和爱国情怀。在古佛镇金鸡村的金鸡二组，有一个由16户农户组成的小院，小院与当地的一位彝族教师李老师取得了联系。李老师利用自己在当地开办的一所民族文化学校的空闲时间，免费为小院村民教授彝族语言、历史、艺术等民族文化课程，同时还帮助小院举办了一些民族节日和宗教活动，增强了小院群众的民族自豪感和自信心。

3. 天星桥稻香小院：稻香味的特色产业“新篇章”

4月的富顺乡村成片稻田绿浪翻滚，水稻拔节生长时，喷药除虫必不可少。古佛镇凤仪村天星桥稻香小院院长余某某一早便背上喷药箱，带领小院村民在稻田里奔忙。“小院主打产业是再生稻、再生高粱种植，已发展200余亩，稻粱生长各个阶段，我们小院村民都一起干活、相互帮衬。”余某说，过去农忙时都是各顾各，自从建立了小院，乡情组带把大家凝聚得更加紧密了！因地制宜发展特色产业，把群众联结到产业链上，让群众通过产业致富增收，“乡情小院”将治理与发展有效衔接，助推小院自治常态长效。

（四）聚焦更有力：集体经济为“乡情小院”奠定可持续发展基础

课题组在狮市镇岩上人家乡情小院实地调研时留意到了一家有些不一样的超市，百闻不如一见，原来这就是岩上人家小院院长介绍时提到的“用道德积分兑换生活用品”的积分超市，柜台里的货品琳琅满目，正可谓是“麻雀虽小，五脏俱全”。大家又问：“进购这些商品是要花钱的，但村民是用积分来免费兑换商品，积分超市的资金是从哪里来的呢？”岩上人家乡情小院所在的罗寺村驻村第一书记解答了课题组的疑惑：“我们富顺县的乡情小院虽然各有特点，但资金来源渠道基本都和‘四个一点’有关，也就是乡镇政府补贴一点、集体经济组织补贴一点、社会捐助一点、大家自筹一点。”通过发展集体经济解决丘区粮食安全、乡情小院治理问题。

1.“集体经济+再生稻”守护粮食安全

富顺是再生稻之乡，历史源远流长，是富顺农业的“亮丽名片”和“金字招牌”，当地干部自豪地说：“袁隆平院士都肯定了我们的再生稻”。课题组了解到，富顺县一方面有着被袁隆平院士肯定过的再生稻种植产业，另一方面却曾面临农村劳动力不足导致的土地撂荒、乱占耕地的现象，在这种“冰火两重天”的情况下，千年古县打出了乡情小院和集体经济组织的“组合拳”。

在实地走访中课题组注意到，部分乡情小院的院落守则中提到了“我们约定守好耕地红线，绝不乱占耕地修房子、种经济作物”的内容。乡村是一个熟人社会，依托小院模式可以充分发挥出“人情约定”对村民行为的约束作用，从最开始的小院成员互相监督的“他律”逐渐转变为主动遵守公约的“自律”，从而保障丘区的粮食安全。乡情小院保障了思想上的团结一致，但具体的种植工作还要靠身体力行，于是富顺县打出了另外一招——集体经济组织，通过集体经济的发展带动基本农田种植再生稻，在各个村集体的积极作为下，富顺县与京东集团达成战略合作，建成“京东农场”再生稻标准化产业基地500亩，“富顺再生稻米”也在京东商城开启线上销售，2023年再生稻全年销售2000吨，价值4700万元，2024年1—5月销售500吨，价值1250万元。一方面守好了耕地红线，保障粮食安全，另一方面也发展了集体经济，促进村民增收致富。

2.“集体经济+桑蚕养殖”创造就业岗位

刚到铁龙村的小蚕共育中心门口就传来一阵欢声笑语，一位在共育中心务工的大婶看见课题组一行后猛拍了一下大腿，中气十足地感慨：“哎呀！你们咋个不再早点儿来嘛！我们刚刚收工！”旁边的大婶提起背篼往背上一甩，也说：“就是，我们做工的时候来拍才安逸哦！”在与务工大婶们聊天的过程中课题组了解到，20世纪90年代以前，栽桑养蚕是铁龙村传统优势产业，村民自发而种、自发而养，但因劳动力大量外出，毁桑息养现象十分突出，传统优势产业一度成为少有人问津的副业。

后来，随着农村集体产权制度改革的纵深推进，铁龙村集体经济组织开展实体化运营，以蚕桑为主导产业，引进四川桐欣茧丝绸有限公司，实行“龙头企业+集体经济组织+农户”的运营模式，由企业统一组织小蚕共育、大蚕分散养殖、蚕茧统一收购、技术统一指导，推行“购、种、产、销”一体化服务模式，实行每张蚕纸产量不低于40公斤、每公斤蚕茧价格不低于40元的“双40”保底价，为粮桑产业提供价格、技术、销量保障。村集体经济组织则提供固定资产作为蚕桑产业的生产用地，同时以划分的“乡情小院”为单位帮助企业动员和组织农户进行生产活动。每个小院的生产情况与小院公约挂钩，院长和委员负责监督和落实好本院农户从事蚕桑产业的生产质量。2023年，该村集体经济收入256万元、收益136万元，实现了“从无到有，由弱到强”的蝶变。

3.“集体经济+抱团发展”提供小院资金

课题组经过狮市古镇时留意到一家相当气派的酒店，当地干部介绍这家酒店是“几个村商量着一起搞的”。在乡镇的组织下，镇上的7个村集体+1个社区建立了联合总社，加上狮市商会合资（集体占比45%，商会占比55%），然后交由富顺的一家专业公司经营，每年保底分红39万元，7个村按照出资比例分红，由于酒店占的是社区土地，社区则以土地作价20万元，按比例分配。从狮市酒店得到的分红纳入村集体经济收入后，按照规定用于各村“乡情小院”的运营，例如用于补贴积分超市、道德银行，还有给评选出的“五星级小院”表彰和奖励等。

（五）聚焦更厚重：外来人才为“乡情小院”添砖加瓦

1. 乡村振兴工作队是真正做事的

乡村振兴驻村工作队在“乡情小院”的运营中扮演了关键的角色，比如在罗寺村岩上人家乡情小院就有这样一所温馨的农家书屋，共有图书1600多本，每天8：30—18：00向小院村民开放，供大家免费阅读。不仅如此，在驻村工作队的召集和组织下，农家书屋每逢周末就摇身一变，成为为留守儿童专门准备的温馨课堂，由驻村选调生以及驻村工作队联系到的本地高考状元来为留守儿童辅导功课。此外，驻村工作队还动员和组织小院里能识文断字、文化程度较高的村民来农家书屋担当志愿者，为孩子们免费辅导作业及拓展课外知识。“我们的书屋不仅关照到了留守儿童，而且也在小院内部形成了热爱阅读、主动学习的氛围。”

除农家书屋外，在驻村工作队的组织下，小院还设置了农具共享社。在一座竹制的10平方米的小亭子里整齐地摆放着梯子、耙子、石磨、斗笠、簸箕、谷风机等十余种农业生产和日常生活农具。“这些农具都是由小院村民自愿拿出来的，放在这里供小院其他村民无偿使用。因为有借出登记公示栏，再加上大家住得又近，邻里之间知己知彼，所以村民用了共享农具的都会自觉归还到共享社，逐渐也就形成了讲究诚信的氛围。”

2.“博士工作站”也是真正做事的

“富顺豆花儿好吃，香辣酱也巴适得板！”富顺豆花远近闻名，但富顺可不只是豆花之乡，在川南地区有一句俗语叫“富顺才子内江官”，顾名思义，富顺以出才子而闻名川南，因此也是“巴蜀人才之乡”。段玉裁编的《富顺县志》也说，典午（晋朝）以后，才俊蔚起，文物称最盛。从晋朝起富顺县就涌现出了一些优秀人才，随着明朝大批才子的涌现，“富顺才子”的说法也在社会上流传开来。丘区地带的乡村治理虽然有乡情小院这个“微细胞”为村组排忧解难，但无论是小院治理还是乡村的长久发展都离不开人才，在城乡融合发展畅通要素流动渠道的大背景下，作为“巴蜀人才之乡”的富顺县积极发掘本地人才资源，构建了“一村一博士站”的人才流动机制。

具体来说就是通过建立地方与高校院所双研究、组织部门和博士工作站双负责、用人单位和派员单位双参与、发展需求和选派人选双比对的“四双”机制，“点对点”面向农业农村、文化旅游、市场监管等重点行业部门以及203个行政村征集发展需求。加强与四川轻化工大学等高校对接，同步摸排富顺籍在外博士，结合博士专业背景、研究方向和个人意愿等因素，重点聚焦农业产业现代化、乡村规划、乡村旅游、食品生产4大领域，首批选派高校院所博士76人、富顺籍博士9人进村结对，每季度至少实地来一次，每月至少电话沟通一次，开展“智能+技能”专业服务。在“博士们”的帮助下，富顺县的再生稻、再生高粱种植产业蒸蒸日上，“我们产的再生稻现在在京东上能卖到69元4斤，比刚起步那会儿好太多了！”再生稻稻粮大数据中心的工作人员笑着感慨道。

二、经验启示

乡情小院自建立以来，人居环境越来越美，邻里帮衬越来越多，“小坝子”越来越热闹，群众普遍反映，生活越来越安逸、日子越过越有意思。乡情小院划小了治理单元，激发了群众参与意识，畅通了群众参与渠道，提升了群众参与能力，实现了“小事不出院，大事不出村”，推动形成文明乡风、良好家风、淳朴民风，获评全国乡村治理示范村2个，省级乡村治理示范镇村13个，是值得推广和借鉴的新路子、好路子。

（一）抓住关键少数

富顺农村多为“湾子院落”的居住形态和以血缘亲情为基础的熟人社会交往规则，因此，从群众基础好、社会威望高、道德品行优、党性修养强的长辈、乡贤、能人、老党员、退休干部、退役军人等优秀典范和模范代表中选举产生小院院长和委员就显得尤为重要。只有抓住了这些德高望重、信服力强的关键少数，才能带动绝大多数，才能让更多群众参与进来，才能打通群众服务的“最后一米”，确保乡村“微治理”高标准、高质量、高效率有序推进。

（二）抓好“一院一策”

富顺县现有203个行政村，每个村的气候、地貌、人口、历史、文化、社会经济发展等各方面均有所不同，因此乡风乡情也不同。要充分考虑当地实际情况，紧密结合具体特点，因地制宜、分类建设、一院一策、具体推进，稳步推进基层治理现代化，扎实推进城乡融合发展，全面实施乡村振兴战略。截至目前，以产业、法治、家风、和美等为主题，已建成岩上人家、橘香小院、福梦小院、稻梦小院等乡情小院共计323个，带动群众受益6000余户。

（三）抓牢乡情纽带

被基层政府、村委调动起来参与治理的群众，以前多处于被动员的状态，缺乏参与的内在自觉性、主动性。但是，“乡情小院”的出现抓住了富顺农村在长期生产生活中形成的以血缘亲情为基础的熟人社会交往规则和以乡风文明为引领的价值认同，准确把握农村熟人社会特点，依靠“家乡情结浓”的朴素情感，增强村民共治共享的责任感、约束力、凝聚力，有效激发熟人社会的人情味，充分发挥了以乡情促治理的作用。

（四）抓紧人才支撑

乡情小院的治理模式中，管理者和参与者大多数均为农民，亟须爱农村、懂农业、爱农民的专业性人才的参与和指导。为了弥补这一不足，富顺县选拔了具有乡土情怀的驻村工作队伍，引导村两委将村里的事情做得更好，通过带资源、带信息帮助村民增收致富，实现驻村工作队伍人才资源效益最大化。主动与高校对接，启动“一村一名博士”计划，与四川轻化工大学生物工程学院、新农村发展学院等签订协议，160名博士和多个专业博士团队全面对接富顺县203个行政村，发挥自身专业特长，为乡村振兴及城乡融合发展贡献智慧和力量，同时也有利于博士们走出实验室、走进基层，把论文“写在祖国的大地上”，实现科学研究、人才培养、科技成果之间的转化，为农民增收致富提供技术指导，切切实实地实现人才与农村的“双向奔赴”。

（五）抓实集体经济

为使乡情小院能够长期运行，富顺将村股份经济合作社覆盖全县，不仅村有集体经济组织，部分乡镇也成立了集体经济组织，通过集体经济发展带动乡亲们共同富裕，同时也为乡情小院的持续运行提供了经济保障。例如富顺县铁龙村依托当地悠久的桑蚕产业传统，村集体积极发挥主体地位作用：一方面，对外衔接社会资本，主动引进四川桐欣茧丝绸有限公司提供技术和销售渠道；另一方面，对内组织村民生产，依托乡情小院动员、组织村民开展集体生产活动，由此获得的集体收入的一部分则用于支持乡情小院的运行，例如道德积分超市的奖品采购、五星级小院的表彰奖励等。在发挥乡情小院的组织动员作用的同时，也探索出了集体经济发展的“龙头企业+集体经济+农户”模式，正可谓集体经济和小院治理“相生相成”。

三、完善建议

乡情小院的治理模式有效破解了乡村治理主体弱化、工作力量不足、服务质效不高、整合资源不够等难题，构建了小院村民自治的乡村治理新格局，但在小院定位、资金来源等方面仍有进一步完善的空间。

（一）小院定位——补位自治

首先，院落治理不是架空镇、村、组三级治理体系之外的村民另行自治，而是针对镇、村、组三级治理体系的盲区进行补位自治，是乡村基层精准治理的一种尝试和探索。因此，院落委员会的目标定位、发力领域、议事规则和运行方式要有别于原有的三级治理体系，应该充分体现基层民主的弹性和灵活性。如在制定院落公约时，可以将村民关注度高的邻里纠纷、公共道德、人居环境等方面纳入院落公约。约定“不发生邻里口角”“不乱扔垃圾”“孝敬老人”等，是对乡风、村规、组约的进一步细化和具体化，实现了对乡风、村规、组约的进一步补充和完善。再如可以设置小院“说理时段”，利用农闲时节大家茶余饭后、乘凉闲暇的时段，不定期组织召开小院“说理时段”，将村民聚集起来通过拉家常、“讲土话”的方式，传达政策、调解纠纷、议事协商，将村民自治延伸到镇、村、组三级治理体系之下的院落，打通了服务群众的“最后一米”。

（二）资金来源——可持续性

目前，小院活动资金来源主要有村民自筹、社会捐赠、集体经济盈余三种方式。虽然小院建设坚持“不搞大修大建、突出就近就便”原则，多利用聚居院落、闲置房屋等打造“议事堂+活动坝”，但小院阵地建设、设施添置、活动开展、扶贫济困、评比激励等都需要资金投入，如何让院落治理资金来源可持续，实现“输血”和“造血”同频共振？课题组建议可根据小院活动的不同性质和类型来确定不同的资金渠道，如坝坝宴等由村民自筹，县级部门要求的如普法、防诈、健康、安全、社保医保等宣传活动则由相关部门支持部分经费，而对孤寡老人、重症疾病、留守儿童等扶贫济困可用社会捐赠资金，对属于村委会应提供的如环境卫生、道路维修、小院场地设备设施、评比激励、文化活动等公共服务和基础设施，开支较大，则应由村集体经济来支撑。因此，在村民自筹和社会捐赠有限的情况下，要大力发展新型农村集体经济，规范村集体经济的组织形态、架构、制度和运营方式，理清村集体的资产资源和发展路径，要特别注意防范经营风险，建议村集体经济主要以资产、资源利用为主，实际某一具体产业的发展交由第三方的专业合作社、社会企业等新型农业经营主体，积极探索对村两委干部发展集体经济的激励机制，不断充实村集体经济实力，为乡情小院的长期稳定高效运行提供财力支撑。

（三）利益联结机制——人民立场

集体经济为乡情小院的持续运行提供了物质支撑，但集体经济发展离不开村民这个主体，所以课题组认为集体经济的收益一定要惠及于民。为维持集体经济的可持续发展，课题组建议富顺县赵化镇集体经济完善“541”利益联结机制，即村集体经济提取总收益的50%、土地流转村民提取40%（总成本中给予200元/亩土地流转费，对40%的土地流转费按照每亩地进行分红均摊，即亩分红=土地流转的40%分红/总亩数）、组集体经济提取10%的比例进行分配。通过完善“541”利益联结机制，让社会资本主导生产有由头、村集体经济壮大有搞头、村民增加收入有盼头。

狮市镇岩上人家乡情小院共享社物品借还记录公示

富顺县再生稻（精装版）

课题组在富顺县开展座谈交流

12

“汽车重镇”逐梦“未来田园”

时　　间： 2024 年 5 月 13 日

地　　点： 四川省成都市龙泉驿区洪安镇

参加人员： 邓蓉　袁华兵　官青　郑淑堃　唐晓曦　林天若　饶悦（都江堰市驻村选调生）

执 笔 人： 林天若

内容摘要

习近平总书记指出：“要把乡村振兴战略这篇大文章做好，必须走城乡融合发展之路。”推进城乡融合发展是一道避不开、绕不过的关口。成都是西南地区特大中心城市，既有“大城市”也有“大农村”，适合探索城乡融合发展。洪安镇位于龙泉驿汽车城、成都锦绣天府农商文旅综合体项目和龙泉山城市森林公园交会地带，既有良好的汽车产业等工业基础，也有4.2万亩耕地和大面积森林，具备较好的区位优势和乡村旅游资源，有条件成为成都城乡融合的示范样本。近年来，洪安镇通过规划布局，以建设农业园区为抓手，通过整合资源招引产业项目，同步配套设施奠定乡村振兴基础，采取多种模式壮大集体经济，创新管理方式构建治理体系，为特大城市近郊区城乡融合进行了有益探索。

洪安镇是龙泉驿区10个街镇之一，辖2个社区、7个行政村，有“英雄黄土”“乡村客家”“汽车重镇”等美称。该镇东靠龙泉山脉、南邻洛带古镇、西望成都主城、北接青白江区，区域面积54.34平方公里，辖区户籍人口55965人。洪安工业基础较好，有规模企业20个，2011年起步建设汽车综合配套名镇，目前已发展成颇具规模的“汽车城”。同时，洪安又拥有丰富的农业产品、林盘资源和田园风光，围绕耕地做文章，依托绚丽多“菜”、“柑”之如饴、“蟹”逅洪安、喜上“莓”梢、花海林麓等田园社区，重点发展“精品果蔬种植、水产养殖、农旅休闲”三大产业，尝试打造“月月有水果有花看、季季有蔬菜有采摘”的都市田园生态旅游区。如今，洪安镇以全域统筹规划为引领，率先探索汽车产业与现代农业的深度融合路径，在向智慧化发展的汽车重镇进军中不失乡村的柔美风情，这也许就是特大城市近郊区城乡融合发展模式中不可复制的样板。

一、主要做法

洪安镇依托独特的地理区位和产业基础，在加快构建现代世界级汽车产业城与城乡和谐“未来田园”的逐梦之旅中，开展了以“周家梨园”“土门水驿”“漫香庄园”“竹林雅舍”等示范点位为代表的一三产业融合实践，各自发挥优势特点，共同绘制一幅宜居宜业和美乡村的诗意画卷。

（一）规划引领，构建汽车重镇“未来田园”城乡融合格局

民族要复兴，乡村必振兴。乡村振兴不只是一句简单的口号，而是一个需要细致规划与布局的系统工程。洪安镇从城乡融合发展布局，以开展农业园区建设为抓手，致力于打造未来田园城乡融合的新格局。

以调查论证为基础，编制城乡融合发展系列规划。该镇遵循“无策划不规划、无规划不设计、无设计不建设”理念，按既有的产业基础和业态分布，结合国土空间等规划布局，不断完善村庄设计，编制《洪安镇宜居宜业和美乡村规划》，集成农业农村、水务、交通、建设等主体资金和项目，推动宜居宜业和美乡村建设。洪安编制《未来田园片区空间规划》《洪安镇城乡融合发展实践区规划》等片区规划4个，完成《龙泉山生态保护修复暨国家储备林项目苗圃基地项目规划》《洪安镇优百惠林盘保护修复项目规划》等专项规划12个，以规划统筹产业、土地、项目等要素布局，全力塑造山水田园与乡村聚落相融合、农业产业与休闲旅游相促进的空间形态。该镇的规划重视产业与土地、项目的有机结合，运用了大量数据作支撑，注重基础设施完善和生态保护修复并重，为乡村可持续性发展奠定了基础。

以农业园区为抓手，推动各项规划落地实施。洪安镇以规划统筹产业、土地、项目等要素布局，创建成都市五星级未来田园农业园区和三星级太平河粮油产业园区，塑造了山水田园与乡村聚落相融合的空间形态。在“未来田园”现代农业产业园中，注重彰显未来科技水平，创新乡村产业新消费场景，强化园区建设品牌赋能，创新利益联结机制，项目总投资2294.5万元，2022年在土门等5个村（社区）以果园和水产为产业基础，以一三产业融合为方向，引入适度超前的“未来”都市农业科技，展示新场景，培育新业态，主要开展“果园标准化机械化、水产养殖无人化景观化、园区管理智慧化视觉化、都市农业科普场景化产品化、核心区沟渠标准化景观化”5大提升建设项目。三星级太平河粮油产业园区项目涉及红光村等4个村落2900余农户，耕地面积10000亩，总投资概算为524.12万元，由红光村股份经济合作联合社和成都禾昌盛农业科技有限公司开展业务，在2023年通过马铃薯种源基地的建设带动园区主导产业（其中玉米4500亩、油菜2500亩、土豆3000亩）成形，园区亩均产值1.3万元。

（二）资源招引，营造汽车重镇“未来田园”城乡融合氛围

洪安镇的乡村振兴并不盲目，而是在全面了解乡村资源的基础上，摸索出一套“政府引导+企村联合运营+多元参与”的运作模式。政府、企业、村集体、村民等各方职责明确，由政府负责完善基础设施建设、企业则负责运营招商、村集体协调动员，而村民们则积极参与共享发展成果。这种模式构建了利益共享机制，社会资本如同涓涓细流悄然注入洪安镇，为乡村带来了资金和技术，刺激了市场扩展的内生动力。永丰村周家梨园项目，就是一个探索实践。该村盘活乡村闲置住房和林盘，招引成都明之兴农业有限公司共同打造，规划面积约200亩，涉及农房67栋、98户、318人，项目需要配套的基础设施和风貌改造由财政资金来完成，明之兴公司租赁农户闲置房屋，再招引其他业主来经营，打造集餐饮休闲、精品民宿、特色文创、科普研学于一体的都市休闲农业新场景。项目分三期进行，一期8户商家正式营业，二期设计师林盘已与10家投资商达成意向性协议，并收到30%合同预付款。另外，土门村集中200多亩水域资源，招引社会企业创办土门水驿、果然有鱼等项目；红光村盘活漫香庄园闲置塘堰，引进新雨露营垂钓基地项目，不断丰富游客体验，并带动农户自发改造自家房屋开办民宿、餐饮4家。随着产业项目的引入，配套新建垃圾点、污水池7个，促进了人居环境的改善。全镇在党建引领下开展微网格管理，实现了高效治理与生态宜居，营造了和谐乡风。

为促进相关项目的发展壮大，2023年至今，洪安镇举办相关项目招商发布会5场、开展“爱成都·迎大运”等系列消费惠民活动12场，发放“洪安消费券”10万元，全镇累计接待游客约30万人次，极大地刺激了社会消费，带动居民以租金、薪金、分红等方式增收，户均年增收超3万元。

（三）设施同步，配套汽车重镇“未来田园”城乡融合基础

基础设施如同乡村的发展骨架，承载着城乡融合的重任。洪安突出的交通区位优势，为城乡融合打好了基础。成都“2绕11射”高速公路网之一的成南高速“义和”出口距场镇中心仅1.5公里，成渝铁路线、车城大道、洪黄大道、成环路等干线如同血脉，串联起全镇的重要角落。然而，完善的镇域内基础设施才是城乡融合成功的关键。洪安近年来为此不断发力，2023年投入财政资金5000余万元，实施了人居环境整治、农村污水治理、乡村道路改造等30个项目。为了补齐重大产业融合项目的发展短板，筹资1475万元，对洪高路、周家梨园路等道路进行了提升整治。同时，还新建了污水收集管网、污水收集池等设施，对永丰1组的生活污水进行了有效处理。在产业发展上，全镇已经建成总面积达2.38万亩的蔬菜、水果、水产基地和高标准农田，打造“周家梨园”等消费场景。在“宜居”方面，配套众多入学点位，筹建成都市第三人民医院分院，乡村公路更是实现“户户通”，总里程达到了177.5公里。这些项目就像是为这片土地量身定做的“衣裳”，让洪安变得更加美丽宜居。同时，该镇在和美乡村建设上，依托人居环境整治工程打造了“十里菜花”等大地景观，挑选263名“院落管家”参与网格精细治理，并推进了“智慧公交站、智慧菜市场、智慧公厕、智能路灯、数字公话亭”等数字化基础设施建设。如今，良好的基础设施，为洪安招引社会资本、落地产业项目、吸引游客往来及方便居民宜居宜业创造了有利条件。

（四）集体经济，激发汽车重镇“未来田园”城乡融合动力

在充满活力和有序发展的乡村，往往有一个或多个农村集体经济组织，它不仅能提升村级组织的服务功能、增强基层党组织的凝聚力和战斗力，更能赢得老百姓对村集体的信任与支持。洪安的村庄都有它独特的魅力，

以永丰、土门、红光、文安4个村（社区）为重点，因地制宜根据各地不同的产业特点，大力支持引导集体经济发展。永丰村依托“周家梨园”项目，村集体投入100万元资金开展基础设施建设，撬动引入成都明之兴农业有限公司，村集体经济组织介入运营，对相关项目进行分期开发、统一招商、共同管理；土门村“土门水驿”项目则是另辟蹊径，以财政补助资金建经营用房，以租赁形式流转给社会资本获取稳定收益，既利用了资本，又盘活了资产；红光村“漫香庄园”项目专门成立莲花堰漫香庄园农业有限公司，通过对红光村葡萄、杂柑、大闸蟹等统一种养殖、销售、品牌打造，创新发展示范引领，促进了集体增收、农民致富。文安社区“竹林雅舍”项目巧妙利用国资公司的闲置土地资源，成立三合苑农业发展有限公司，通过进行果树种植、鱼塘养殖、林盘整理等打造形成连片乡村产业游景观“竹林雅舍”，通过租赁的方式每年可增加集体收入20余万元。2023年，各村（社区）集体经济组织收入均超过100万元，在推动一三产业融合发展的同时，实现了村集体的持续增收。

（五）院落管家，创新汽车重镇“未来田园”城乡融合治理

城乡融合并不能一蹴而就，还需要高效与精准的基层治理来推动。洪安镇尝试从细微的举措入手，打通基层治理“最后一米”，让群众同时成为参与者与受益者。一是引导群众把社区自治当作“自己事”。洪安镇注重群众的主体地位，在规划和实施社区自治项目时，都要先听听群众的想法和建议。通过坝坝会等形式，与村民面对面交流，争取得到大家的理解支持。比如：在项目规划评审阶段，镇政府还把评审会开到村民家门口，让设计师团队充分吸纳普通群众的合理意见。二是创新院落管家制度争做“光荣事”。为调动广大群众在农村人居环境整治提升中的主体作用，根据实际院落分布，在全镇各院落中选出270名长期居住且“四会一能”（会管理、会服务、会协调、会宣传、能带头）的热心人担任院落管家，组织院落群众参与院落自治。自院落管家制度实施以来，村民的自治意识加强了、邻里

关系和谐了、村庄环境变美了。三是建立健全激励机制立足“长远事”。该镇建立了定期组织评选先进机制，畅通院落管家的进出渠道，对星级管家、星级户分别予以一定额度的现金奖励，将表现优秀的管家纳入村两委储备人才库，对星级院落除现金奖励外还将视具体情况适当布局配套建设项目，不仅起到“奖优罚劣”作用，还促进了乡村管理人才的梯度培养建设。

二、经验启示

在当前乡村振兴战略的大背景下，洪安镇以其独特的地理位置和产业布局，以汽车产业为依托初步探索了一条一二三产业深度融合的创新路径。中共四川省委十二届四次全会提出，在城乡融合中，要着力抓好要素、产业、设施及治理“四个融合”。洪安镇在“四个融合”上均衡发力，从“梨园”到“雅舍”，探寻汽车重镇的“未来田园”梦，为推动城乡融合发展提供了参考。

（一）要素融合，为资源优化配置激发活力

促进城乡要素平等交换和双向流动是城乡融合的重点之一，而要素流动有“人、地、钱”三个关键点，即怎样有序引导人才到农村、资金到农村，让农村土地资源得到充分开发利用。一是人的双向流动。“周家梨园”项目将农户搬迁并集中安置，引入社会资本和经营业主，实现了农民进城、乡村经营业主进村双重目标，既让城乡人员流动起来，又实现了农村资源的活化利用，好的产业项目带来了大量的游客，使乡村活了起来。这给大城市近郊区的城乡融合提供了思路。二是资金资源的合理匹配。在资金方面，洪安镇通过政府投资带动社会资本投入，筹集了必要的发展资金。在资金使用上，政府投资主要在基础设施和公共服务方面，如道路、水电、

环境等，这是政府投资的应有之义，而社会资本则重点在产业发展上，两者相辅相成、相得益彰，共同绘就乡村产业发展的美好前景。三是土地资源的有效盘活。土地资源的合理利用是洪安镇要素融合的关键，通过农民集中建房方式，整理出农用地约21000亩，同时腾退集体建设用地约4200亩，通过对这些土地的有效整合，不仅提升了土地的使用效率，还为农业现代化和乡村旅游等产业发展提供了新空间。

（二）产业融合，为构筑多元发展奠定格局

洪安镇地处成都“东进”与“中优”战略的交汇区，有独特的区位优势和资源条件，离成都市中心城区在15公里之内，交通便捷，有大量的乡村旅游客源，有条件促进一三产业融合发展。洪安镇结合相关有利条件，以提质“未来田园”引领宜居宜业和美乡村，探索一三产业融合路径，实现高标准农田、果园、塘堰与餐饮民宿、农事体验、休闲垂钓立体化互动，在保持乡村形态的基础上与城市互融互促、协调发展。一方面，依托4.2万亩耕地和全覆盖的高标准农田建设，打牢了农业的基础地位，提升了农产品的市场竞争力；另一方面，通过创建成都市五星级未来田园农业园区和三星级太平河粮油产业园区，成功吸引了业主投资和游客观光，扩大了经济效益和社会效益，实现了农旅文的深度融合，提升了农业产品的附加值，促进了当地经济的多元化发展。

（三）设施融合，为城乡一体化奠定基石

洪安镇的实践，生动展现了基础设施同步配套对于促进宜居宜业环境构建的关键作用，为城乡一体化发展提供了宝贵经验。一是强化区位优势与基础建设投资相辅相成。通过智慧化基础设施升级，不仅提升了区域门户功能，也为居民生活带来便捷，展示了数字技术赋能传统基础设施的前瞻视野。二是聚焦民生精准施策。针对基础设施短板，实施系列提升项目，特别是在环保设施上的大力投入，有效解决了农村污水处理难题，实现了

生态与经济的和谐共生。三是以基层治理现代化为抓手，均衡推进宜居宜业。既通过农业产业升级与消费场景创新带动经济发展，又着力教育医疗资源布局与交通网络优化，促进公共服务均等化，同时借力环境整治促进和美乡村建设，提升居民幸福感。洪安经验表明：设施融合是城乡一体化发展的基石，需统筹规划、多元投入、智慧引领，方能奠定可持续发展的坚实基础。

（四）治理融合，为和美乡村建设提升效能

洪安镇通过“院落管家”制度和“微网实格”治理模式，构建了全民参与、协同共治的乡村治理体系，为城乡融合注入了内生动力。一是创新管理制度。洪安镇创新性地实施了院落管家制度，由群众挑选出的“四会一能”热心人带领大家参与自治，增强了村民的集体意识和自治意识。例如：通过定期组织评选先进，畅通管家进出机制，对星级管家、星级户分别予以一定额度的现金奖励，激励了村民和管家积极参与乡村治理。二是发挥集体经济组织支撑作用。洪安镇的集体经济组织在乡村治理中发挥了重要作用。通过村集体与企业的合作，如与成都明之兴农业有限公司共同实施项目，打造集“餐饮休闲、精品民宿、乡村总部、特色文创、科普研学”于一体的都市休闲农业新场景，不仅丰富了乡村经济业态，也增强了村集体经济的实力，为乡村治理提供了物质基础。三是党建引领群众参与。洪安镇坚持党建引领，通过建立周家梨园党支部等形式，加强了党组织在农村人居环境治理中的作用。同时，通过“微网实格”和“院落管家”为抓手，构建起协同联动、分线推进、全域治理、全民参与的农村人居环境治理新格局，提升了治理效能。四是建立利益联结与共享机制。洪安镇在项目运营中，科学制定利益联结模式，全面保障参与项目各方的预期收益。村民通过房屋租金、土地租金、务工收入、运营公司分红及资产增值等方式获取稳定收益；村集体通过入股运营公司、按期分红获取收益，壮大集体经济。

三、完善建议

受洪安镇党委、政府邀请，都江堰市委党校（成都村政学院）邓蓉教授课题组赴洪安镇深度调研，在总结该镇城乡融合发展经验基础上，围绕财政资金效能、集体经济组织规范建设及产业可持续发展等方面，特提出以下建议。

（一）优化资金配置，提升使用效能

“周家梨园”项目中，永丰村集体经济组织入股社会资本的资金，建议优先使用自有积累资金，以符合上级财政资金多支持基建等领域的要求，需明确入股资金来源，确保合规；运营管理公司应强化财务制度与透明度，规范流程，实现精细化监管，保障项目稳健运行。

（二）完善治理结构，夯实发展根基

红光村漫香庄园农业有限公司股权结构需优化，建议参照《农村集体经济组织管理条例》，由村经济股份合作社或合作联社全资发起设立公司并调整登记，法定代表人可由村党组织书记等两委成员担任，可借鉴宏安军创科技有限公司的实践。文安社区因合并导致集体资产分属不同体系，建议按相关制度规范梳理，实行账务分设，明确权属与管理规则；优化两委干部交叉任职机制，确保法定代表人任命和治理结构合规，防范风险。

（三）探索多元模式，增强产业韧性

红光村漫香庄园农业有限公司自主经营成效显著，但需应对自然与市场风险及管理成本问题。建议探索多元模式，集体经济组织可侧重资产管

理与服务（如租赁、品牌支持等），引入专业合作社或社会企业负责生产销售，构建风险分担机制与专业运营能力，聚焦核心优势，保障资产增值与收益稳定。

汽车重镇——洪安镇党委和政府驻地

课题组与洪安镇主要领导交换意见

课题组在永丰村开展座谈

课题组在土门村实地调研

13

“土地、人才、资金”要素协同推动城乡融合高质量发展

时　　间： 2024年6月29日

地　　点： 重庆市巴南区惠民街道、二圣镇

参加人员： 邓蓉　袁华兵　官青　袁馗　梁景智　刘美均　谭婧怡　况明朗　张凌菲　郑晓坤

执 笔 人： 张凌菲　郑晓坤

内容摘要

重庆市巴南区总面积1825平方公里，是重庆中心城区中农村面积最大的行政区，其面积占中心城区的1/3，90%以上是乡村。2019年和2023年，巴南区先后被纳入国家城乡融合发展试验区和中央农村集体经营性建设用地扩大试点地区（第二批次），国家政策红利不断释放、政策效能不断提升。2019年以来，巴南区在中央城乡融合发展有关精神指引下，积极围绕集体经营性建设用地入市、城市人才入乡、农民农村权益有偿退出等方面因地制宜、改革创新、先行先试，探索出一系列有利于畅通城乡要素流动的制度体系和政策环境，为破解城乡二元结构、推动乡村全面振兴提供了可借鉴参考的“巴南”经验。

2024年6月29日，中共都江堰市委党校（成都村政学院）城乡融合课题组联合南川区委党校，对巴南一系列城乡融合体制机制创新进行深入调研。在调研之初，课题组就听说有一位值得特别关注的乡村人才，他就是巴南区二圣镇的周林笋。周林笋既是巴南区“城市人才落户农村”第一人，也参与了巴南区农村集体经营性建设用地入市交易，现在已成为二圣镇天坪山云林天乡景区的总经理，负责景区运营管理工作。周林笋不仅实现了个人事业的大发展，同时也为附近农民提供就业岗位3万余人次，每年带动附近农民增收约5000万元，为乡村振兴作出了积极贡献。在与他的交流中，周林笋饶有趣味地谈到，早几年村民与景区只是传统的将土地资源流转给景区和单纯在景区打工的关系，村民见到他都问“周总，管饭不？”，而现在村民大多是景区内项目的承包方，问的问题变成了“周总，有项目没？”，反映出村民从景区运营初期的被动“打工者”到现在主动争取融入景区建设成为“共建者”的变化。周林笋与云林天乡景区的发展只是巴南区乡村振兴的一个小缩影，它的成功体现了近年来巴南区在城乡融合领域开展的一系列土地、人口、产业方面的城乡融合机制政策创新和先行先试实践探索。

一、主要做法

2019年12月，国家发展改革委等18部门印发《关于开展国家城乡融合发展试验区工作的通知》，将巴南区纳入国家城乡融合发展试验区范围。2021年5月，巴南区出台了《巴南区建设国家城乡融合发展试验区实施方案》，对巴南区城乡融合发展工作作出整体安排部署。自试验区建设以来，城乡融合发展工作取得“全市首单集体经营性建设用地挂牌交易”“全市以城市人才加入乡村名义落户第一人”“全市首个农村权益退出试点”“挂牌运营全市首家区县级农村产权流转服务公司”等成效，有效推动了巴南区土地、人才、资金等多要素协同推动城乡融合高质量发展。

（一）探索实施农村集体经营性建设用地入市管理

1.推动农村集体经营性建设用地入市交易

城乡融合发展的过程中，土地要素的自由流动至关重要。允许农村经营性建设用地进入市场，可以撬动城市资本下乡，带动生产要素向农村积聚和流动，以促进城乡之间的均衡发展。为推动土地要素流动，2023年6月，重庆市规划和自然资源局印发《重庆市农村集体经营性建设用地入市交易规则（试行）》。同年7月20日，巴南区二圣镇、惠民街道的两宗农村集体经营性建设用地在重庆农村土地交易所正式拍卖，成为重庆市深化农村集体经营性建设用地入市工作开展以来首批入市地块。截至目前，巴南区合计完成农村集体经营性建设用地入市4宗，宗地面积达45.04亩，成交金额达2700万元，带动社会资本下乡近2亿元。通过这几宗土地的交易，巴南区建立了农村集体经营性建设用地入市制度，形成了一套流程图和时间表，探索建立全市集体经营性建设用地入市“一件事”，在全市率先突破农村集体经营性建设用地入市改革，实现全市首单入市交易，打通城乡融合发展要素中的农村土地要素市场化流通通道。具体到入市流程上，巴南区形成了“编制产业策划和村庄规划—集体经济组织成员资格认定—开展拟入市地块的勘测定界—提出入市意向—明确生态环境保护要求—纳入年度土地供应计划”前期准备流程，“地价评估—编制入市方案—本集体经济组织民主决策形成入市决议—入市前核对相关公开交易材料”入市准备流程，以及“委托重庆农村土地交易所发布交易公告—交易结果公布—签订合同—产权登记”交易流程，为今后农村集体经营性建设用地入市交易提供了具体参考。

2.规范农村集体经营性建设用地土地增值收益管理

农村集体经营性建设用地上市交易了，交易后取得的收益怎么使用和分配？为此，巴南区制定了《巴南区农村集体经营性建设用地入市收益调节金缴纳使用管理指导意见》，在入市成本核算、增值收益调节金收取、增值收益分配等方面进行了有益探索。巴南区惠民街道沙井村依托社会资本投资的“611原乡美村”项目是重庆市推动农村集体经营性建设用地入市并完成拍卖成交的第一村。该项目首个入市地块21.63亩，最终以1456万元拍卖成交。土地入市后，巴南区财政局会同区规划和自然资源局征收土地增值收益调节金约500万元，统筹用于全区乡村振兴。同时，沙井村集体将分得的100万元作为本金入股“611原乡美村”项目，按照“保本经营、效益保底、盈利分红”原则与企业签订入股协议。企业与村集体约定，在不盈利的情况下分红不低于同期中国银行发布的同业银行间的拆借利率，盈利后按照出资比例每年向村集体进行分红。村民们都表示，他们从未想过能够享受到这样的分红待遇。

（二）探索实践城市人才入乡制度通道

随着城镇化的快速推进，逐渐形成了资源和人才由农村向城市流动的惯性，导致乡村人才持续外流。由于乡村基础设施条件差、产业发展空间有限、教育医疗等公共服务不足等原因，让城市人才难以在乡村扎根，进而形成了“留不住、引不来、育不强、用不好”的恶性循环。为破解城市人才入乡难题，2021年5月，巴南区印发《关于开展引导城市人才加入乡村改革试点工作的指导意见（试行）》，已完成城市人才入乡落户3人，打通了城市人才入乡制度通道。具体做法如下：一是设置落户门槛条件。重点吸引在当地稳定经营多年、达到较大规模、具备较强经营能力的种植业、农产品加工业及乡村旅游等方面城市人才。二是梳理人才加入流程。将城市人才入乡纳入村民自治范畴，按照“四议两公开”程序进行民主协商决策，与村民委员会签订落户合同，办理户口迁移。三是探索享受相关权益。

落户后，可经民主程序同意加入农村集体经济组织，与村集体经济组织签订加入合同，在维护原住民相应权益基础上，探索有偿有期限享受宅基地、土地承包经营、集体收益分配等权益。四是创建监督评价退出机制。建立由村集体、党员干部和农民群众参与的监督评价机制，评价不合格的人才按合同约定退出村民及集体经济组织成员身份，并终止其享有相关权益。

云林天乡景区总经理周林笋的原籍是浙江省宁波市宁海县。从2010年开始，他在巴南区二圣镇集体村开展苗木种植、销售等业务，经过10年发展，周林笋把苗木基地打造成集苗木产业、农业观光旅游、中小学社会实践教育基地等为一体的云林天乡景区。2023年，巴南区二圣镇集体村进行首批城市人才落户农村试点工作，周林笋得知后说道：“知道有机会落户集体村，我心里真的很激动，立即就提出了申请。”二圣镇集体村按照“四议两公开”民主程序审议通过周林笋的落户申请，2023年7月4日，周林笋顺利成为巴南区城市人才落户农村的第一人，并有偿从同社原住村民处获得宅基地使用权42.3平方米、承包地200平方米。2023年12月，巴南区相继完成石龙镇中伦村赵迎春（鲜到家农业公司）、惠民街道胜天村张璐落户扩面试点（重庆茶业集团）。但与周林笋不同的是，这两位“新村民”虽获得了村集体组织成员身份，但根据市农业农村委要求，暂未推进享受相关农民权益，因此未获得宅基地。

（三）探索实践进城落户农民依法自愿有偿退出农村权益方式

随着城市化进程的不断推进，大量农民到城市安家置业。但“带地进城”的问题随之而来。进城落户的农民一方面不愿退出宅基地，另一方面又无暇顾及村里土地的利用，“两头占地”现象普遍存在。大量土地低效利用，抑制了土地要素功能的充分发挥，进一步造成农村的空心化和资源闲置的浪费。作为新型城镇化进程中的重要一环，国家鼓励进城落户农民自愿有偿退出宅基地、鼓励农村盘活闲置宅基地。面对进城落户农民有宅基地退出意愿但仍存顾虑或缺乏实现渠道，以及持观望态度的农民，政府与农村集体经济组织应如何打消其顾虑，在不作强制要求农户退地的前提下如何提升其退地意愿？这是新型城镇化面临的难点，也是改革创新的突破点。为此，2021年12月，巴南区印发《巴南区进城落户农民农村权益自愿有偿退出试点工作方案》等文件，形成了“1+3+1”政策体系，包括1个试点工作方案，3个退出工作指引，1个盘活利用指导意见。该政策体系为进城落户农民农村权益有偿退出试点工作提供政策依据，指明了工作方向，基本打通了城乡融合发展要素中“权益”的流通，实现农民闲置资产盘活利用，保障进城落户农民权益。具体做法可总结为以下四点。

一是设置了“四权”退出条件，针对进城落户农民自愿有偿退出农村土地承包经营权（含林地）的，需要有稳定的非农职业或稳定的非农收入，且承包经营权清晰，还需征得承包户内具有土地承包经营权的全体家庭成员同意。针对进城落户农民自愿有偿退出宅基地使用权的，要满足在城镇有合法稳定住所、有稳定的非农职业或稳定的非农收入、宅基地及房屋权属清晰、需征得家庭共有人同意等条件。针对进城落户农民自愿有偿退出集体资产股份（份额）的一般条件是：有稳定的非农职业或稳定的非农收入、股份（份额）权属清晰、征得股权户内全部集体经济组织成员同意。针对农村土地承包经营权、林地承包经营权、宅基地使用权、集体资产股份或份额等“全权”退出农户，参照《重庆市人民政府办公厅关于做好征地人员安置对象参加基本养老保险并实施缴费补贴政策有关工作的通知》，给予养老保险缴费补贴。

二是出台了收储补偿标准。有偿退出承包地的补偿价款，可参照同时期巴南区征收农用地的补偿标准，由双方协商或经第三方评估确定；有偿退出林地的补偿价款，可参照同时期巴南区征收林地的补偿标准，由双方协商或经第三方评估确定；进城落户农民有偿退出宅基地使用权的补偿价款，可参照同时期巴南区征收集体建设用地和农村房屋重置价格补偿标准，由双方协商或经第三方评估确定，按实际面积计算。

三是制定了退出程序。设置了进城落户农民自愿有偿退出农村权益退出程序，退出农户自愿提出申请，经村社审核、民主决议、公开公示、镇街审批等多个环节后，退出农户同集体经济组织签订相关退出协议。

四是建立了约束退出机制。要求镇（街）、村（社）集体经济组织履行监管主体职责，对经营主体的资质、商业信誉、农业经营能力、经营项目、技术水平、履约能力、风险防范等内容进行审查审核。对经营项目是否符合国家法律法规和相关政策，是否符合国土空间规划、村庄规划和乡村产业布局，是否符合土地用途和环境保护要求，以及项目发展规划、经营效益分析、经营风险评估、农民利益保护等内容进行审核。对擅自改变土地用途、不按规定从事农业生产经营的违法违规行为，一经发现，报相关职能部门责令限期整改。拒不整改且情节严重的，依法依规追究相关责任。

巴南区目前进城落户农民依法自愿有偿转让退出农村权益共计39户，收回农户土地91.29亩，收回集体资产股份数24股，收回农户宅基地1480平方米，已兑付退出补偿资金396.944万元，带动社会资本投入7000万元，打通城乡融合发展要素中"权益"的流通，实现农民闲置资产盘活利用，保障进城落户农民权益。

（四）探索实践金融资本下乡助农惠农路径

1. 开展土地经营权证抵押融资

农村产权流转对优化农村资源配置促进农业农村现代化有着重要的推动作用，它可以畅通城乡要素流动，更好地激活农村资源要素潜能。巴南区挂牌运营重庆市首家区县级农村产权流转服务公司，在全市率先建成区镇村三级农村产权流转交易服务体系，完成农村产权流转交易鉴证133宗2.45万亩，金额2.1亿元。完成2宗农村产权抵押融资鉴证业务，抵押贷款439万元。完成全市首笔农村集体经营性建设土地使用权抵押流动资金贷款，贷款金额为500万元。2017年，巴南区二圣镇集体村村民委员会通过重庆农村土地交易所，把618亩承包地经营权流转给重庆优荣农业发展有限公司（周林笋为该公司监事）。周林笋的公司用农村土地经营权证作为资产抵押，与农业银行签订抵押融资协议，获得2年约400万元的低息贷款，有效缓解了公司的资金压力，促进了公司的健康发展。

2.创新景区二次“分包”运营模式，拓展村民资产性收入渠道

传统景区主要以雇佣原村民的形式为村民提供就业岗位，本质上村民收入仍为劳动性收入。但云林天乡景区创新管理模式，景区内不同板块可灵活再分包给村民自主投资经营，景区收取营业额的15%~30%作为管理费。这样做有两点好处，一是降低了景区招商成本，二是让有投资意愿、有投资能力的村民有了好的项目。部分村民从雇佣职工转变为老板，可以通过经营获得的资产性收入，收入大幅提升。所以，周林笋现在常常被村民缠着问项目。

二、经验启示

盘活乡村资源，不仅需要多元主体参与，更需要多种要素的协同推动。土地要素如果无法与资金、技术、管理、人才等要素结合，就无法最大化发挥土地要素的经济价值，政策红利也难免“打折”。巴南区的城乡融合发展实践，事实上完成了土地要素与资金、人才、管理等要素的闭环与联结，破解了以往单一改革下，土地流转了但产业引不来、人才引进来但是留不住、村民变雇工但收入上不去等尴尬局面，实现了土地资源保值增值、乡村产业蓬勃发展、乡村人才不断汇集、集体资产不断壮大、村民收入显著增加的多赢局面。因此，“巴南”经验对于其他地区系统推动城乡融合发展具有重要的参考价值。

（一）注重顶层设计，才能形成政策集成配套

作为重庆中心城区农村面积最大的行政区，巴南区拥有近郊优越的区位优势和良好的自然生态本底。近年来，巴南区在国家城乡融合发展试验

区的框架下，成立工作领导小组，形成了“1+8”部门协同工作推进机制，先后通过《巴南区建设国家城乡融合发展试验区实施方案》《重庆市巴南区农村集体经营性建设用地入市收益调节金缴纳使用管理指导意见》《关于开展引导城市人才加入乡村改革试点工作的指导意见（试行）》《巴南区进城落户农民农村权益自愿有偿退出试点工作方案》等一系列制度建设深化城乡融合改革创新，有力推动了城乡资源的优化配置和产业的深度融合，在盘活村集体闲置土地、促进工商社会资本下乡、畅通城乡人口双向流动通道、拓展村民增收渠道等方面系统突破、取得实效。

（二）多要素改革“同台唱戏”，才能充分释放政策效能

中国改革常采用试点形式，人口、土地、金融等不同主管部门在选择试点地区时往往较分散，因此很少有一个地区同时享受多类型政策红利，“你方唱罢我登场”反而是乡村振兴领域制度红利释放的常见情况。巴南地区的特殊性和典型性在于土地、人口、金融、管理等领域的制度创新“同台唱戏”、相互配合，实现了“1+1+1+1>4”的政策效能叠加放大。

具体的相互配合内在逻辑体现在以下几个方面：有了集体经营性建设用地入市政策确保土地合法性，工商资本才敢大举投入资金；有了工商资本的持续投资为村产业提档升级，人才下乡落户村集体才能获得村民的民主表决通过；有了畅通的人才进出通道，乡村产业招引高水平管理技术人才才能“留的下”“用得好”；有了产业、人才和土地的信誉支撑，银行才敢于向农村土地经营权抵押放贷。上述连锁反应既体现在巴南案例的方方面面，也说明在实践中，具有系统观念、坚持“同台唱戏”的政策体系，能够更加有效地释放制度创新红利，实现下乡资本保值增值和村集体发展壮大共同富裕的双赢目标。

（三）下乡资本有效治理，才能“正”和“负”两手抓

由于资本的逐利天性，在下乡推动乡村产业发展的过程中如果缺乏对

下乡资本有效的治理，加之交易主体力量不对等、市场机制不完善、信息获取渠道不充分，农民就处于议价和谈判的弱势一方，因此一些学者认为“资本下乡会侵蚀农民利益”。但不可否认的是，下乡资本对改善农村面貌、推动农村产业转型升级具有关键的推动作用。因此，如何应对资本下乡的“正”“负”两面性，是资本下乡过程中必须面对的课题。

从巴南案例来看，在“正”的方面，通过经营性建设用地入市、经营权抵押融资等一系列制度措施下，二圣镇云林天乡景区、惠民街道沙井村“611原乡美村”项目均成功吸引了工商社会资本下乡投资，土地流转收入、产业入股分红等渠道惠及了村集体成员，工商社会资本在实现自己保值增值的同时带动了村集体成员收入提档升级。同时，在抑制“负”的方面，通过征收农村土地入市增值收益调节金，让村集体留存更多资金充实村集体资产，并统筹用于村中的公共服务、养老育幼、困难帮扶等事业，通过景区二次“分包”给村民，强化工商资本与村民的利益共同体，确保村集体能够持续参与工商社会资本下乡后的资本增值过程，而非单纯获得劳动性收入。

三、完善建议

（一）建议将自愿有偿退出农村权益契约风险前移

巴南区探索建立农民农村权益自愿有偿退出机制试点，根据“退用结合”原则，以符合发展实际，分别设定梯度退出和全部退出方式。选择全部退出农村权益的农民，后续出现反悔的可能性较低；而选择梯度退出的农民，如果在未来看到农村土地出现增值溢价的机会，就很大概率会反悔。为解决此问题，建议村（社区）完善相应的机制，要求农民选择梯度退出农村权益时，和其亲属共同签署相关承诺书，避免农民在退出后反悔。

（二）建议村集体经济组织通过土地入股的方式参与经营

根据《中华人民共和国农村集体经济组织法》，农村集体经济组织有权通过承包、出租、入股等方式经营集体财产。通过资金入股，村集体经济组织可以参与到更广泛的经济活动中，如合作社或企业的经营。这种方式能带来较高的流动性和灵活性，但收益的周期和稳定性可能不如土地入股。将土地作为资本投入，与经营主体共同经营、共享收益，这种方式能够带来长期稳定的收益。如果想追求长期稳定的收益和较低的风险，土地入股可能是更好的选择。

巴南区二圣镇天坪山云林天乡景区总经理周林笋向课题组介绍情况

课题组调研“611 原乡美村”项目

14

强村公司“齐步走”，集体经济共致富

时　　间： 2023 年 6 月 27—28 日

地　　点： 重庆市潼南区双江镇

参加人员： 邓蓉　袁华兵　官青　袁馗　刘美均　梁景智　张凌菲　郑晓坤　谭婧怡　况明朗

执 笔 人： 梁景智

内容摘要

新型农村集体经济是城乡融合发展的关键力量。农村集体经济组织既是农村各项资源资产的所有者，同时也是这些资源资产的经营者。进一步做好新型农村集体经济创新发展和优化，才能整体统筹城乡要素融合，逐步实现共同富裕。在目前的农村集体经济组织中，大多以村域为单位开展各项集体生产经营活动，而村级集体经济在产业发展规模、组织化程度、资源综合利用水平等方面有一定的局限，逐渐催生了镇级农村集体经济，镇级集体经济的发展壮大有助于提升农村经济的整体实力和竞争力，进而推动城乡经济的协调和融合。

作为中国中西部唯一的直辖市，重庆集大城市、大农村于一体，城乡融合和乡村振兴任务艰巨。双江镇地处成渝经济区的“腹地”，是“一小时经济圈”和成渝经济合作示范区的重要节点，发展空间巨大。2020年，双江镇所在的潼南区获批成为国家城乡融合发展试验区重庆西部片区包含的9个区之一，双江镇作为潼南区农业发展强镇，经济实力与发展基础比较好，所以在城乡融合发展上先行先试、探索创新，成为了国家级的城乡融合发展“试验田”。也是在2020年，双江镇率先成立了全镇21个村（社区）联合的联耕农业集体公司，并组织形成各村（社区）资源化零为整、统一规划、统一管理、统一指挥的一盘棋集中发展模式。从2020年到2022年，双江镇全镇村级集体经济固定资产增长35倍、收入增长22倍、净收益增长12倍，让一个百年历史古镇焕发出了新的耀人光彩。

“红色故里，古镇双江”——双江镇，这个隐藏在历史深处的小镇，不仅是石板路和古老建筑的集合体，更是一部充满故事的活历史。双江曾经是军事要塞，同样也是著名英烈杨闇公以及第四任国家主席杨尚昆的故乡，这里人杰地灵，历史文化名人汇聚，是重庆市十大历史名镇之一。地理位置上，它位于重庆西北部，距重庆主城约97公里，距潼南城区10公里，幅员面积120平方公里，耕地8.5万亩，辖21个村（社区），户籍人口4.9万，常住人口1.9万。

双江镇在发展道路上有三个基本定位。第一是文化旅游名镇。文旅是双江的一块“金字招牌”，双江镇不仅是全国首批十大历史文化名镇、4A级旅游景区，2022年还入选了全国非遗旅游小镇和中国首批特色小镇，每年接待游客量达到100万人次以上；第二是农业经济大镇。虽然双江镇拥有深厚的历史底蕴，但仍然是以农业为主导产业，它的农业人口占到总人口的75%。2023年，双江镇种植蔬菜7.3万亩、粮食5.8万亩、经济作物

10.8万亩，农作物和经济作物的种植面积和产值，在潼南全区23个乡镇（街道）中排名都是稳居前三；第三是集体产业强镇。双江镇拥有潼南全区最大的集体经济产业基地，由双江镇21个村（社区）集体成立的联耕公司是全市最大花椒种植企业，目前已发展花椒种植1万亩、粮油果蔬3300亩，2023年实现产值2270万元、利润365万元，被评为农业产业化市级、区级龙头企业。

当前以传统农业作为发展基础的乡镇并不少见，但是如何在传统农业中破局、打造新的发展亮点，让集体经济实现真正落地、产业结构更加合理优化成为很多乡镇的困扰。本案例就聚焦于双江镇基于城乡融合发展“试验田”与其传统农业乡镇背景，如何组建镇集体经济主导21个村（社区）成立庞大的联村公司，又如何搭建起公司的治理架构与管理体系，最终有效激发资源要素集聚效应，实现集体经济市场化运营、规模化发展，提供一些思路和参考。

一、主要做法

（一）“夜话抱团”共绘蓝图，搭建整镇联合平台

双江镇历史悠久，是个文化旅游名镇，但是从版图上看，农村区域占了全镇95%的面积，农村人口也几乎占到总人口的3/4。“空心化”“空壳化”等中西部农村普遍存在的问题也困扰着双江。双江镇从2017年开始发展集体经济，2017年到2019年这3年间，各个村（社区）自主发展集体经济，大家干劲十足，但是大多数产业发展都没能持续进行下去，收效也不是很明显。原因主要有三个方面：一是各个村（社区）资金、资源、人才整合不足，很难支撑某个村独立把集体经济做大做强；二是集体经济的发展和农业产业的联动不够，很多村依靠土地租金或者农机租金来获得收益，

注重短期低风险的业态，对集体经济产业链条的长期延伸没有太大帮助；三是有些村庄自主发展了一些大型项目，但是自身抵御风险的能力非常弱，对于市场的供求关系思考也不成熟，很容易一个项目就“干趴下”。在这些过程中，村干部对于集体经济组织发展的信心就会受到打击。

2020年，恰逢潼南区获批成为国家城乡融合发展试验区，“先试先行”的想法在各个村（社区）不断萌芽。为了进一步打开大家的眼界和思路，提升全镇村（社区）党委书记的工作能力水平，双江镇每周星期一晚上固定召开“书记夜话”，由清华大学硕士毕业的镇党委书记带着全镇所有的村（社区）党委书记聚在一起，围绕当前重点工作和农村存在的突出问题展开头脑风暴。终于，在多次思想碰撞后，其中一位村书记提出了一个大胆的想法：“我们干脆把钱放在一起来，要干就干一件大事，咱们一起干！”这个想法立刻得到了其他村党委书记的响应和支持，大家都觉得这是一个创新的思路，也是一个可行的方案，纷纷表示愿意参与其中，通过“抱团”取暖共同发展集体经济。

2020年3月，由双江镇党委班子成员带队，21名村（社区）书记分4个组分批次前往铜梁、荣昌、江津及遂宁市船山区等地考察学习，并先后经过6次集中讨论，通过调研酝酿出了一个新的发展集体经济的思路，主要是由镇党委政府引领，21个村（社区）搭建联合公司，建成集体经济组织共同发展的平台。在产业选择上，大家发现青花椒产业是一种不错的选择，特别是具有特色发展前景的九叶青花椒。九叶青花椒属于竹叶花椒的变种，它颗粒大、品质好、产量高，在众多花椒品种中独树一帜，得到了大家的认可。因此全镇21个村（社区）最终确定由联合公司来主导，发展以青花椒产业为主的集体经济。

（二）建立统一经营体系，培育壮大特色产业

说了就办、定了就干。村干部的思想统一过后，如何得到村民的认可和拥护就成为了关键。为此，双江镇各村（社区）党委书记相继在村召开

党员大会、村民代表大会，发动两委成员通过院坝会、田坎会、入户走访等方式，最大限度向村民讲解发展思路，争取村民支持，动员村民参与。全镇21个村（社区）确定了实行党建统领，整合全镇力量，跨村共建、联合经营，走出“强镇带村、强村富民”的新路径。

1.搭建集体经济组织运营机制

2020年4月，在镇党委的统筹领导下，双江镇对上积极争取宜机化整治、退耕还林、种粮大户补贴等资金908万元，21个村（社区）整合地票资金1270万元，吸纳7700余户村民流转土地，联合成立农村集体经济企业重庆联耕农业发展有限公司，建立花椒种植基地21个，种植“九叶青”花椒1万余亩。

一是形成组织运营框架。整合21个村（社区）成立集体经济联合公司，命名为“重庆联耕农业发展有限公司”（以下简称联耕公司），每个村出资额不等，最低为花沟村，出资20万元，最高为五里社区，出资150万元，共计1270万元，将各村集体经济组织作为联耕公司股东及生产单元，构建“镇党委政府—联耕公司—村集体—村民”的联合发展体系，其中联耕公司作为总公司，旗下业务分为四个板块：农业板块、工程建设板块、餐饮酒水板块、文旅板块，并且全资控股分别成立四个有限责任公司。各村（社区）集体经济联合社根据出资比例作为股东，高石村、板仓村、五里社区等5名发展集体经济有思路、有办法的村（社区）党委书记被推选成为联耕公司董事会成员，对外聘请2名职业经理人专门负责公司项目运营。

二是完善内部机构设置。公司成立了股东大会、董事会、监事会，根据各村股份占比确定董事会、理事会、监事会成员名额。同时设置办公室、财务室等部室，制定员工招聘管理办法，面向社会公开招聘工商管理、市场营销等专业人才7名，提高企业管理水平。还将全镇划分为4片，每个片区推选出1名村（社区）党委书记担任片区长，负责片区生产规划、质量监督、人员协调等工作，提升内部运行效率。

三是确定利益分配机制。在镇党委的指导下，联耕公司、各村（社区）

集体经济联合社先后召开股东大会、成员大会，确定了镇级层面公司经营利润的80%按照各村（社区）现金入股比例进行固定分红，剩余20%按照花椒产量占比进行浮动分红。在各村的分红中，按照管理团队占40%、土地入股群众占40%、农村集体经济组织占20%的比例，对分红进行再分配。具体操作如下：

首先，明晰股权按比例分红：建立资金、土地入股机制，将各村（社区）地票资金和土地折价作为联耕公司入股股金，各村按最终股金数分配持股比例。每年公司分红金额的70%按照各村入股比例进行分红。其次，依据产值浮动分红：建立联耕公司与村集体“花椒浮动股份”的分红机制，每年公司分红金额的30%按照各村的花椒产量占比进行激励性分红，多劳多得，充分调动村集体和农户花椒种植积极性。最后，留取资金发展生产：每年留取税后利润10%左右作为企业发展公积金，主要用于扩大再生产和经济发展，适度用于补充村级办公经费，明确不能用于购买股票、基金、债券等投资性金融产品，不能向任何单位和个人出借等要求，增强村集体经济安全可持续发展能力。

四是保障信息监管机制。联耕公司建立了信息向全体股东公开机制，设置信息公开墙和公开群，适时公开公司重大项目、营收、支出及分红等情况，充分保障各集体成员的知情权、参与权、监督权。乡镇也通过一系列举措开展有效监督，包括设立集体经济发展指导岗安排专人监督指导集体经济运行；每年安排职能部门对集体经济成本进行审核，原则上不超过本镇各村（社区）平均成本的5%，超过的必须向党委政府说明；每年聘请第三方机构对部分村集体经济进行审计，抽查比例不少于1/3；镇纪委每半年对部分村集体经济财务收支及财务化解情况进行检查，抽查比例不少于1/3。

至此，镇级集体经济组织公司成为了发展壮大村级集体经济的“总抓手”，村（社区）有了发展集体产业的“火车头”，双江镇“抱团”发展集体经济的序幕就此拉开。

2. 打通社会化服务与品牌体系

针对个体农户生产散乱、销售困难等问题，联耕公司采取统一采购、统一标准、统一品牌的方式，推动“小农户”对接“大市场”。

一是统一农资采购。健全农资采购和议价机制，实行统一集采直供，由公司大批量采购农机、农肥、农药等农资，供各种植单元使用。其中，抽水机、电动剪等农机采购价格比群众单独购买平均降低20%，氮肥、钾肥等化肥采购价格平均降低10%，粉锈宁、氧化乐果等农药采购价格平均降低16%。

二是统一种植标准。制定花椒种植规范，建立花椒产业标准化考核体系，细化保叶、病虫害防治、修排水沟、建产业便道、花椒单位面积成本核算等环节标准，确保科学种植。聘用公司技术总指导，统一作业流程、统一调度管理，实现标准化、规模化、集约化发展。目前，已建立花椒生产基地20个、推广种植九叶青花椒1万余亩，年产鲜花椒350余吨、产值290余万元。

三是统一品牌销售。以公司名义打造推广“联耕”品牌，对公司产出的花椒统一使用“潼南花椒”“潼南香”公共区域品牌和“马掌铁”等自创品牌。以公司名义与郑州卡农商贸等10余家花椒商贸企业建立联系机制，加大价格协商和比选，实现价值最大化。

（三）多元模式应对风险，提升防范化解水平

针对农业气候和市场风险较大等痛点难点，双江镇联合村集体经济组织探索保险兜底、仓储增值、一二三产业融合发展等举措，建立具备风险抵御、调控及补偿的多元化风险应对模式，提升企业生存能力。

一是整体购买保险。发挥产业集群效应，对接安诚保险公司，引进开发“花椒收益保险”和“雇主责任险”，全年投入14万元资金，全方位保障公司花椒产业及工人。投保后，若因自然灾害、意外事故等原因导致村集体经营性项目收入减少，且造成实际收入低于目标收入的，保险人按照

合同约定赔付损失部分，最终托底达到目标收入，将市场、气候等因素对村集体经济的不利影响最小化。

二是整体组织存储。双江镇集中建设仓储保鲜冷链设施，延长花椒产业链，为集体经济产品提供储存空间。这不仅能减少花椒等农产品因季节变化导致的价格波动风险，还能根据市场行情及时储存或出售农产品，有效化解市场风险。前期投入共计200余万元，建设1600立方米冻库1个，将花椒储存能力提升至300吨，减小市场价格波动影响。

三是整体发展产业。利用公司富余资金，综合考虑农业产业发展周期规律，制定多元发展战略，在联耕公司下成立五源建筑、好兴至餐饮、稔岁农技、星乡创4个全资子公司，拓展农业加工、工程建设、酒水餐饮文旅项目等板块。整合镇村建筑、文旅等项目36个，由联耕公司统一实施，建成古镇旅游纪念品商铺、连锁咖啡店、青年旅社、汽车大排档和旅游餐厅等产业。2023年，双江镇二三产业共计实现产值2270万元，利润约365万元，村均收益超17万元。这些领域的发展不仅为集体经济提供了新的增长点，还有助于分散经营风险，提高集体经济的整体抗风险能力。

（四）做好人才“引育留用”，助力乡村产业发展

一是引进高端产业人才。随着花椒种植规模不断扩大，双江镇招募了具有丰富经验和专业技能的农业职业经理人，引进了包括毕业于清华大学的张升平等多位专业技术人才，专门负责花椒种植技术的指导。现在张升平也被聘为全镇村集体联营企业重庆联耕农业发展有限公司的技术员，为双江镇万亩花椒基地提供技术服务。他牵头建立了花椒产业标准化考核体系，推动了花椒产业的标准化、规模化发展，同时推广先进的农业技术和种植模式，如矮化技术等，提高农产品的产量和品质，此外还打通了与高校、科研机构等建立合作关系，共同开展农业技术研发和推广工作，为农村集体经济发展提供科技支撑。

二是强化集体管理团队。双江镇以重点群体为突破口，突出“双好双强”(政治素质好、道德品德好、带富能力强、协调能力强)，加大从本村致富能手、外出务工经商返乡人员、本土大学毕业生、退役军人中选拔村党组织书记，为集体经济管理的人才队伍注入了新鲜血液。同时联耕公司也优选村干部加入管理运营团队，利用他们的基层工作经验和群众基础，共同推动全镇村（社区）集体经济的发展。联耕公司每月通报各村（社区）的产业发展得分和排名，形成“赛马比拼”的氛围，倒逼村干部主动学习管理知识，提升管理能力，这一体系为管理人才提供了更广阔的舞台，使他们能够在更大范围内发挥管理才能。

三是注重人才培养激励。双江镇所在的潼南区出台了《潼南区高层次人才引进暂行办法》和《潼南区“英才潼行”工程人才兴乡行动若干措施》等激励办法，设立了5000万元人才专项资金，通过提供融资支持等方式，为专业技术人才提供平台建设、就业奖补、成果转化等20余项支持政策，激励管理人才积极投身城乡融合发展和集体经济组织发展。此外，潼南区还建立了乡村创业导师团队，为集体经济组织管理人才提供指导和支持。

二、经验启示

（一）多村联动是推动集体经济共同富裕的基础

由于村级单位较小，能够整合和利用的资源要素相对较少，这在一定程度上限制了其集体经济发展的速度和规模，而镇级平台则能够更有效地整合区域内资源，包括土地、资金、技术、人才等相关要素，实现规模化经营和集约化利用。这不仅有助于提升农业生产效率，促进农业产业升级，还能增强农村集体经济的市场竞争力，为农民带来更多增收渠道。此外，镇级集体经济组织还能在基础设施建设、公共服务提供、乡村治理等方面发挥重要作用，形成区域协同发展的良好局面，推动城乡融合发展进程。

（二）多元聚合是推动集体经济充满活力的核心

双江镇通过联耕公司统一运营的管理方式，提高了集体经济的运营效率和管理水平，在整合资源、构建全新组织体系、控制成本、防范风险等方面发挥了重要作用，同时统一的技术标准和调度管理，统一的农资采购和品牌销售，实现了21个村（社区）取长补短、资源共享。在本次调研中，我们在双江镇旁边的大佛街道，看到了另外一种联村发展模式，即“联村党委”，大佛街道围绕城乡融合发展试验区改革任务，整合干部资源，打破传统行政村壁垒，组织新生村、前进村、丰产村、胜利社区4个村（社区）创新设立大佛坝联村党委，下设党群工作组、产业发展组、建设管理组、综合治理组4个专项工作组，推行事项联处、值班联排、群众联访、活动联办，以党建联建推动力量整合，在人力上比原来节约了2/3，确保资源利用更合理、工作调度更高效。

联村公司和联村党委在推动乡村振兴和区域经济发展方面具有显著的共通之处和好处。它们通过党建引领、资源整合、利益联结、产业发展等措施，促进了区域经济的增长、增强了组织凝聚力、优化了资源配置、推动了乡村治理的改善、激发了创新活力。

（三）多种产业是加强集体经济风险防范的关键

双江镇在推动花椒产业发展的同时，注重构建多元化的产业结构，以二三产业保本兜底，哺育农业。这种多元化的产业结构设置，使得花椒产业在遇到风险时，能够有其他产业的收入来平抑风险，保持整体经济的稳定。在花椒产业遭遇严重旱情导致减产的情况下，双江镇通过重庆联耕公司大力开拓工程建设业务，实现了产值的显著提升。这不仅弥补了花椒产业因减产带来的经济损失，还为村集体经济的发展提供了重要的资金支持。双江镇还积极拓展文旅产业，通过发展乡村旅游、文化体验等项目，吸引游客前来消费，增加了当地的经济收入。文旅产业的发展不仅丰富了双江镇的经济结构，也为花椒产业提供了市场宣传和销售渠道的拓展机会。通过构建多元化的产业结构、发展工程建设和文旅产业以及建立副业收入渠道等措施，有效地利用二三产业对第一产业进行了风险平抑，提高了当地经济的稳定性和抗风险能力。

（四）多种方式是贯穿集体经济降本增效的重点

针对重庆山地、丘陵较多的特点，双江镇通过宜机化改造项目，有效增加了耕地面积2000余亩，同时也提高了耕地的机械化作业水平。例如，在高石村等地，通过归并田块、削减田坎、埋设管网、引进进口设备等措施，使得耕地面积有所增加，实现了农田的自动化操作，并显著降低了农业生产成本。另外，双江镇还动员了21个村的7733户群众，以土地入股村集体经济，这种土地折价入股的方式不仅实现了资源的有效利用，还使得农民变成了股东，每年能够节约近500万元的土地租金支出，从而降低了前期的资金投入压力。

（五）多项服务是扩大集体经济规模效应的保障

山区丘陵空心化问题严重，花椒产业又是劳动密集型产业，通过统一的社会化服务，如无人机运输、花椒自动分选等，可以降低生产成本与风险、提高生产效率与技术水平、增强市场竞争力。此外，通过统一的社会化服务，双江镇可以将分散的土地、资金、技术等资源进行有效整合，推动了花椒产业的规模化种植和经营。这有助于形成规模效应，提高整体经济效益。花椒产业标准化的种植、管理等流程，确保了花椒产品的质量和一致性，这也有助于提升双江花椒的品牌形象和市场认可度。

三、完善建议

（一）城乡两类集体经济“抱团”要慎重

城市社区与农村社区在资源禀赋上存在显著差异。农村社区拥有土地等自然资源，可以较为容易地依托这些资源发展集体经济。而城市社区则主要依赖城市基础设施和公共服务资源，难以直接转化为集体经济的生产要素，因此城市社区一般成立社区企业。为了加强和规范干部管理，防止利益冲突和腐败现象的发生，民政部发布的《关于规范现职干部社会组织兼职的意见》中明确要求，兼职期间不得领取社会团体的薪酬、奖金、津贴等报酬和获取其他额外利益，也不得领取各种名目的补贴，即“兼职不能兼薪”，如果城市社区和农村社区共同“抱团”发展村集体经济组织，容易造成审计巡察风险。

（二）村级账务要分设分核算

集体经济组织的财务管理与村委会的财务管理要严格区分，要按照公司法规定的财务制度单独建账，不能与村委会的预算会计制度相混。社区会计账户处理按照预算会计制度执行，集体经济组织会计账户处理按照集体经济组织会计制度执行。如果成立集体独资公司，一方面，可以遵循相关企业会计制度，保障经济收入支出的规范会计核算；另一方面，根据公司法相关条款，在法律框架下根据集体经济经营性收入的增长情况，提取一定比例的资金作为奖励，激励“两委”干部积极参与集体经济组织运营与管理，提高村（组）干部的积极性。

（三）农业初级产品要尝试产业融合

花椒作为农业初级产品，其价格受市场供需关系影响波动较大。当产量增加时，价格往往下跌，反之亦然，这种市场波动性使得椒农面临较大的经济风险。同时，随着花椒种植面积的扩大，市场上初级花椒产品的竞争日益激烈，椒农在销售过程中往往处于被动地位，难以掌握定价权。仅靠花椒初级产品发展产业风险很大，二产加工和三产的补充是降低风险、提高收益的重要途径。通过发展加工业和第三产业，可以实现花椒产业的转型升级和可持续发展，花椒可以进行调味品的加工、保健品的开发，并用作日化用品生产和生物肥料制作等加工业的补充。不同的第一产业都会涉及包括精深加工、工业应用、旅游业、服务业以及电子商务等多个领域的二三产业，这些产业的发展不仅能够提升农业初级产品的经济价值，还能够有效抑制单纯依靠第一产业而存在的风险。

课题组在重庆潼南双江镇实地调研

课题组在重庆潼南双江镇实地调研

课题组在重庆潼南双江镇实地调研

15

分散风险稳步发展，丘陵地区如何把握规模之“度”

时　　间： 2024年6月29日

地　　点： 重庆市南川区木凉镇汉场坝村

参加人员： 邓蓉　袁华兵　官青　袁馗　梁景智　刘美均　张凌非（选调生）　郑晓坤（选调生）　谭婧怡　况明朗

执 笔 人： 刘美均　谭婧怡

内容摘要

重庆市南川区的汉场坝村，在城乡融合发展过程中，因花卉产业而兴。在以乡村旅游产业为发展导向的过程中，社会资本因大规模流转土地后经营不善而“跑路”，村民要求村集体承担相应的流转租金，导致村集体经济背上沉重包袱。在经历用项目资金支付村民流转资金，到将流转土地划小规模再次流转给社会资本并实现盈利之后，逐渐探索出利用自身的资源条件，分散风险促发展的方法。如今的汉场坝村，在土地流转上每家业主控制规模在200亩左右，4000多亩土地分别由19个业主租赁，形成多点位小规模的经营。在此过程中，汉场坝村还创新引才留才方法，在稳定发展中创新发展集体经济方式。他们对产业融合发展规律的探索可总结为分散风险、稳中求进，在不断的实践中，汉场坝村这座隐藏在花丛中的美丽乡村描绘出了城乡融合发展的新画卷，其方法值得借鉴参考。

木凉镇位于重庆市南川区西北部，距离重庆市中心仅50公里，2009年渝湘高速通车后到重庆主城的车程时间缩短到30分钟，有较好的乡村旅游客源和交通优势。木凉镇地处低山丘陵地带，以农业生产为主，下辖3个村，其中的汉场坝村地处木凉镇产业发展核心区，以丘陵地貌为主，辖区面积7.05平方公里，其中平坝耕地5600亩、水田860亩、山地4100亩，森林覆盖率达到63%。龙川江流经村域全境，形成了有山有水有田园的乡村美丽风景。

在乡村振兴的大背景下，2018年有社会资本看中这里的交通等资源条件，投巨资打造了荷兰郁金香花卉园，于当年3月8日开园后的两个月内，接待游客逾200万人次，日最高游客量超5万人次。这样的盛况让村里的干部和老百姓都充满了希望，土地流转了，村民能得到固定租金收益，还能带动村民就业增收，鼎盛时期村民在路边支一个卖土豆花的摊位都能日入6000元。但好景不长，由于老板经营不善，郁金香花卉园并没有维持多久。2019年，花卉园业主因经营管理不善倒闭，老板也悄悄跑路。社会资本的这一番风风火火的操作就像龙卷风一样，来得快去得也快，只留下了破败的花卉园和村民无法兑现的土地租金以及该项目拖欠的近3000万元工程款，村民不得已找到村上讨要土地租金，并成为了不稳定因素。该怎样处理这一“烂尾工程”？汉场坝村两委进行了长期的探索。

一、主要做法

（一）集体经济组织“兜底”，形成复合收益

重庆市南川区是具有世界影响力的国际旅游目的地，也是联合国“杰出绿色生态城市”、首批国家全域旅游示范区。隶属南川区的汉场坝村的乡村旅游兴起于2018年，当时大规模的郁金香种植在西南地区还不多见，社会资本经过考察，发现汉场坝村交通便利，再结合该村的土地性质、地形条件及气候条件，决定租赁村里的土地种植荷兰郁金香。业主以水田700斤水稻/年、其他耕地600斤水稻/年的租金，流转农户435亩土地，流转期到2028年，主要从事郁金香种植、观赏、销售，由于其大规模的观赏视觉效果，一度掀起乡村旅游热潮，顶峰时期，每天可以吸引3万到5万人前来观赏。在前期的规划建设打造后，通过各种方式的宣传，花卉乐园在开园后的短短几天就吸引了数以万计的游客前往，前来观光的车辆在高速出口处就排起了长龙。然而热度的疯狂只持续了2个月，由于相关交通、停车、就餐等配套严重不足以及游客体验差、经营不善等原因，荷兰花卉园的发展陡转低谷，企业主不愿继续投资，更不能支付土地租金，并留下3000万元的工程款毁约离场。

荷兰花卉园“烂尾”，资本“跑路”，土地撂荒，农民钱地两失、理赔无门，成为汉场坝村的不稳定因素，作为遗留问题留给了南川区党委、政府及村两委，好在影响规模不大、涉及范围不广、时效要求不高，汉场坝村委会及时主动介入，对涉及的逐户上访人群进行摸底评估，在事发第一年就提出并落实了解决方案。业主“跑路”后，村委会召集荷兰花卉园项目涉及的3个社（组）村民开会，听诉求、说实情、摆困难、提方法，通过三次会议，最终达成“农民降低租金、村委会接手流转”的共识，村委会

以每亩水田500元/年、其他耕地400元/年的价格从村民手中继续流转涉及土地，由村委会负责后续经营管理。

之后5年村两委逐步摸索出了一条以村集体经济发展兜底解决的路子。2019—2021年，村集体经济组织在原荷兰花卉园的土地上，先后种植了高粱、多彩油菜花、桃树林，村集体连续三年兑付老百姓流转费共20余万元，兑付劳务费100余万元。同时，每年种植维护相关费用约需40万元，主要来自项目资金，但始终没有找到可持续的盈利模式。2022年底，村委会在本村种植了桃树林的基础上，引入了第三方运营团队（云林天乡）进行管理，将项目命名为“桃溪乐源”，形成了集赏花、采摘、研学、儿童乐园、亲子露营为一体的乡村休闲旅游基地。2023年3月15日，桃溪乐源正式开园，当天迎来汉场坝村近五年来的最大人流1.5万人次；2023年共计接待研学120场、3万人次。与此同时，村委会也尽力保证村民的利益，当年支付给村民的土地流转费也恢复提高至每亩650斤水稻/年、其他耕地550斤水稻/年的市价（一亩约935元）。2024年1月，汉场坝村委会再次合理化盘活集体资产，引入老宋家非遗泡菜博览园入驻该地，成为汉场坝村首家三产合一的产业，村委会也利用项目资金购买了300多个泡菜缸作为固定资产入股，一年可以有1.6万元的固定收益。

大规模土地流转的企业，固然有机械化、标准化等优势，但产业经营存在较大风险，尤其是在经济下行背景下的山地丘陵地区，一旦大企业跑路，就会把难题留给政府，而乡镇甚至村社并没有足够的专业力量和人员力量来解决。汉场坝村历时5年处理土地流转遗留问题的实践说明，适度规模的土地流转和农业发展，背后的风险更小，产业发展更稳定，一旦出现问题，政府也更容易应对。

（二）鸡蛋放在不同“篮子”，分散土地流转风险

到2024年，汉场坝村一共流转土地（一般耕地）4000多亩（村上共有一般耕地5000多亩），土地流转率达到80%，近三年共兑付村民土地流转

费共20余万元，兑付村民劳务费共100余万元。更加难能可贵的是，从2018年的社会资本“跑路”事件之后，村上几乎再没有发生过类似事件。原来，村两委及村民在解决2018年跑路事件的过程中，也在不断地反思和总结经验教训。张五常先生说：“中国的农民是天然的经济学家。”汉场坝村发现大规模的土地流转虽然能够一次性获得较大额的租金收益，但是却更有可能出现经营不善倒闭、土地租金无法兑现的情况，而减小单次流转的土地规模，在一定程度上减轻了社会资本的负担，也将双方的风险控制在了可以承担的范围之内。

汉场坝村流转的4000多亩土地现在一共由20多名业主承担，价格约为945元/亩，规模大部分都控制在200亩地以内。业主分别种植桃、辣椒、蓝莓、茶叶、玫瑰等，共计1000多亩，养殖甲鱼、泥鳅、虾各200多亩。据统计，现有的20多个业主大部分都已经存续10年或者10年以上，且能够持续稳定且按时支付土地租金。这样的局面让村两委和村民们都放心了，汉场坝村在土地流转这件事上遵循着“不要把鸡蛋放在一个篮子里”的经济学原理。一方面，作为土地租赁的出租方，汉场坝村将土地尽量小规模地流转给更多的业主，不让风险集中于一处或几处；另一方面，业主们在经营土地的过程中，由于土地流转规模较小，也就顺理成章地形成了小规模、多品种的种（养）模式，尽量平衡了农产品生产经营过程中受自然风险、市场风险、政策风险等的影响。

中小业主的适度规模经营，平时有少量固定用工，农忙时使用季节性雇工，部分购买社会化服务，这是汉场坝村在当前耕作条件和生产力水平下，实现精耕细作、提高投入产出效益较好的土地利用模式。以香炉茶艺为例，该企业从2002年开始种植茶叶，至今共流转土地400亩，可以做到每周巡视一遍茶山，及时处置突发农情。同时对每个环节精细安排，比如鲜叶如何加工、动态季节雇工等，还能及时顺应市场行情提供农家乐和研学服务，向第三产业延伸。一亩地的流转成本为600斤水稻/年（约900元/年），每年茶叶收入200万元，第三产业收入100万元。这些中小企业主的年龄大多在50岁上下，他们在适度规模农业方面的优势主要体现在经验足、能吃苦，很多人扎根田间二三十年，称得上是“土专家”，无论是养殖鱼虾、生猪，还是种植茶叶、果树，他们对品种的调配、时机的把握、农技的使用等农事驾轻就熟。发展适度规模农业能够稳定并发挥这群人的优势，带动其他从土地分离出来的农民，发展加工、运输、餐饮、劳务等第三产业。

（三）跨镇村遴选人才，能人治村添活力

在课题组实地调研的过程中，一位精明伶俐的年轻人负责给大家讲解村里的展厅以及产业发展情况，当谈到村集体经济股份合作社的法定代表人问题时，旁边的工作人员给我们解释道，他们的村党组织书记不是本村人。原来几年前汉场坝村由于各种原因村党组织书记频繁更换，因此村上存在着人心涣散、凝聚力较差的问题。寻找一位思维活络、踏实肯干的村党组织书记就成了镇党委政府治理好汉场坝村的头号任务。但是随着近年来农村“空心化”问题的日益严重，农村中有文化的青壮年劳动力大量流向城市，要在本村找到这样一位村干部实属艰难。最终，在通过公开招聘选拔后，现在的村党组织书记成为了合适的人选。但是他不是汉场坝村人又成了镇上领导的顾虑，这样一位外村人来当村党组织书记能不能让村民信服，他又能不能完全站在村民的角度去思考和解决问题……领导们多方权衡，决定冒着风险试一试，因为当时的汉场坝村已经没有更合适的人选能够担任村党组织书记的位置了。

就是这创新的一试，为汉场坝村的治理发展迎来了一个更加稳定而又逐渐转好的局面。新上任的村党组织书记年轻并且敢想敢干，热爱农村工作又拥有一定的基层治理和产业发展方面的知识储备，在他担任村党组织书记期间，汉场坝村的向心力更足了，村民的收入也增加了，大家跟着新书记发展集体经济、完善村里的各项制度，既让“腰包”更鼓了，大家的幸福感和归属感也提升了。也就是这一创新的一试，打开了村上“不拘一

格降人才”的格局，村两委干部的任用不再继续打老一辈的“情感牌”或者“世袭牌”，汉场坝村全方位、多角度考察村两委后备人选，从本村的有效治理和更好发展出发，为每一个职位选择适合的人选，现在汉场坝村的两委成员一共8人，平均年龄只有30岁，年轻化、专业化的队伍为村上提供了源源不断的活力。

二、经验启示

城乡融合发展的重点是促进城乡各类要素双向流动，其基础是乡村产业发展。汉场坝村在产业发展过程中，充分利用其交通区位、土地、生态等资源禀赋等优势，主动作为挖掘各种资源优势发展产业，特别注重一二三产业联动发展，吸引大量乡村旅游游客，促进了“人地钱”等发展要素双向流动。在不断探索实践中，汉场坝村走过了一场探索乡村产业发展规律之路：一是乡村产业要进行以防经营风险为主的小规模发展，不能贪大求功；二是市场经营要靠有经验的专业人来做；三是要发挥农村农业的综合价值；四是要创新人才留用机制。汉场坝村的发展过程是一个不断探索的过程，只有行稳才能致远，才让这座花丛中的美丽乡村展现出了新的风貌，其经验和方法也值得我们深入研究和学习。

（一）在土地流转和产业布局上要分散风险

村集体经济组织通过土地流转来盘活土地资源，传统经营理念追求的是更大的规模、更高的回报，但是这对于丘陵地貌的农村并不适用。一是受制于地形条件，大规模的土地流转利用需要大量的前期土地整治成本；二是大部分的社会资本主体还是小微企业，承担风险的能力较低；三是对于村集体经济组织来说，若是将鸡蛋放在一个篮子里，一损俱损的局面极有可能出现。从表1可以看出，汉场坝村的土地流转规模大部分都在200亩以下，这样适度规模的土地流转的一个重要的作用便是分散风险。

在盘活土地资源后，便是利用土地资源引入社会资本，社会资本选择产业进行经营活动。产业的布局在遵循村庄规划基础上，充分尊重社会资本的自由选择权，形成一个大背景，无数小业态共存共发展的局面，也是分散风险的一个方式。汉场坝村在南川区发展全域旅游的大背景下，让业主们自由选择产业，第一产业包含种植、养殖，品种涉及水果、花卉、茶叶、禽类、畜类、鱼类等，既在一定程度上规避了农产品受气候、价格、市场等影响较大的风险，又以多种业态的搭建为二三产业的发展，形成多条产业链打好了基础。

表1　木凉镇2023年汉场坝村土地流转情况

序号	业主姓名或公司名称	主要业态	流转土地面积（亩）		林地
			田	土	
1	山桥渔村	虾	300	5	0
2	泥鳅庄	泥鳅	165	0	0
3	戴芬（周璇）	鸽子	10	20	5
4	赵依坤	蓝莓	25	5	0
5	牟伟	甲鱼	35	0	0
6	邱康志	甲鱼	150	0	0
7	郑天忠（佛灵寺陵园）	公墓	85	10	65
8	柏翠苗木	苗木	225	15	0
9	李新生桃园	火龙果	61.3	0	0
10	七朵玫瑰	玫瑰	188	1	0
11	桃溪乐源	桃树	111.36	14.28	0
12	惠隆公司	蓝莓	157.1	0	0
13	老宋家泡菜厂	泡菜	60	0	0
14	汪江（南麓园）	花卉	48.06	6.79	0

续表

序号	业主姓名或公司名称	主要业态	流转土地面积（亩）		林地
			田	土	
15	张建伦（香炉茶艺）	茶叶	110	110	80
16	学校搅拌厂	—	18	0	0
17	陈青山（青一银生）	生猪	40	12	0
18	王勇（黄茶）	茶叶	0	260	0

（二）把专业的事情放手给专业人士

在城乡融合发展的过程中，要实现“人地钱”的有效流动，激发乡村振兴的活力，必须厘清村集体经济组织、社会资本在盘活资源、发展产业上各自应当承担的责任。村集体经济组织是能够最直接调配土地这一重要资源的主体。因此，村集体经济组织在城乡融合发展中的重点任务应该是盘活资源，针对土地资源，村集体经济组织可以通过多种方式进行盘活，包括但不限于租赁、入股、复合利用、统一流转、复垦利用、建设用地指标入市交易等。通过大量的调研和总结，我们发现村集体经济组织因为其自身条件的限制，大部分是不懂得如何去经营的。汉场坝村在2019—2022年的产业选择和经营的探索之路上付出了财力、人力，但是收效甚微。最终，他们还是选择了借用土地资源引进社会资本，并让其自己选择产业方向，村集体经济组织并不对经营进行干预。目前，汉场坝村形成了五个生态农业旅游观光园区，包含了赏花采果、研学体验、美食餐饮、特色民宿、农家乐等；一家非遗泡菜博览园，形成了汇聚一二三产业的产业链，并在2022年和2023年分别实现了240万元、260万元的村集体收入。在农村产业发展的过程中谨遵“把专业的事情放手给专业人士”这条准则，既让城乡融合发展的分工更加合理高效，也进一步推动了要素更加畅通地流动。

（三）一二三产业要深度融合

习近平总书记强调：“要推动乡村产业振兴，紧紧围绕发展现代农业，围绕农村一二三产业融合发展，构建乡村产业体系，实现产业兴旺，把产业发展落到促进农民增收上来。”[①]城乡融合发展，一二三产业融合发展是关键，要通过三产融合来构建多维度多层次的产业链，以此来增加农民的就业机会，拓宽农民的增收渠道。中共中央、国务院发布的《关于学习运用“千村示范、万村整治”工程经验有力有效推进乡村全面振兴的意见》提出，要促进农村一二三产业融合发展，坚持产业兴农、质量兴农、绿色兴农，加快构建粮经饲统筹、农林牧渔并举、产加销贯通、农文旅融合的现代乡村产业体系，把农业建成现代化大产业。

汉场坝村以花为特色，以茶叶种植、果树种植、鱼类养殖为辅，形成多条“现代农业+乡村旅游”的产业布局。其中以“桃溪乐源”项目为例，该项目占地170余亩，由村集体经济组织引进重庆汉场景园生态旅游开发有限公司合作投资打造，于2023年1月挂牌试营业。园内主要种植象牙桃，户外配套卡丁车、彩虹滑道、萌宠乐园、轻奢露营等多个体验项目，建成国学馆、扎染馆、陶艺馆、纺织刺绣馆等9大主题非遗研学馆。同时推出“198认养桃树”活动，该活动启动以来，已有60棵桃树得到认养，直接创造了近万元的采摘收入。除了桃树，还提供研学和餐饮服务。2024年上半年，共计接待研学50场1.5万人次，共计创收200万元。在餐饮上，打造特产食品泡椒鸡，上半年实现营收20万元。在盘活资源的基础上，汉场坝村引进了老宋家泡菜厂，打造了老宋家非遗泡菜博览园，建成集亲子游乐、研学团建、网红餐饮为一体的综合性乐园，同时还带动村民种植辣椒，以此形成了一个集种植、加工、销售于一体的产业链，为村民增加了就业机会和收入。汉场坝村培育多条产业链，实现三产高度融合发展，为城乡融

① 习近平：《论“三农工作”》，中央文献出版社2022年版，第268页。

合发展打下了坚实的基础。

（四）创新乡村人才引留机制

近年来，随着农村空心化、老龄化现象的严重，城乡二元结构使人才流动呈现单方向的特征。农村的发展需要人才，城乡融合发展要得到进一步推进需要在人才的引留上下功夫，除了体制机制的完善，在引留方式上的创新也显得尤为重要。

汉场坝村的村党组织书记不是本村人，是通过木凉镇在全区范围内的公开招聘来到汉场坝村的。作为农村人，李书记靠一颗扎根农村的心成为村党组织书记，并以实际行动为汉场坝村的发展作出了贡献。汉场坝村的做法打破了传统观念里村党组织书记必须是本村人的做法，将公开招聘作为选拔方式，既保证了选拔的公正性，又拓宽了选择范围，并最终为汉场坝村的发展带来了合适的“领头羊”，镇上也给足了李书记信任和自由发展的空间。因此创新乡村人才引留机制，一方面要搭建人才引留平台，另一方面还要创造珍惜人才、留住人才的良好环境。只有下好人才引留这盘棋，才能为城乡融合发展不断输血造血，提升乡村振兴的内生动力。

三、完善建议

（一）村集体经济组织架构及人员配置需要进一步规范

虽然《中国共产党农村基层组织工作条例》规定，“村党组织书记应当通过法定程序担任村民委员会主任和村级集体经济组织、合作经济组织负责人”，但依据《中华人民共和国农村集体经济组织法》第十三条、第二十九条以及农业农村部《农村集体经济组织示范章程（试行）》第二十条、第二十一条等的规定，农村集体经济组织的法定代表人一般应由成员大会在集体经济组织成员中选出理事会成员，再从理事会成员中选出理事长、副理事长，并且理事长是农村集体经济组织的法定代表人。因此，农村集体经济组织的法定代表人应首先是集体经济组织成员。汉场坝村的村党组织书记不是本村人，其户籍不在汉场坝村，也就不具有村集体组织成员身份，不宜担任村集体经济组织法定代表人，一旦该集体经济组织与其他市场主体发生合同纠纷，很容易被判成无效合同。为了规范相关人员配置，建议从具有集体经济组织成员身份的村两委中另外选择一名成员作为法定代表人，现任的村党组织书记可以担任村集体经济组织的总经理，以总经理的身份负责具体的经营管理和日常生产活动。同时，村两委应该尽量熟悉村集体经济组织的组织架构及职责，理清成员代表大会、理事会、监事会的设定方式和主要职责，按照法律法规来运行村集体经济组织。

（二）尽快成立独资公司并以公司化的管理方式来进行项目管理和运营

汉场坝村发展至今，已经有很多比较成熟的项目，要想扩大经营，获得更大的发展空间，课题组建议以村集体经济组织（如经济或股份合作社）为发起人设立独资公司。成立独资公司的好处有以下几点：一是可以拓宽发展路径。村集体股份经济合作社的经营范围有限，如果没有成立公司，在村集体经济的发展过程中，可能受经营范围的限制导致某些项目无法落地。二是有利于明晰产权归属。由于村集体经济组织成员是完全封闭的，不允许成员以外的人加入，就决定了“外来投资”无法进入村集体经济股份合作社，不能以村集体经济股份合作社的名义对外开展经营活动的。成立独资公司之后，便可以独资公司的名义与外来资本合作共同成立新公司，吸收“外来投资”，扩大经营规模。三是有利于财务制度上的规范化。成立独资公司之后，公司可以开具增值税专用发票用于抵扣相关税费，更好地与社会企业共同参与市场经营，并可以按照相关财务制度报销经营中的接待费、差旅费等。成立独资公司后，村集体经济能够得到更规范、更有效的发展，但是，村集体应该认识到发展村集体经济的首要目的不是急于给分红，而是弥补公共服务上的不足，解决村上的各项民生兜底问题。

（三）村干部需要合法化激励

村两委成员为集体经济发展壮大付出大量心力，虽然上级政府、村民都看到了两委干部的付出，也愿意对他们进行经济上的激励，但由于不清楚相关规定，怕承担违规风险，村干部并未从集体经济的发展中获得额外收益。课题组建议按照财政部2024年1月1日新修订施行的《农村集体经济组织会计制度》第二章第八条第三款“成员（代表）大会的财务管理职责主要包括审议、决定本集体经济组织主要经营管理人员薪酬，并对其实施监督和考核”和第二章第九条第三款“理事会的财务管理职责主要包括提出本集体经济组织主要经营管理人员薪酬的建议，决定其他工作人员薪酬”的规定，由理事会和成员大会讨论决定后，给予村两委成员相应的工资和奖励。如果集体经济组织是公司形式，则可按照2023年12月第二次修订的公司法第五十九条第4款和第七十六条第4款的规定，给予公司管理人员相应的薪酬。这样就可以解决镇区两级无相关文件规定的问题。

（四）土地流转方式需要谨慎

汉场坝村经历市场主体“跑路”、村集体承担村民流转土地费用沉重负担的案例提醒我们，在社会资本流转村民土地时，应按照《农村土地承包经营权流转管理办法》的要求，“当土地承包权在农户时，土地承包经营权流转合同的出让方只能是农户”。因此，稳妥的流转方式是社会资本直接与村民签合同，如果确实有社会资本需要流转多户村民的土地并要求由村集体出面集中流转的，村集体应让每户村民户签订委托协议，并在协议中规定村集体和村民的权责利，村集体只起中介作用，不能再让村集体承担社会资本不能履约时的流转费。

美丽如画的汉场坝村

汉场坝村党组织书记向课题组介绍发展情况

课题组与木凉镇镇村干部座谈

16

生态循环产业绘就“富村山居图”

时　　间： 2024年6月28日

地　　点： 重庆市渝北区木耳镇金刚村

参加人员： 邓蓉　袁华兵　官青　袁馗　梁景智　刘美均　张凌菲　郑晓坤

执 笔 人： 官青

内容摘要

渝北区地处重庆主城区，南部为重庆市核心城区，北部为广阔的农村和山区，是重庆大城市带大农村的典型缩影，在城乡融合发展上有许多特点与亮点，其中位于渝北区木耳镇的金刚村就极具代表性。金刚村辖区面积8.87平方公里，以山地、丘陵为主，耕地5185亩、林地895.8亩，下辖29个村民小组，1510户、3670人，其中常住人口1046人。由于金刚村紧邻渝北城区，210国道、空港南北大道贯穿其中，区位优势明显，内外部交通便利，但“馒头山、巴掌田”的西南丘陵地形制约着金刚村的发展，曾因缺乏产业支撑，村民收入低，大部分青壮年劳动力外出务工，土地大多撂荒，是一个典型的“空壳村”。近年来，金刚村因地制宜积极探索，发展起“食用菌—有机肥—柑橘—虫草鸡”生态循环产业新模式，通过自主经营实体项目、抱团发展柑橘产业等多种方式发展壮大村集体经济，并在此基础上进行一三产业互动促进农旅融合发展，村集体经济收益在2023年达到400万元，主要用于解决村里的一老一小问题，惠民生、解民忧。金刚村从一个山区“零元村”成为现在农业强、农村美、农民富的典型示范村，本篇在提炼做法、总结经验的同时，也为金刚村进一步规范运行、发展壮大村集体经济，提出完善建议。

金刚村的地理位置虽紧邻渝北城区，但长期以来都是以最传统的农业生产为主，村民收入低，大部分青壮年选择外出务工，村里留下的大多是“386199部队”（妇女、儿童、老人），人心涣散、思想不统一，低保对象等特殊困难群体的诉求也越来越多，摆在村两委干部面前的是实实在在的村民“腰包”问题、产业发展问题。因此，金刚村曾经广泛流传着这样一句谚语：“宁在两路要饭，也不在金刚打转”，当年的金刚村属于贫穷落后山区中典型的“空壳村”“零元村”。如今的金刚村，柑橘林中硕果累累，有机肥腐熟基地热火朝天，生态虫草鸡在林间恣意奔跑……处处涌动着生机与活力，书写着金刚村发展山地生态循环产业的新故事。那么，金刚村是如何实现产业强村、共同富裕的“华丽转身”？这离不开金刚村干部群众对于山地生态循环产业模式的探索与发展。

一、主要做法

（一）探索生态循环产业发展模式

产业兴旺是城乡融合发展的基础，金刚村通过不断摸索实践，积极践行“两山理论”，逐渐蹚出了一条依高山而建、以循环而行，因地制宜发展“循环经济”长效生态产业，发展壮大新型农村集体经济的新路子。自2019年以来，金刚村按照“绿色、生态、高效、特色”的总体目标与要求，逐步探索形成了一条“食用菌—有机肥—柑橘—虫草鸡”的生态循环产业发展新模式。

1.建设食用菌智能化生产基地

在政府的大力支持下，村集体积极争取上级资金2200万元和自筹资金数10万元，修建工厂化食用菌基地，基地位于金刚村16社，占地70余亩，实现了自动装袋、自动上下级、自动接种，建成日产“2万袋成品菇+2万袋菌棒”的以袖珍菇为主要品种的食用菌智能化工厂。金刚村有机肥腐熟基地生产的有机肥原材料主要为食用菌渣和牛粪，而金刚村工厂化食用菌基地建成以后，菌厂的食用菌渣就成为了供应本村有机肥腐熟基地的主要原材料之一，实现了自给自足、循环发展。基地建成后，为减少村干部的经营压力，村集体与有技术懂经营的企业实行占股经营，在确保固定资产归村集体所有的前提下，村集体经济组织每年实行保底收益和占股分红，每年盈利在50万元以上，实现村集体经济旱涝保收。

2.创办配套有机肥腐熟基地

俗话说“庄稼一枝花，全靠肥当家”，2019年初金刚村首批柑橘苗就出现了营养不良的问题，农业技术顾问把脉称，在前期柑橘培育过程中，需进行土壤改良，而土壤改良需要大量有机肥。以前肥料全靠从外面购买，离村子最近的有机肥厂都有160多公里，每吨有机肥价格更是高达800元，不仅价格高，还不能保证及时买到。有机肥的问题一直在时任村党总支部书记的脑海中打转，他想方设法要解决这一问题，“我们不但可以卖苗子，也可以卖有机肥呀！”思路一变天地宽，村党总支部书记带领大家在学习和思考中看到了商机和出路，经过多次商议、专题研究，大家伙终于达成了一致意见。说干就干，2019年6月村两委组织召开第一次村民代表大会，签订了协议，同年8月，总投资500万元，占地8.67亩的金刚村有机肥腐熟基地在金刚村15社建成投产了。有机肥原材料主要为食用菌渣和牛粪，再添加发酵菌种，生产出高质量有机肥，对于果树栽培底肥或培肥以及粮食生产都是最佳理想的基肥。基地现年产量已达到10000吨，不仅解决了村里柑橘产业的有机肥使用需求，还以每吨700元左右的价格打开了周边市场，销往渝北区境内各镇街及区内各联合社，年盈利超过100万元。

3.打造山地特色柑橘产业基地

2019年8月，渝北区出台《关于大力推进农村“双十万工程”建设的实施意见》，实施新建10万亩经果林、10万亩生态林，做大做强生态农业、绿色经济。为推动现代山地特色高效农业建设，实现经济作物规模化种植经营，提高农民收入，金刚村随即召开股东代表大会，结合本村柑橘种植的历史传统与优势条件，确定实施经果林建设项目，金刚村成为渝北区“双十万工程”的首批建设村。2019年11月，金刚村定植2000亩8万余株无核沃柑，这也是村里实施“双十万工程”定制的第一批苗木，当时，金刚村自建柑橘苗圃，培育了无核沃柑、明日见、金秋砂糖橘等8个品种共10万余株3000余亩，发展草莓基地2处180亩，蓝莓园种植蓝莓200余亩，拓宽了销售渠道，实现了农民增收致富。柑橘产业的发展，开启了金刚村集约式现代化的农业产业发展道路。

4.养殖特色生态虫草鸡

金刚村有着几千亩的柑橘林，如何进一步利用好这个空间与优势？村民们又想到了林下养殖生态鸡。金刚村的生态鸡又叫“虫草鸡”，但并不是指吃中药“虫草”长大的鸡，而是吃柑橘林下的虫和草。金刚村每年在3000亩柑橘林中散养着高品质特色生态虫草鸡近3000只，以柑橘林下的虫和草以及套种玉米稻谷为主要食物，虫草鸡产生的粪污又可以作为柑橘的肥料。这些虫草鸡都是240天左右出栏的跑山鸡，作为特色生态农产品销往各地，价格高达268元/只，品质优良、供不应求，在此情况下还帮助老百姓销售散养鸡，价格也达到了168元/只，由此金刚村逐渐发展建立起了依托柑橘产业的绿色生态林下养殖产业。

（二）多元模式发展壮大村集体经济

俗话说，农村遍地都是金，就看我们够不够用心。为了实现村集体经济收入更上一层楼，金刚村集体经济组织积极挖掘资源的可利用性，拓宽收入渠道，目前村集体经济组织主要通过以下四种模式发展集体经济，让资源变资产，为村集体创收。

一是自主经营实体项目。村集体公司通过市场调研、信息掌握，以市场为导向，整合村内各种资源要素，抢抓机遇，前期投入近200万元，建成全区首个有机肥腐熟基地、柑橘苗圃基地以及高品质生态虫草鸡场等实体项目，在不断扩大市场销售和精心管理下，实体项目每年盈利在80万元以上，实现集体经济从“输血式”转变为“造血式”发展。

二是抱团式发展柑橘产业。金刚村以渝北区“双十万工程”经果林产业发展为契机，村集体联合社集约18个社826户村民的土地约3100亩，经土地宜机化整治后，种植091无核沃柑、大雅、血橙等品种的柑橘果园，按照1+3+6的股份原则（即社集体占股10%+村集体占股30%+村民占股60%）利益联结机制，坚持风险共担、利益共享原则，带动全村人民共同增收致富，实现集体与村民共同发展。

三是承接小型工程项目。以前村内的建设项目基本都是外面的老板来实施，老板不但把钱挣走了，还留下了诸多遗留问题。得益于渝北区支持合作社优先组织实施400万元以下项目的政策，现在金刚村内不管是基础设施建设、人居环境改造，还是农房整治、危房拆除，基本上都由村集体经济组织实施，每年承接的小型项目建设可使得村集体盈利10万元以上，实现集体经济稳赚不亏。

四是盘活闲置土地资源。以前村里土地流转较多，多个企业由于经营不善而“跑路”，村民因拿不到土地租金而产生矛盾纠纷，留下许多“烂摊子”。现村集体通过合法手段收储了约50户农民的农房，再将土地包装整理后重新整体发包进行招商引资，招引了如工厂化食用菌基地、七彩大庄园、凤凰谷等项目，不仅解决了农民土地流转的遗留问题，还使得村集体每年获得可观的租金收益。

（三）一三产业互动促进农旅融合发展

金刚村秉持着“现代都市休闲农业+旅游观光”的产业发展思路，在这里布局集“支撑、生态、文态、业态、形态”五位一体功能的项目，在培育发展起柑橘、苗圃、有机肥、食用菌等产业的基础上，建设了草莓种植基地2处共180亩、蓝莓种植园200余亩、金橘产业园105亩，园区内修建有观光步道、观光亭、休闲座椅、观景平台等配套设施，在发展种植业的同时吸引了游客前来观光采摘、休闲旅游。

另外，村集体将本村部分闲置农房进行统一收储，通过农村危旧房屋整改和旧房提升项目整治后，进行统一招商引资，依托良好的农耕文化及田园风光等资源，因地制宜发展农旅融合和乡村民宿产业，如金刚染房会客书院、青坎·山顶见、七彩大庄园等项目，建设形成了集生态休闲观光、农事体验、高端民宿为一体的特色村庄田园综合体。不但改善了本村的人居环境，还吸引市内外游客到金刚村观光旅游，累计接待游客50余万人次，带动当地农户300余人就地就业，户均增收3500余元，使村集体每年收入8万元以上，实现了农民增收、产业增效、生态增值的“三增”目标。

（四）集体经济收益重点用于民生福利

产业的稳定向好发展，为金刚村集体经济的发展壮大注入了持续的造血功能，不到两年的时间，金刚村通过强有力的产业发展推动，使一个山区“零元村”成为现在全村共同富裕的典型示范村，2022年金刚村集体经营性收益超过200万元，2023年收益达到400万元。金刚村的集体收益，除每年给成员进行现金和实物两种方式分红以外，主要用于解决村里的一老一小等民生福利问题。一是用于关爱老人晚年生活。致力于实现“老有所养”，村集体平均每年就服务关爱老年人各项活动支出20余万元。筹集资金打造“三堂两室一中心”互助养老点（即澡堂、饭堂、议事堂，娱乐室、健康理疗室，呼叫中心），针对60岁以上老人提供免费娱乐、免费按摩理疗，由村集体提供就餐补贴；打造颐养园，为全村60岁以上孤寡老人修建公寓式住房保障27套，实行孤寡老人集中居住、统一管理服务。二是用于关心儿童健康成长。致力于实现“幼有所育”，投入20余万元修建儿童乐园和儿童之家，让村内儿童玩耍有场地，学习有场所；每年开展对儿童赠送书籍、玩具以及学习用品等活动，为孩子丰富兴趣爱好提供条件。三是用于关注妇女生产生活。投入10余万元在村里打造了120平方米妇女之家，积极组织留守妇女们开展各种活动；每年开展妇女创业就业职业培训，如柑橘种植、虫草鸡养殖、管理技术等；经常性开展穿串珠等手工活动技能比赛，提升手工技能、丰富业余活动。四是用于关切村民文化生活。为丰富村民文化生活，每年邀请文化宣传队到村进行文艺演出不少于4场次，开展舞蹈、太极、健身等活动，不断丰富村民精神文化生活。2022年金刚村被评为重庆市“银龄之家”荣誉称号，带领村民物质和精神文化协同发展。

（五）以农民新村建设推动农民集中居住

受丘陵山地地形影响，渝北区的农民居住点布局小、散、乱等现象突出，为改善农村居住环境，缩小城乡发展差距，2015年4月底，渝北区委十三届七次全会决定以集中居住为美丽乡村建设突破口，规划在2020年建成100个各具特色的“农民新村”。金刚村抓住了农民新村建设这一契机，利用政府财政补助资金200万元，用于开展村里的道路、管网、绿化等基础设施建设、改善。农民集中居住的建房资金来源由几个部分构成：一是老百姓自筹资金，建房成本价为1190元/米^2；二是村集体补助资金，补助200元/米^{2}的装修基金；三是政府补助资金，对符合政策条件的危旧房住户补助35000元（公职人员、经商人员、拥有商品房、私家车等住户除外），针对残疾人补助12000元/人，针对低保户补助25000/户。金刚村通过统一规划设计，集中居住的户型面积分为四种，分别为91.2平方米、122平方米、137平方米及170.4平方米，村民根据家庭人口数量与自身经济状况选择适合的居住户型。金刚村通过农民新村建设这一突破口，使村民从之前的散居到集中居住，有效改善了居住条件，缩小了农业生产半径，让村民群众能够实现安居乐业。

二、经验启示

（一）探索生态循环产业发展模式是亮点

产业兴旺是乡村振兴的基础，也是推动城乡融合发展的关键动力，从发挥乡村地区生态优势、调整产业结构、转变发展方式、促进要素自由流动等方面着手，可以有效推动城乡融合发展。山城重庆的地貌以丘陵、山地为主，面对乡村丘陵山地土地撂荒严重的现象，木耳镇金刚村经过多年探索，逐渐蹚出了一条发展壮大新型农村集体经济的新路子，那就是以农业为主要载体，因地制宜发展生态循环经济，步入可持续发展的良性循环轨道。农业生产环境保护中的一个重要内容就是促进农业高质量发展，倡导农副资源综合开发综合利用，使农副资源如秸秆、粪污、有机质等饲料化、肥料化、基料化，开展种养结合循环农业建设，将畜禽养殖产生的粪污作为种植业的肥料，种植业为养殖业提供饲料，使物质和能量在动植物之间进行转换。而金刚村以“农副资源—菌菇业—有机肥—种植业—养殖业”为产业链条的生态循环经济，就是充分利用当地良好自然生态资源，深入践行农副资源综合开发利用理念，发展高产量、高质量、高效益“三高产业”的成功典型。

（二）集体经济收益用于民生保障是基础

一个村集体想要挣钱不容易，要把挣的钱用好和用在刀刃上那就更不容易。农村地区普遍存在的问题就是青壮年劳动力外出务工，村里留下的大多是老弱病残群体。农村地区最大的民生就是解决好村里的一老一小问题，照顾好一老一小，不仅是党和政府的工作要求，同时也是村集体经济发展壮大后应该首先关注的问题。村集体经济收益的分配，一般建议除了将少部分进行现金或实物分红以外，更多地应该用于村里的民生保障及公益事业，即惠及“一老一小”，才能使村集体经济收益的分配体现以人民为中心的发展理念，得民心、顺民意，避免产生不必要的分歧矛盾，实现村集体的健康可持续发展。金刚村开展了诸如关爱老年人生活、关心儿童健康成长、关注妇女生产生活、进行养老保险集体补助等举措，通过各个“小切口”，让老百姓实实在在享受到村集体发展的红利，不断提升村民群众的获得感、幸福感、安全感，将发展村级集体经济的成果反哺惠及民生。

（三）乡镇集体公司引领各村发展是特色

重庆市渝北区结合土地整治、农村“三社”融合以及“三变”改革开展的“双十万工程”，提高了农业现代化、农村景区化、农民职业化水平，探索出了丘陵山区乡村振兴之路。渝北区以“双十万工程”为抓手发展规模化、机械化、组织化、景观化的特色高效农业，实现了农民增收、产业增效、生态增值。木耳镇在渝北区“强镇带村”政策的指引下，高度重视推进农村集体经济发展，积极优化镇域产业结构及配套，着力打造“一镇一业”“一村一品”，增强镇域经济的自身造血功能，成立了乡镇一级的集体经济公司，木耳镇于2019年6月成立了“重庆展鸿木耳农业开发有限责任公司”，其经营范围包含餐饮服务、肥料生产、生态旅游开发、从事建筑相关业务、场地租赁等。包括金刚村集体经济股份合作联合社在内的木耳镇11个村级集体经济组织，在镇一级集体经济组织的带领指导下整合资源、统筹发展，在乡镇全域推进产业融合、带动乡村产业发展，这也是重庆渝北地区农村集体经济发展的特色之处。

（四）和美乡村农民安居建设是保障

安居才能乐业，建设宜居宜业和美乡村，促进城乡融合发展，离不开合理的村庄规划布局、良好的居住生活条件及完善的基础设施建设。以金刚村为代表的渝北区，以农民新村建设作为突破口与着力点，产生了诸多积极效应：一是通过农民集中居住，将多余的宅基地复耕，有效扩大了耕地面积；二是通过基础设施建设，有效改善了农村居住环境；三是通过合理规划农民集中居住点，有效缩短了村民的生产生活半径，让其能够安居乐业。城乡融合发展关乎农民的生活品质、农村的稳定发展以及城乡关系的和谐共生，而在这一过程中，农民安居是不可或缺的基础保障。金刚村以农民安居建设促进了农村产业发展，绘就了一幅农民安居乐业的“富村山居图”。

三、完善建议

2024年6月28日，课题组一行在绿树掩映的渝北区木耳镇金刚村，参观了经果林、林下养殖基地、有机肥厂、食用菌厂等。在调研过程中，课题组切实感受到了木耳镇金刚村在推进乡村产业振兴、促进城乡融合发展中所作出的探索努力以及取得的积极成效，同时也发现其在村集体经济发展过程中遇到的一些问题与困难，因此课题组给出了如下完善建议。

（一）建议规范村集体经济公司运营

金刚村于2016年成立了村集体经济公司——金心连农业有限公司，其中，村集体控股51%，村干部带头、村民自愿入股50余万元，占股49%。但目前该公司运行项目较少，村集体各个项目基本都是由金刚村股份经济合作联合社在运营。在以股份合作社形态为载体的农村集体经济组织的运行实践中，会存在缺乏建筑企业资质、开不出增值税专用发票等问题，在开展市场经营性活动时会受到一定的限制。建议恢复金刚村金心连农业有限公司的规范化运营，或以“渝北区木耳镇金刚村股份经济合作联合社”作为独立法人发起成立有限责任公司，以便开展市场经营活动。

（二）建议理顺镇集体公司股权结构

木耳镇的集体公司“重庆展鸿木耳农业开发有限责任公司”的法定代表人，并不是木耳镇下辖村的集体经济组织成员，也不是村两委干部，这有悖于集体经济组织人员适度交叉的原则。建议木耳镇下辖11个村的党组织书记，分别代表本村集体经济组织作为镇集体经济公司的股东，并从这11人中推选出一人作为公司董事长；另外，可以聘请职业经理人担任公司总经理，负责公司日常运营管理，解决集体经济发展过程中专业人才匮乏的问题。

（三）建议完善村两委干部激励机制

金刚村每年从村集体经济组织的经营性收益中提取13%～18%，作为对村两委干部的考核激励资金，但因各种原因一直未发放到位。根据《农村集体经济组织财务制度》及2024年1月1日起新修订的《农村集体经济组织会计制度》等文件中，关于建立健全收益分配制度和激励约束机制的要求，建议做实对村两委干部发展集体经济的激励制度，通过集体经济组织成员大会或股东大会讨论通过收益分配方案，将对村干部的激励资金作为日常管理支出计入相应的成本费用之中，从完善激励机制方面激发村干部干事创业的积极性。

重庆市渝北区木耳镇金刚村

木耳镇有机肥腐熟基地

课题组调研走访木耳镇金刚村

课题组与渝北区木耳镇领导深入交流

17

“天府粮仓”极核区探索乡村业态融合发展

时　　间： 2024 年 7 月 31 日

地　　点： 四川省眉山市仁寿县贵平镇

参加人员： 邓蓉　葛宝森　梁景智　罗明东　苟焕森　郑淑堃

执 笔 人： 郑淑堃

内容摘要

四川省眉山市仁寿县贵平镇距成都天府国际机场直线距离10余公里，占据着天府国际机场第一发展圈层的先天优势。然而，即便是占据先机的贵平镇想发展也不容易——永久性基本农田在全镇耕地的占比超过80%。作为传统的农业乡镇，如何在守好耕地红线的同时又搭上“城乡融合发展”的快车？如何在坚守好粮食安全底线的同时寻找到发展集体经济的突破口？坚守耕地保护和农村经济发展到底是零和博弈还是能够一石二鸟？贵平镇通过关注责任、干部队伍、意识宣传三个方面的措施守好耕地保护红线，同时也指导辖区内的农村在守好粮食安全的基础上寻找集体经济发展的突破口——存量集体建设用地和特色农产品产业转型升级。

七月底的贵平镇已然化身“火炉”，烈日炙烤下，搭载着课题组一行的车辆行驶在乡间小道上，沿路可以看到多处“‘贵’在‘平’时”的标语，向过往行人讲述着贵平镇的生活和工作态度。而这样的态度与贵平镇悠久的历史息息相关，“贵平”的地名可以追溯到西魏恭帝二年（555年），唐代开元十四年（726年）将贵平县治所移至现四川仁寿县贵平镇境内，因此当今的贵平镇冠以“贵平”之名已有上千年的历史。作为位于眉山市的传统型农业乡镇，贵平镇在城乡融合发展的大背景下不仅要谋求集体经济发展壮大、带领村民发家致富，更是肩负着“天府粮仓”建设的重大任务。而现实情况是，农村仅靠单一的粮食种植很难实现集体经济的做大做强。如何在坚守耕地红线、建设好“天府粮仓”的同时发展集体经济？贵平镇不只有“贵在平时”的踏实态度，也给出了从平时的实践探索中得到的宝贵经验和智慧。

一、主要做法

（一）积极承担基本农田保护的社会责任

贵平镇由原向家镇、中岗镇、观寺镇合并成立，于2019年12月11日正式挂牌运行，地处眉山天府新区东南、仁寿县东北。习近平总书记来川视察时曾经在眉山市考察水稻种植基地，强调成都平原自古有“天府之国”的美称，要严守耕地红线，保护好这片产粮宝地，把粮食生产抓紧抓牢，在新时代打造更高水平的“天府粮仓”。2024年4月，四川省农业农村厅颁布《“天府粮仓·百县千片”建设行动方案（2024—2026年）》，推动全省100个以上县（市、区）（以下简称县）建设1000个高标准、高水平、高质量集中连片粮油千亩高产片，眉山市仁寿县名列其中。据村党组织书记介绍，贵平镇全镇约6.56万亩的耕地中有约5.75万亩为永久性基本农田，占比达到了87%以上。在存量基本农田占比较大的情况下，贵平镇依旧主动担当耕地保护责任，提前半年率先完成2024年耕地恢复补充目标任务3000亩。

1.织密织牢责任网

贵平镇建立"党委领导包片、驻村干部包村、村干部包社、社干部包点"的网格化管理机制，大力推进"田长制"，构建覆盖全镇、责任到人、监管到位的工作体系，耕地保护逐步从"被动查处"向"主动发现"转变，从源头抓起，确保违法占地早发现、早制止。认清耕地数量是端牢粮食饭碗的基础，必须坚决守住耕地保护红线。大力开展耕地恢复补充工作，分片区成立耕地恢复补充包干工作专班3个，建立"日报告、周调度、月通报"工作机制。对照潜力图斑对地块进行全覆盖逐一排查核实，摸清底数，建立台账，针对可利用图斑，精确到地块制定整治方案、种植方案、完成时限、责任人等措施，挂图作战，倒排工期，序时推进。

2.精心育好主力军

工作的开展离不开"人"这个要素。贵平镇组织开展耕地保护专题培训，邀请规自系统业务骨干进行耕地保护业务授课，聚焦耕地保护热点、难点，现场答疑解惑。主动对接镇城建中心，请业务干部下沉到田间地块开展耕地恢复、土地整治和卫片整改全过程业务指导，不断增强镇村干部履职能力。截至2024年6月，全镇已培育镇村业务骨干30余人，农技员7人，执法员16人，网格员129人，监督员16人。

3.持续念好保护诀

农民是农村的主体，耕地保护必须要依靠群众。贵平镇通过开展6.25全国土地日耕地保护主题活动，引导村民关注土地资源的保护利用，同时利用村村响广播、流动宣讲、张贴宣传标语、微信转发政策信息等线上线下多渠道广泛宣传耕地保护政策和违法典型案例，形成对耕地保护广泛支持、主动参与、共同管理的良好社会氛围。2024年以来全镇已开展耕地保护培训、宣讲活动6次，设立宣传标语20余条，发放宣传资料1000余册。

如果说贵平镇守好耕地红线是坚持了底线不动摇，那么发展集体经济就是贵平镇在坚守底线的基础上所做的加法，尤其是贵平镇的升龙村和龙江村，分别抓住了闲置资产的高质效盘活和特色产业转型升级的突破口，闯出了集体经济发展的新路子。

（二）充分盘活存量闲置建设用地

贵平镇是成都市委区域发展空间布局中“做强环天府新区经济带”发展战略上的“东翼临空经济区”，是四川省“两湖一山”规划的重要区域，如此的定位就意味着贵平镇不仅需要保护基本农田，还要在此基础上发展经济。经过多方研讨之后，贵平镇决定以存量建设用地为突破口，选择升龙村为“第一片试验田”，开始探索盘活存量建设用地的方法。

升龙村由原轿子村、石龙村、原升龙村于2007年合并而成，位于仁寿县东北部，贵平镇西北部。村阵地建设在红星路主干道外160米处，全村共有6个村民小组，人口2935人。升龙村是贵平镇的种养殖大村，主要产业为柑橘、核桃、枇杷、桃，村民以外出务工为主。

在实地调研过程中，课题组留意到了放在升龙村党群服务中心办公桌上的一摞纸张，“该地块位于升龙村4组主干道互通旁，占地面积约5000平方米，其中农村宅基地二处800平方米，400平方米属梓州大道南延线拆迁农民所有，其余土地面积属集体所有，地块内没有基本农田，土地性质属林地、果林地可申请办理设施农用地登记，可依托交通区域优势建小型物流中转站”，村党组织书记不好意思地笑了笑，进而围绕这份被批注、删改、翻阅多次的文件向课题组介绍起他们的打算：“村上的闲置现状不用起来就可惜了。”

据当地干部介绍，升龙村辖区内有着多处闲置的现状集体建设用地。例如村道口原三户农房被拆迁安置后，原农户宅基地现被闲置，面积1000余平方米。又如，因梓州大道加宽，村集体将原老村委会办公楼及其附近宅基地、农用地（一般耕地）通过长期流转，进行了土地整理，将农用地申请获批为设施农用地（2.81亩）。另外，村里还有一个原片区的村小学，面积约2.7亩，土地性质为建设用地，权属为村集体所有，但必须用于科教文卫事业。这些闲置的现状集体建设用地对于拥有大量基本农田的升龙村来说格外宝贵，于是升龙村联合乡镇干部对这些现状集体建设用地开展了盘活规划。例如，将荒废的原村小与周边的基本农田种植结合起来，发展研学基地和体验式农业等。

（三）兼顾粮食生产与特色农产品产业

没有存量建设用地的村该怎么办？这是困扰贵平镇当地干部的另一个问题。“镇长，我们总不能干瞪眼地看着别个村发展啊？”面对村党组织书记的疑惑，贵平镇的领导班子成员经过实地勘查、与村干部商讨之后，抓住了存量建设用地之外的另一个突破口——特色农产品。以贵平镇龙江村为代表的部分下辖村有着悠久的脆桃种植历史，但是也面临着技术滞后、生产缺少集约化等问题，由此贵平镇决定从龙江村的脆桃产业着手，谋划构建起以“大脆桃”品牌为核心的田园综合体。

贵平镇龙江村位于眉山天府新区东部，由原翻水村和兰图村合并而成，县道仁简路、乡道二龙路贯穿全村，紧邻成都平原天府新区全国第二大国际机场、成都经济环线简蒲高速镇金出口。如果说升龙村找到的发展突破口是解决现状集体建设用地，那么龙江村给出的答案就是特色产业的提档升级。龙江村本就有着较为悠久的脆桃种植传统，注册有“中岗脆桃”商标，是贵平镇脆桃农业现代园区的核心区域，2023年被评为“市级现代农业园区”，先后荣获“四川省乡村振兴示范村”“全市（4A）先进村党组织”“市级四好村”等荣誉。在“天府粮仓”建设背景下，基本农田的占比不断提升，可供脆桃种植使用的一般耕地占比下降，特色产业也面临着亟待升级进化的需求，为此，在贵平镇一级的指导下，各村开展了一些有益的探索。

一是培优产业，释放振兴动能。聚焦脆桃特色产业，园区种植规模2830余亩，2009年注册“中岗脆桃”品牌，是眉山市首个省级脆桃标准化种植示范项目，2023年由贵平镇政府主导，向智慧农业、现代农业转变，争取到乡村振兴衔接资金1771万元对农业园区进行提档升级，成立了园区产业发展党支部，构建了“党支部+集体经济+农户”的发展模式。龙江村也依托特色产业，成立了村集体经济公司，培育有四川茅草湾现代农业开发有限公司等龙头企业和仁寿县中岗水果省级专业合作社等新型经营主体，盘活了脆桃等“土”特产，夯实了龙江乡村振兴根基，为农业增效、农民增收起到了积极的带动作用。

二是聚力人才，汇聚振兴力量。凝聚帮扶干部、“土专家”、“田秀才”等各方人才支撑，确保龙江村乡村振兴人才“源头活水”。发挥驻村帮扶干部的高学历、懂政策的优势，对制约村级产业发展的问题，对症下药、靶向治疗。注重产业带头人的培育，近年来，龙江村通过与省农科院在“新品种培育、桃园改造、栽培管理技术、科学管护”四个方面开展全方位合作，培养了一批掌握桃树种植的新型职业农民，通过带头人的引领示范，真正带动身边群众增强致富本领，为乡村振兴提供有力的人才支撑。

三是聚焦文化，发挥品牌效应。发挥特色脆桃产业优势，打造“天府桃源，花间贵平”品牌。由乡镇出面争取配套财政资金200万元，用于龙江村做脆桃产区的配套设施。另外还开展桃花节、桃子采摘等，现阶段的展望是引入一些第三产业，发展文旅融合。

二、经验与启示

（一）耕地保护是集体经济组织要承担的社会责任

农村集体经济组织在中国的农业和农村经济中扮演着重要角色，它们不仅是组织农业生产的单位，也是农村社会稳定和发展的重要基础。在乡村振兴中，集体经济组织发挥着经济职能，对内组织农民生产，对外衔接社会资本和政府专项资金。除此之外，集体经济组织还应承担社会责任，尤其是耕地保护，因为耕地保护关系到国家的粮食安全，因此也是一种社会责任。面对农村劳动力不足、地形导致无法引进机械化耕作等因素导致的耕地撂荒现象，我们需要农村集体经济组织承担起这一份社会责任。而对比社会资本和国有平台公司以及上级政府，集体经济组织在承担这份社会责任时具备独特的优势：一是利益与村民息息相关，二是情感与村民联系紧密，三是能够同时对接政策支持和引进社会资本。因此，要端好端稳中国人自己的饭碗离不开集体经济组织对社会责任的主动担当。

首先，集体经济组织要做耕地质量的维护者。农村集体经济组织负责耕地的合理利用和科学管理，通过实施轮作、休耕、土壤改良等措施，提高耕地质量，保持土壤肥力。

其次，集体经济组织要做农业科技创新的实践者。农村集体经济组织应积极引进和应用现代农业科技，提高农业生产效率，减少对耕地资源的依赖和损害。

再次，集体经济组织要做农民利益的代表者。农村集体经济组织需要代表农民的利益，通过合理的土地流转、土地承包等措施，保障农民的土地权益，同时促进耕地资源的合理分配和利用。

最后，集体经济组织要做耕地保护意识的传播者。通过教育和宣传，提高农民对耕地保护重要性的认识，增强农民保护耕地的自觉性和主动性。

通过这些角色和职责的履行，农村集体经济组织在保护耕地、促进农业可持续发展和维护农民权益方面发挥着关键作用。需要说明的是，耕地保护不能仅仅依靠集体经济组织，同时也需要政府、社会和农民自身的共同努力，形成保护耕地的强大合力。

（二）镇村干部要密切关注政策和土地问题

1. 乡镇一级的积极宣传教育

在调研中，课题组了解到贵平镇绝大多数村干部都知晓存量建设用地的界定以及基本农田配套设施农用地的标准（进行工厂化作物栽培的，附属设施用地规模原则上控制在项目用地规模的5%之内，但最多不超过10亩。进行规模化种植的附属设施用地规模原则上控制在项目用地规模的3%之内，但最多不超过20亩。规模化畜禽养殖的附属设施用地规模原则上控制在项目规模的7%之内，其中，规模化养牛、养羊的附属设施用地规模控制在10%之内，但最多不超过15亩。水产养殖的附属设施用地规模原则上控制在项目用地规模的7%之内，但最多不超过10亩），还有村党组织书记懂得利用“四荒地”做文章。据了解，贵平镇的镇长是法学博士出身，非常重视对镇村两级干部开展法律规定和政策的宣传教育，“村干部对政策的理解可能会有偏差，如果镇一级不重视政策的宣传教育，在执行政策的过程中就会意见不统一，导致镇一级的工作难以推进”镇长介绍到。而村干部也很认可镇长提到的宣传教育，“本来以为是走形式的宣传，但镇长给我们讲得很透彻很生动，特别实用，拿着就能直接用”。

除了对于土地政策的宣传教育之外，每当相关法律出现调整变化时，镇一级的宣讲都及时且到位。例如课题组在座谈中了解到，贵平镇大多数村注册的集体公司的认缴金额都在100万元以上，而根据2024年7月1日起施行的《中华人民共和国公司法》第四十七条规定：“有限责任公司的注册资本为在公司登记机关登记的全体股东认缴的出资额。全体股东认缴的出资额由股东按照公司章程的规定自公司成立之日起五年内缴足。”换言之，这些集体公司都需要在5年内认缴完毕注册资金，而能够兑现的少之又少。正当课题组想要提醒乡镇干部这个风险点的时候，一位参加座谈的村党组织书记“嘿嘿”笑了一声说：“我们已经申请减资了。”对此课题组一行感到很意外，进而追问书记为什么要减资，该书记回答：“公司法改了规定的嘛，5年要把钱交完，5年我哪里去找几百万来交哦。”据当地干部介绍，贵平镇各村（社区）当年为了配合眉东新城的建设，所以集体公司的注册资金都很高，而镇一级领导班子留意到了公司法的最新变动并及时传达给了各位村党组织书记，所以贵平镇才能走在减资的前列。

2. 村干部要主动关注、积极执行政策

近年来，随着国家支农惠农力度的不断加大，各级财政直接拨付到村的资金越来越多，但一些地方个别基层干部受思想意识、财务人员业务水平等因素限制，在村资金管理上存在很多问题，亟须进行规范和集中整顿。其中比较突出的问题就包括将专项资金、社区管理、经济组织的费用等混淆使用，例如划拨给村委会的财政资金却通过集体经济组织支出等。贵平镇值得学习和推广的地方在于，所有村已经完成村民委员会与村股份经济合作社的分账管理：一方面，在村级巡察纵深发展的背景下，分账管理能够规避一部分审计风险；另一方面，也便于集体经济组织实施与村委会预算会计不同的企业会计，从而解决村干部的激励问题。

（三）集体经济组织要在业态布局中发挥作用

贵平镇领导班子在帮助有潜力的村寻找到发展突破口后并未安于现状，而是进一步谋划组织跨村联合打造“大脆桃”品牌：一方面，在龙江村推动当地特色脆桃的种植技术更新迭代，利用设施农用地配备等政策，尝试发展脆桃的冷链库房等深加工产业，推动脆桃种植业的转型升级；另一方面，贵平镇领导班子在分析了区位优势之后，决定将升龙村的存量建设用地也纳入“大脆桃”品牌的打造过程，用于构建共享农庄、研学基地。此外，在贵平镇广泛盛行的“桃文化节”也被纳入“大脆桃”品牌之中，最终目的是建设以“桃种植-桃文化”为核心的田园综合体。

在贵平镇提供的“大脆桃”品牌打造草案中，我们可以清晰地看到集体经济组织在业态布局中的协调管理作用。例如升龙村废弃的村小用于打造研学基地，附近的老村委会办公室用于打造民宿，附近村的存量建设用地则不与这两处的功能重叠，侧重于修库房等。发展乡村旅游离不开独特的文化，但是文化产品对于游客来说往往不是必须花钱购买的，更多的是“看新奇”的心态，换言之，经营文化产品售卖的农户往往无法获得与经营餐饮、住宿的农户同等的经济收益。如果集体经济组织不加以业态调整方面的介入，那么一个村庄的文化就会逐渐没落，当原本经营文化产业的农户全部都转行经营餐饮、住宿之时，以文化品牌著称的村落就会逐渐走向萧条。因此，集体经济组织在乡村经济发展的过程中需要对业态进行干涉和协调，尤其是那些拥有“文化招牌”的村落。

三、完善建议

眉山市是典型的浅丘地区，基本农田数量很大，也很零碎，同时作为习近平总书记亲自视察和批示过的地方，身上必然会肩负起“天府粮仓”这个重任。一方面，作为“天府粮仓”极核区必须守好耕地红线和粮食安全；另一方面，作为乡村又要把集体经济组织发展起来，所以在发展上也不可避免地会有一些桎梏。但是此次我们调研也发现，桎梏背后存在着机遇和亮点，只要在发展过程中不断挖掘、不断结合，就能找到发展的新方向。贵平镇在坚守好耕地红线的同时还能兼顾集体经济发展已经是难能可贵的经验，课题组在调研过程中还注意到了一些可以进一步优化的地方。

（一）会计制度要规范

目前贵平镇的村集体经济组织是由农业农村局出面委派第三方会计做账，虽然已经完成了集体经济组织和村两委的分账工作，但集体经济组织的会计目前依旧是预算会计，这样会在一定程度上打击村干部的积极性。例如，按照预算会计，就无法给体制外的村干部报销差旅费等。因此，课题组建议，在分账完成之后，贵平镇绝大多数村集体经济组织的载体都选择的是成立公司，那么就可以聘请第三方独立会计按照公司法规定实行企业会计，同时公司法中对于股东分红权的相关规定也能够为解决村干部的激励问题提供法律支撑。

（二）开阔村干部的视野，拓展发展思路

建议派村（社区）党组织书记到发展条件类似的地方去学习。在选择学习点位时需要注意匹配度，尽量选取在集体经济发展情况、政策条件、村干部队伍建设情况等方面条件接近、情况类似的村，例如阿坝州汶川县的克枯村等，最重要的是保证学习的经验具备可参考性和可复制性。

（三）抱团发展构建“大脆桃田园综合体”

首先重点梳理各村没有争议的建设用地，争取集体经营性建设用地入市试点，通过试点集体建设用地作价入股，争取在更多的村引入与脆桃产业相关的二三产业，例如冷链运输、深加工等，进一步发展脆桃产业的综合体。然后结合正在逐步完善和推广的采摘节等文化活动，最终形成“大脆桃”文化辐射圈。建议参考市简阳尤安村抱团发展的做法，把多个村绑在一起规划，构建包括体验农业、观光农业、共享农庄、冷链冻库、农产品销售的“大脆桃田园综合体”。

（四）耕地保护的长期可持续性问题

眉山市目前耕地保护的任务比较繁重，能够提前完成恢复耕地的任务固然是好事，但是复耕之后的土地必须要有人种植。一方面，可以通过村集体经济组织来承担社会责任，例如向部门和乡镇争取各种专项补贴，包括高标准农田建设等；另一方面，可以参考崇州市的做法，培育职业农民和职业经理人。在未来，农民不再是一种身份，而将成为一种职业，就像医生、警察、教师一样。

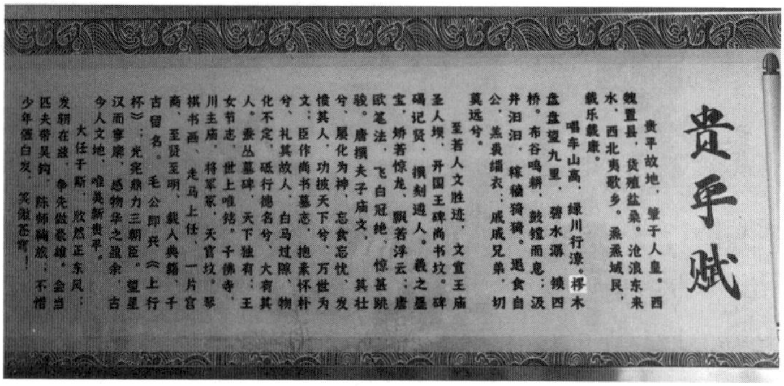

“贵平赋”

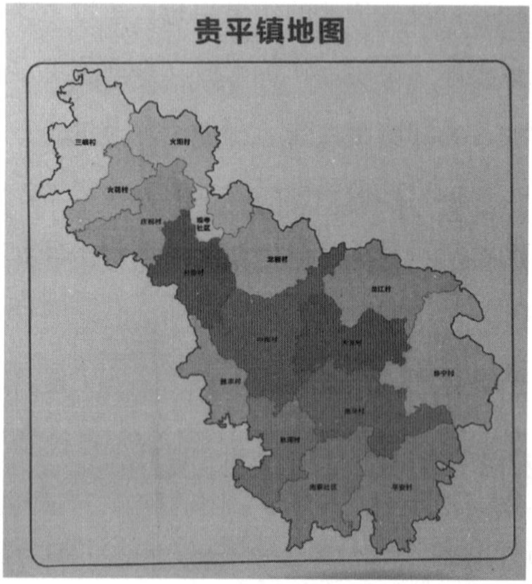

四川省眉山市仁寿县贵平镇地图

课题组在贵平镇开展座谈

18

头部企业带动农业综合体发展

时　　间： 2024年6月30日

地　　点： 重庆市涪陵区大顺镇新兴村

参加人员： 邓蓉　袁华兵　袁馗　官青　梁景智　刘美均

执 笔 人： 袁馗

内容摘要

近年来，重庆市涪陵区为促进其深丘地区乡村振兴发展采取了一系列的有效做法，通过加强顶层设计和制定相关政策，为乡村集体经济发展提供政策保障；同时积极培育龙头产业，发挥其带动作用，促进城乡产业融合；此外，涪陵区特别注重乡村人才建设，持续加强人才引进培养，优化干部队伍结构，为城乡融合发展提供人才保障。在多项措施并举的过程中，一大批丘区乡村得到了跨越式发展，其中就包括涪陵区大顺镇的新兴村。

新兴村的振兴之路，是一条典型的头部企业带动之路。太极集团等知名企业的入驻，为新兴村带来了资金、技术和市场，并以农业综合体模式发展产业，实现了经济效益和社会效益的双赢。在头部企业的带动下，新兴村基础设施不断完善，产业规模逐步扩大，村民收入显著提高，实现了从“空壳村”到“亿元村”的华丽转身。同时，新兴村的成功也离不开人才的支撑。村党组织书记冉某的长期坚守和辛勤付出，为新兴村带来了先进的管理理念和人才队伍，为乡村振兴提供了智力支持。涪陵区在丘区乡村的一系列实践表明，通过政策引导、龙头带动、特色发展、人才支撑、规范经营等举措，可以有效推动丘区城乡融合发展。

新兴村位于涪陵区西南部，坐落在高山台地上，辖区面积7.79平方公里。过去村里的青壮年纷纷外出务工，宅基地闲置、耕地撂荒，村集体经济成为“空壳”。2016年1800人的新兴村只有不足1/3的老人、妇女和儿童在家留守，劳动力短缺，村级集体经济薄弱，没有分毫经营收益，反而债台高筑，负债高达20余万元，人均可支配收入不足6000元。

而从2018年到2023年，新兴村引入企业15家，实现投资5200余万元，推动4000余亩土地、林地入股发展有机食品和高端中药材等特色产业，形成了特色民宿、共享农庄、有机农业、中药材种植及加工等多个新兴业态，村民实现了家门口务工增收，小日子越过越好。2023年，新兴村集体经济经营性收入达到950万元，农民人均可支配收入达到2.6万元，先后荣获“全国脱贫攻坚先进集体”“重庆市脱贫攻坚先进集体”“重庆市先进基层党组织”“重庆市乡村治理示范村”等荣誉，新兴村成了名副其实的“新兴”村。这一切是怎么做到的呢?

一、主要做法

（一）“小”村官“大”作为，年轻党组织的“三变”魔法

“党组织强不强，关键在班长”。发展之初，新兴村党组织功能薄弱，

2015年时新兴村党组织还是涪陵区后进村党组织。2016年村级换届，原村两委班子成员均因违纪问题“下课”，一时间，新兴村两委班子群众威望、村民信任度跌至低谷。“选拔一批有见识、有头脑、有眼光的青年人才充实到新兴村两委班子中”成为大顺乡（现为大顺镇）党委的当务之急。为此涪陵区委、大顺乡党委反复研究比选，在党员群众的推选下，具有外出经商经历、时任大学生村官的冉某被选为新兴村党组织书记。换届后的新兴村两委班子平均年龄降低17岁，大专及以上学历占比提升30%，村党组织的组织生活也逐步规范化、正常化，以前班子软弱涣散、战斗力不强的问题逐步好转。

起初，村民们并没有把这些年轻的村干部们放在眼里，对他们的信任度并不高。为了获得信任，新兴村的新两委班子先是把重点放在了困难人群上。新班子成立的头两年，他们累计帮助申报低保28户71人，资助贫困学生40余人，农村低收入群体危房改造24户，走访慰问困难群众、退役军人、百岁老人等2000余人次，用一件件村民看得见、摸得着、感知得到的小事、实事，消融了对村干部不信任的“冰山”，同时也凝聚起“唤醒沉睡乡村资源，发展产业破除穷根”的思想共识。

2017年，借助“三变”改革的东风，新兴村开始努力唤醒“沉睡”资源，发展特色产业，拉动村民共富。他们牵头成立村集体资产管理委员会，与党组织双向进入、交叉任职，引导农户、企业、村集体以资源资产、资金技术、管理服务分项入股，按群众利益最大化原则明晰三方股权、分红方案。一子落满盘活，全村盘活闲置宅基地17100平方米，流转土地1800亩、林地3450亩，实现农户年增收487万元、集体增收70余万元。

在这个年轻党组织的带领下，新兴村先是狠抓“一产立项”，利用土壤、水源、气候等天然优势，与太极集团、天同生态农业公司等头部企业深度合作，大力发展高端中药材种植产业，现有灵芝、石斛、黄精、厚朴、三七、淫羊藿等种植园5500亩、育种基地700亩，年产值超2亿元。“一产立项”后，新兴村又紧扣“二产跟进”，建成太极中药材初加工、天同灵芝黄精深加工等3个加工厂，2024年实现产值过亿元。对外发展中药材种植、技术、保底回收一条龙服务，年营收400万元，获评重庆市第三批“一村一品”示范村镇。“二产跟进”后，又开始着手“三产布局”。新兴村拥有武陵山得天独厚的自然风貌，森林覆盖率高达72%。过去只看到“山高路远人难至”，村两委却带领村民探索出了“诗和远方皆在此”的农旅发展新路子。依托村资管会，引入9家企业，投资3200万元，通过“修旧如旧”的方式，在保留宅基地乡村建筑风貌的基础上实现“精提升”，建成白墙绿瓦、眺山望云的特色民宿和露营基地，同时做好配套建设，硬化村社道路、美化行道景观，推动村容村貌焕然一新，实现预订不断、一房难求。

（二）头部企业点“药”成金，乡村发展有“芝”有味

新兴村虽然地处涪陵区深丘地区，交通闭塞，但也使得新兴村具备了独特的生态优势，这里尤其适合种植中药材。因此新兴村紧紧抓住机遇，引入医药头部企业——太极集团，带动农业综合体全面发展。

在中药头部企业带动下，新兴村在中药材种植方面取得了显著成就，特别是在灵芝、黄精等药材的种植上。这里突出的生态优势和丰富的森林资源，为中药材种植提供了良好的条件。新兴村采取了一种综合发展模式，包括“中药材种植开发+文旅+康养”产业发展模式以及“公司+村集体+农户”的利益联结机制，有效地推动了中药材产业的发展。

在太极集团的带动下，新兴村的中药材种植面积快速增加，累计种植中药材面积4500余亩，其中黄精2600余亩，灵芝200亩，淫羊藿300亩，紫苏、前胡、金荞麦、厚朴、四季青等中药材800余亩，另有黄精、淫羊藿、紫苏、前胡等良种繁育基地600余亩。同时还发展有机水稻、果园采摘1000亩，土鸡订单养殖2万余只，2023年实现一产产值2亿元。这些种养殖不仅带动了当地经济的发展，还提高了村民的收入。新兴村的村民通过种植灵芝等产业，收入快速增加，外出务工的村民数量也相应减少。

中药材种植如火如荼的同时，新兴村积极发展第二产业和第三产业。

当下新兴村第二产业有太极中药材初加工厂1座，占地10000平方米；天同灵芝黄精深加工厂1座，占地5000平方米；大米加工厂1座，占地2000平方米；乡村高端木艺加工厂1座，占地5000平方米。2023年国药太极中药材初加工厂实现产值2.7亿元。辖区另已建成有祥和兴生态农庄1个（重庆开放大学乡村振兴培训学院），占地6000平方米；民宿3家，占地2100平方米；药用植物园1个，占地1800亩；私人定制露营基地1个，占地800余亩；体育研学（网球）基地1个，占地500平方米。这些产业的发展，不仅为当地创造了更多的就业机会，还吸引了大量社会资本投资，进一步推动了新兴村的经济发展和乡村振兴。

总体来说，在头部企业带动下，新兴村的中药材种植产业在促进当地经济发展、提升村民收入方面发挥了重要作用，并且通过结合旅游业和康养产业，为乡村振兴开辟了新的路径。在太极集团的带动下，新兴村的一二三产业融合发展，形成了农业综合发展新格局，为当地经济的持续增长和乡村振兴注入了新的活力。

（三）五种方式壮大集体经济，村民收入增加乐开怀

新兴村积极探索集体经济发展模式，通过盘活闲置资产、土地租赁、政府资金保底分红、研学基地运营、中药销售代理等多种渠道增收，实现了集体经济收入的多元化增长。同时引导村民参与中药材种植加工等产业，实现家门口就业，人均可支配收入持续增加，获得感、幸福感不断提升。新兴村集体经济发展可分为五种主要方式。通过这些方式，不仅壮大了集体经济，更带动了村民增收致富，实现了乡村振兴的良性循环。

第一种方式为闲置资产盘活。2017年开始，新兴村对村内闲置的厂房、房屋、危房、校舍等进行收储、整合，建立台账。然后统一将这些闲置资源盘活利用，把它们出租给企业收取租金。

第二种方式为土地租赁。新兴村的土地租赁方式具有非常独特的特点，它并不是低价从农民手中流转土地后再高价转租给企业，从中赚取差价，

新兴村从农民手中流转土地的费用与租赁给企业的价格是相同的。那么新兴村是如何增收的呢？原来村集体经济组织在流转农民土地的时候，并未将田坎和沟渠等计入面积，而在租赁给企业时，又将田坎沟渠的面积计入其中。在巴渝地区田坎纵横的广袤农村，这样的田坎和沟渠面积十分可观，就新兴村而言，通过这样的方式，就增加了15%左右的面积差，村集体经济组织正是通过这样的面积差来获取土地租赁收入。有村民戏称："真的是田坎也能变'金条'。"

第三种方式为政府资金保底分红。这一种收入方式极具地方特色。涪陵区为了在大力扶持农村头部企业的同时也壮大农村集体经济，出台政府资金保底分红政策，即企业在获得政府扶持金的同时，所在地的农村集体经济组织按照金额的30%入股，享受利润分红。同时，为了保障农村集体经济组织的保底利益，享受的分红金额不得低于入股金额的5%。打个比方，某公司获得了100万元的财政资金补贴，那么集体经济组织就会占有该公司价值30万元的股份享受分红。即便企业效益不理想，并未盈利，也需要按照30万元金额的5%，即1.5万元给集体经济组织保底分红。因此政府资金的保底分红成为新兴村集体经济的又一大收入来源。

第四种方式为新兴村研学基地的运营。新兴村整合出一处未出租的闲置资产，该闲置资产为一破产企业的遗址，村上花费60万元将该废弃企业遗址改造成了研学基地，自己运营。依托中药产业，近年来承接各类中医药文化研学活动，为其提供住宿、餐饮等服务，以此获取利润。近年来，研学基地的运营每年可为村集体经济带来超过100万元的营收。

第五种方式为中药销售代理收入。太极集团等头部企业在发展过程中，一直在寻找一批信誉好、实力强的供应商建立长期战略合作关系。村集体在与企业的良性互动过程中逐渐获取了企业的信任，也获得了中药供应和销售代理权，集体经济使用代理权收购中药材，再销售给企业，从而获取利润。

通过五种收入方式，近年来新兴村集体经济组织收入年均超过700万元。集体经济的发展也为当地村民带来了实实在在的利好。2023年1月，新兴村召开林地流转暨分红大会，72户村民依次在分红发放清单上签名、摁手印，领取自己的分红资金。当天，新兴村共发放分红资金68万元，平均每户村民能够领取到近5位数的分红，个个喜笑颜开。

然而集体经济收入的分红只是村民们的增收来源之一，产业增收才是农民增收的主要途径。通过“公司+合作社+农户”的模式，村民通过种植和采挖中药材实现致富的案例屡见不鲜。新兴村村民郭某表示：“没有出门，在家门口就能挣十来万，真的还是感觉很满意，今年我在镇上买了一套房子。”

通过发展中药材种植加工、生态观光旅游、休闲度假、康养文旅等产业，直接带动1000余名村民受益，曾经“不新也不兴”的贫困村、集体经济“空壳村”已不复存在，农民人均可支配收入持续增加，先后荣获“全国脱贫攻坚先进集体”“重庆市脱贫攻坚先进集体”“重庆市先进基层党组织”“重庆市乡村治理示范村”等荣誉，新兴村成了名副其实的“新”“兴”村。

二、经验启示

（一）龙头企业搭台，农业“唱戏”

在新兴村，龙头企业通常在农业综合体的发展中扮演着重要角色，尤其是在促进农业多样化和增加农业附加值方面。对于丘区农村来说，医药龙头企业能促进农业多元化发展，通过鼓励农民种植药材，为农民提供新的收入来源；龙头企业可向农民提供技术支持和培训，帮助他们提高作物产量和质量；龙头企业往往能够建立稳定的供应链，为农产品提供可靠的市场；龙头企业对原料质量的高标准要求，能带动可持续和环保的农业生产；同时，医药头部企业的入驻，通过提供就业机会和增加收入，可稳定而持续地帮助提升丘区农村的经济水平。

在新兴村的案例中我们发现，新兴村通过引入医药头部企业太极集团，实现了优势互补、合作共赢，带动农业综合体发展，取得了显著成效。企业资金、技术、管理经验的优势与乡村土地、劳动力、生态环境的优势相结合，通过“公司+村集体+农户”的合作模式，实现了资源共享、风险共担、利益共享，为农业发展提供了强有力的支持。产业链的延伸，从初级加工到深加工，再到品牌建设，提升了产品附加值，促进了产业升级。产业融合的发展模式，将农业与旅游、康养、教育相结合，实现了多元化发展，拓宽了农民增收渠道。科技支撑和政策支持的保障，为农业综合体发展营造了良好的环境。新兴村的成功经验表明，头部企业带动农业综合体发展，是实现乡村振兴的有效途径，为推动农业现代化、促进农村经济发展、提升农民生活水平提供了宝贵的经验。

（二）大学生村官搭班子，两委成员齐心协力

2013年，出生在贫困村，曾经吃过百家饭的冉某成为新兴村的大学生村官。起初，村民们普遍对他持有观望态度，认为他可能只是在这里短暂停留。但不久，这位村官便融入了村民的生活中，被大家亲切地称呼为“小冉”。通过与村民们的频繁互动，他不仅迅速记住了每个村民的名字，还常常与大家同坐一条板凳深入交流。2016年，新兴村经历了一场重大的领导层变动，4名班子成员因违纪而离任，建立了良好群众基础的大学生村官冉某临危受命，被村民选举成为村党组织书记。

党组织换届以后，新兴村的两委班子比之前年轻了一大截，大家很快意识到，当下的首要任务是摘掉“软弱涣散党组织”的帽子。面对上任两委班子挨处分、失民心，集体经济靠补助、高负债的现状，他们深知只有真正倾听民意，才能挽回民心。因此，村两委成员分别带着小板凳走家入户，直面质疑，诚恳回应，听取村民意见，实施民生实事45件，带领党员

解决急难愁盼380余件。在倾听民声、重视民意、顺应民心、聚集民智的过程中，新兴村党组织实现了华丽的蜕变，被市委授予“重庆市先进基层党组织”的称号。

班子成员把群众当朋友，不怕听他们的“牢骚话”和“抱怨话”。他们登门问需，不让群众跑路；在修致富路的过程中，他们利用集体经济分红进行占地补偿，据实测量、公开赔付，每一个环节都亲自过问，及时消除村民的顾虑。不做“空头支票”，不搞“官方答复”，也不喊“高调口号”，只有以民为镜的慎重谦逊，更加密切的血肉联系。

新兴村的蜕变与重生，得益于深深扎根农村的村干部，也离不开这些具备见识与学历的年轻两委班子成员。我们可以从以下几个方面来解读新兴村两委班子的成功秘诀。一是真诚的为民情怀：新兴村新一届两委班子虽然年轻，但他们没有把自己当过客、把村子当踏板，而是真正地将自己融入村民中，这种真诚的为民情怀使他能够从心底里关心村民的福祉，从而得到村民的认可和信任。二是扎实的工作作风：班子成员通过实际行动解决问题，而不是仅仅停留在口头上的承诺。他们带领村民解决实际问题，这种扎实的工作作风为新兴村带来了实际的变化和发展。三是良好的沟通能力：班子成员注重与村民进行有效的沟通，他们不仅能够听取村民的意见，而且还能够将这些意见转化为实际的行动，这种双向的沟通机制增强了村民的参与感和归属感。四是坚定的信念和责任感：新兴村两委班子在面对困难和挑战时没有退缩，而是坚持不懈地推动新兴村的发展。他们的这种坚定信念和责任感为新兴村带来了持续的动力。五是党建引领下的群众路线：新兴村党组织充分发挥了领导作用，通过党建引领和群众路线，有效地组织和动员了村民，共同推动了新兴村的发展。六是持续地学习和创新：新兴村两委在新兴村的工作中不断学习新的知识，不断创新工作方法，这种持续的学习和创新精神为新兴村带来了新的发展机遇。

新兴村两委成员的深深扎根、真诚为民、扎实工作、良好沟通、坚定信念和持续创新，是新兴村成功的重要秘诀。他们的事迹证明，只有真正将心贴近群众，才能赢得群众的信任和支持，才能共同创造出美好的乡村未来。

（三）集体经济组织提前布局，土地流转有序

新兴村通过创新模式，提前布局、规避风险，在合理合规的前提下，成功实现了土地资源盘活和产业发展。在发展初期，新兴村就十分重视土地流转，积极探索土地入市交易的可能性。在多方努力下，尽管涪陵区不是集体经营性建设用地入市的试点区，但是新兴村却在积极探索集体经营性建设用地入市的途径，并在土地交易中心取得了土地使用权证，这为新兴村后续乡村振兴带来巨大的发展前景，打下坚实基础。

新兴村积极探索产业发展路径，致力于实现农村经济的多元化发展。在发展的过程中，采取产业多元化、严格控制发展方向、土地流转、社会资本合作和村集体主导等措施，积极发展农业、旅游等产业，避免过度依赖单一产业，降低经济风险。同时，该村的土地流转提前布局，总体规范，为产业发展争取到尽可能多的土地资源，并积极与社会资本合作，引进资金和技术，推动产业升级。在产业发展过程中，新兴村始终掌握主导权，确保产业发展方向符合村民利益，避免单纯房地产开发，将村民利益放在首位。

新兴村的做法值得肯定，他们积极探索土地流转和集体经营性建设用地入市，有效盘活闲置资源，为乡村振兴提供了有力保障。同时，他们采取多元化产业发展路径，积极发展农业、旅游等产业，并与社会资本合作，引进资金和技术，推动产业升级。这种发展模式既促进了经济发展，又保障了村民利益，为其他村庄提供了宝贵的经验和借鉴。

三、完善建议

2024年6月30日，中共都江堰市委党校（成都村政学院）课题组赴涪陵

区大顺镇新兴村实地调研，在亲身感受到新兴村在头部企业带动下农业综合体良好发展情况的同时，也发现新兴村在发展壮大集体经济过程中存在一些可能出现的问题和风险，为此课题组给新兴村后续发展提出了以下建议。

（一）成立合作联社，集体经济公司由合作联社发起

课题组的第一个建议是关于新兴村的集体经济组织架构。在调研中发现，虽然新兴村的集体经济发展已经取得了十分可喜的成绩，然而在组织架构上还存在一些风险点。目前新兴村的村集体经济组织已经成立了公司，但是该公司却是由村委会发起的，这在后续的乡村振兴发展中可能存在一定的风险。村委会作为一种基层群众性自治组织，其主要职能是管理村里的公共事务和公益事业，代表村民自治。根据《中华人民共和国村民委员会组织法》，村委会的职责包括但不限于维护村民的合法权益、管理村集体财产、推动村庄的经济社会发展等。

然而村委会并不适合直接作为集体经济组织公司的法人，原因有以下几点。一是职责定位不同，村委会的主要职责是管理村庄的公共事务，而公司则专注于商业运作和盈利。如果村委会作为公司法人，可能会导致角色冲突，影响其作为自治组织的公正性和中立性。二是法律责任分离，公司作为独立的法人实体，需要对其经营行为承担独立的法律责任。如果村委会作为公司法人，可能会使村委会的公共财产与公司的经营风险挂钩，不利于保护村民的利益。三是治理结构差异，公司法人有明确的股东结构、董事会、监事会等治理结构，而村委会作为自治组织，其决策过程和治理结构更侧重于民主管理和村民参与。

因此，为了更好地实现集体经济的发展，同时保持村委会的自治性质。课题组建议新兴村成立集体经济合作社，再由合作社发起成立公司，由合作社担任公司法人，进行独立经营和自负盈亏。这样做的好处有以下几点。一是有利于专业化经营与效率提升，合作社能够实现更专业的管理和运营，提高公司的经营效率和经济效益。二是法律地位明确，作为法人实体，合

作社具有明确的法律地位，能够独立承担法律责任，保护成员和公司的权益。三是有利于资源整合与政策支持，合作社能够整合成员的资源，实现规模经济，同时享受国家对于合作社的政策扶持，如税收优惠、财政补贴等。四是实现民主管理与成员服务，合作社通常实行民主管理，提高成员的参与度和凝聚力，同时为成员提供各种服务，如统一采购、销售、技术培训等，降低成本，增加收入。

（二）建立激励机制，保障两委干部积极性

在新兴村的发展历程中，村干部们投入了大量的时间和精力，为村庄的发展作出了显著的贡献。然而，调研中发现，这些干部的辛勤付出并未与村集体经济的发展成果直接挂钩，这在一定程度上可能会影响到他们未来的工作积极性。为了避免出现“干多干少一个样，干好干坏一个样”的局面，课题组给新兴村的第二个建议是，应当建立一个合理且有效的激励机制，以此来保障和激发村干部的工作热情。

为了实现这一目标，新兴村需要将村干部的评优评先与村集体经济发展目标紧密联系起来。对于那些能够创造出显著绩效的村干部，应当给予精神层面的表彰和奖励，以此认可他们的努力和成就。同时，还应当考虑将村干部的报酬、职务晋升等实际问题与村集体经济的发展目标相结合，通过建立集体经济发展创收奖励制度，为那些业绩突出的村干部提供物质上的奖励。具体而言，新兴村可依照财政部2023年9月颁布的《农村集体经济组织会计制度》和新修订的《中华人民共和国公司法》的相关规定，制定一套针对发展村集体经济的薪酬制度，具体金额可以通过集体经济组织成员大会或成员代表大会的讨论和决策来实现。

通过这样的激励机制，不仅可以确保新兴村干部的工作积极性得到保护，还能够鼓励他们更加大胆地投身于集体经济的建设中，为乡村振兴贡献更多的力量。明确的奖励措施将使得村干部们看到自己的努力与回报之间的直接联系，从而更加积极地推动村集体经济的发展，实现个人价值与

村庄发展的双赢。这样的举措，无疑将为新兴村的长期繁荣和进步奠定坚实的基础。

（三）术业有专攻，经营管理交由专业团队负责

在调研过程中，尽管目前新兴村的产业发展还处于上升期，党组织书记也展现出较强的个人能力，但是村两委主导参与的产业过多，也让课题组产生担忧。为此课题组给新兴村提出第三个建议：村两委尽量不要过多参与产业的具体经营管理，将专业的事情交给专业的人来做。课题组这样建议的原因有以下几点。一是职责定位问题，村两委的主要职责是村庄的公共管理和社区服务，包括社区治理、文化教育、环境卫生等。过多参与经营管理可能会分散其履行这些基本职责的精力和资源。二是专业能力问题，经营管理需要市场营销、财务、人力资源等方面的专业知识和技能。村两委成员可能缺乏这些专业能力，直接参与经营管理可能导致效率低下和决策失误。三是风险规避问题，村两委作为公共管理组织，应当避免直接承担企业经营风险。专业化的经营管理可以确保企业风险与村庄公共事务的风险分离，保护村民的利益。四是市场适应性问题，企业需要快速适应市场变化，而村两委的决策过程可能较为民主和缓慢，难以满足市场的快速变化和决策效率要求。

因此，为了保证企业能够高效、专业地运营，同时确保村两委能够专注于其核心职能，建议将经营管理交给具有相关专业知识和经验的专业人士或团队来负责。这样既能发挥专业优势，又能维护村庄的公共利益。

课题组与涪陵区委组织部领导、新兴村村干部座谈

新兴村的灵芝种植大棚

新兴村打造的露营基地

19

试点“引育用留”人才机制，探究乡村聚才之路

时　　间： 2024 年 10 月 17 日

地　　点： 四川省乐山市夹江县

参加人员： 邓蓉　袁华兵　葛宝森　苟焕森　董艳　杨怡宁　徐卫　万娇　熊英　万佳玲　万亿

执 笔 人： 苟焕森　万佳玲　万亿

内容摘要

推进城乡融合发展，难点在乡村。要改变乡村之“难”，在于必须围绕乡村振兴需要，引导各类人才向乡村流动，并为人才干事创业和价值实现提供条件，激发人才内在活力。2024年2月，中共中央、国务院在《关于学习运用“千村示范、万村整治”工程经验有力有效推进乡村全面振兴的意见》中明确提出，“加强村干部队伍建设，健全选育管用机制，实施村党组织带头人后备力量培育储备三年行动。”为此，中组部作出了全面实施村党组织带头人后备力量培育储备三年行动的部署，并在全国范围内进行试点。夹江县在2024年2月与4月分别入选中组部农村党组织带头人后备力量培育储备三年行动联系点与四川省深化县域内城乡融合试点县，主要

改革任务之一就是"完善乡村人才引育留用机制"，其初步探索出"1+3+X"人才发展路径，为村党组织带头人后备力量培育储备与城乡融合发展改革试点奠定了基础。

夹江县因青衣江在此形成"两岸青山相对出，一江碧水自中流"的景观而得名，地处四川省西南、乐山市西北，位于成都平原经济区腹地，辖区面积749平方公里，县域内山地、丘陵、平坝各约占1/3，辖7镇2街道、95个村（社区），户籍人口34.5万人，其中常住人口30.5万人，城镇化率48.2%，有"核、瓷、纸、茶、新材料"五张产业名片，2023年农村居民人均可支配收入25947元。随着县域经济的不断发展，当地对人才的需求日益增加，特别是在乡村振兴等方面，更需要高素质、专业化的人才队伍来推动。由于农村地区普遍存在"读书升学考出去一批、外出打工走出去一批、投亲靠友挂出去一批"，导致青壮人口外流，"人口空心化"问题日趋严重，夹江县的乡村人才队伍也面临着总量少、招引难、作用发挥弱等难题。因此，作为中组部村党组织带头人后备力量培育储备三年行动联系点与四川省深化县域内城乡融合试点县，围绕"完善乡村人才引育留用机制"这项改革任务，夹江县究竟应该怎么做？针对当前乡村人才振兴中亟待解决的难题，夹江县究竟应该怎么办？

通过学习借鉴浙江"千万工程"经验，借四川省深化城乡融合发展改革试点县契机，在储备培育村党组织带头人后备力量的基础上，夹江县开始探索建好乡村规划师、乡村调解员和乡村服务"一老一小"志愿者三支队伍服务乡村建设，同时通过乡村产业的发展来实现人才集聚，形成"村党组织带头人后备力量+3支队伍+产业引人"的"1+3+X"人才发展路径。目前全县68名村党组织带头人后备力量平均年龄为37岁，比调整前下降5岁；大专及以上学历57人、占比83.8%，比调整前提升20个百分点；优秀农民工、致富带头人、返乡大学生等重点群体66人、占比97.1%，比调整前提升25个百分点。同时分类建立市县乡村四级实训基地80个，储备农技专家、优秀“带货人”等师资力量357名，组织农技人员、“土专家”、“乡创客”110余名成立农技巡回服务小组，累计培育新型职业农民900余人、培养引领型能人8878人，培养“农村家庭能人”6.1万人，100%实现有劳动力家庭有1名以上“农村家庭能人”。

一、主要做法

（一）培育乡村振兴第“1”后备军

围绕“政治担当、履职尽责、致富带头、服务群众、严于律己”等标准，夹江县对现任村干部以及后备力量进行画像，逐村研究提出培育储备需求清单，通过“一村一账”的方式建立后备力量人选台账。同时建立定向回引制度，根据在外优秀人才特点和需求，落实专人定向联系优秀农民工、致富带头人、返乡大学毕业生、退役军人等群体中的党员，实行“一人一计”的“实名制”回引。截至目前，已统计优秀农民工、致富带头人、返乡大学生等9类重点人员3217人，其中533人有进入村两委班子意愿。如何进一步将优秀村级后备干部选出来、用起来、管起来，为乡村全面振兴蓄势赋能？夹江县给出了“棋走三步”的回答。

1. 下好引才“先手棋”

2018年，大学毕业的陈俊霏回到家乡夹江县漹城街道云吟村参加公益活动，后因表现出色被村委会聘请处理日常工作，后又参与村内项目建设、矛盾纠纷调解等基层事务。在工作中，大家逐渐发现陈俊霏善于学习、思路开阔、敢做敢说，处理矛盾纠纷时有耐心、有方法，能够独当一面，于是将其确定为村党组织书记后备力量。“过去，云吟村特别缺乏懂经营管理、懂产业发展的人才，乡村发展动力不足。”据漹城街道党工委委员介绍，陈俊霏的留用帮助村上解决了不少工作难题。这是当地在探索引进人才后如何将其确定为村党组织带头人后备力量上的一次缩影。

2. 下好选才“关键棋”

出台《夹江县村级后备干部选拔培养管理暂行办法》，以政治素质、群众口碑、能力素质、服务意识作为选拔标准，对后备人才实行“一人一档”动态更新，由县乡两级定期进行素质表现分析，并组织群众参与测评，对连续两次考核不达标人员调整退出，按标准及时补充人选，确保“能进能出”。木城镇修文村原后备力量邓国兵（49岁、初中学历）就因年龄学历均不符合后备力量任职条件，已调整为本地致富带头人邓超（25岁、本科学历）；青衣街道青衣江村原后备力量薛萍因双带能力不足调整为本地致富带头人、退役军人雷建华。

3. 下好育才“长远棋”

首先通过“头雁培养”计划、学历提升计划、“1名乡镇干部+1名村常职干部帮带1名后备村党组织书记”的结对帮带机制，全方位加强村级后备力量培养锻炼。其次采取设岗竞争选用、顶岗锻炼试用、及时补缺使用的方式，优先将实绩突出的后备力量进入村两委班子，把实践作为最优课堂，为后备力量搭建干事创业舞台。2023年11月中省项目评审会上，华头镇柳溪村后备力量李丹代表村级党组织汇报项目谋划，成功争取到150万元扶持资金；新场镇万福村后备力量邢健锋通过乡村振兴大讲堂，为本村争取到茶叶喷灌项目。最后是在政治上、待遇上、荣誉上加强支持、保障与激励，例如调优村党组织书记基本报酬，推动有条件的地方帮助解决“五险一金”或“三险一金”。

（二）建设乡村服务“3”师队伍

乡村发展离不开人才这把“金钥匙”，结合夹江县现状，应该如何拓宽乡村人才来源？如何满足乡村发展过程中多样化的人才需求？如何推动乡村人才引进、培养、管理等制度改革？当地进行了打造“3”师（乡村规划师、乡村调解员、乡村服务“一老一小”志愿者）队伍的有益探索。

1. 乡村规划师：“一村一设计”

不同于一般意义上的乡村规划师（专业技术人员并有相应的职称考核和证书），夹江县提出的乡村规划师队伍，主要由高校专家组成，同时包含了本地区比较优秀的工匠等建筑人员。没有一种方案可以照搬给两个村，否则做出来的规划就会“水土不服”，且会导致“千村一面”。在具体探索中，坚持“一村一设计师，一镇一设计单位”，深化“一镇一院”校地合作，依托乡村原有工匠逐步建立起一支讲政治、爱农村、有专长的乡村设计师队伍。队伍会深入乡村调研、摸清乡村实际情况，深入了解乡村在产业发展、住房建设、设施改善、环境提升等方面的发展诉求和意愿，基于乡村发展的痛点和难点，有针对性地解决矛盾和问题，尤其是根据乡村的独特性，保留乡村本色。目前，全县9个镇街均与湖南农业大学、四川农业大学、四川省农科院茶叶研究所、四川美术学院、乐山师范学院等合作院校建立了专属乡村规划师队伍，其中吴场镇乡村规划师队伍顺利参与川渝特高压征地拆迁安置建房图纸设计并获群众一致好评，新场镇乡村规划师队伍为多家农户房屋建设提供规划指导，在提升人居环境的同时积极推动和美乡村建设。

2. 乡村调解员：矛盾无大小，来把治权找

61岁的黄建军，是来自木城镇泉水村的一位退休老书记，除此之外，他还是远近闻名的金牌调解员。近年来，作为四川省23个战略新兴产业之一的核技术产业园区落户泉水村，带来巨大发展潜力的同时，也让泉水村民心有疑虑，“60天内就要完成204户房屋搬迁，685名拆迁群众的吃住行怎么办，遇到矛盾问题了到底找哪个？”泉水村新任村党组织书记贾静波第一个就想到了黄建军老书记，碰巧黄建军也想主动请缨，新老书记一拍即合马上开展工作，由黄建军和镇村10余名调解员挨家挨户宣传政策、疏导情绪、解决问题。“黄书记是代表我们利益的，说的这些事情我们都相

信。”泉水村的村民们对他很信服，在他的感染和带动下，打消了村民的疑虑与担忧，最终仅用20天便完成了拆迁工作，并实现了“零纠纷”“零上访”。据统计，2024年木城镇全年矛盾纠纷数量同比下降了28.3%。

夹江县木城镇的案例折射出了“乡村调解员”在乡村治理中的作用，为了进一步规范和壮大“乡村调解员”队伍，夹江县又出台《乡村调解员建设工作方案》，明确人选标准、工作流程、管理规范等内容，选聘一批政治素质过硬、热心公益、公道正派的退休村干部、乡村能人担任乡村调解员，参与乡村矛盾纠纷的排查与化解，一定程度上将矛盾纠纷消除在萌芽状态，化解在基层。再以木城镇为例，按照“一村一员、动态调整”的原则，在各村选聘了14名政治素质过硬、热心公益、公道正派的退休村干部、乡村能人、退伍军人、老党员等一批影响力强、威望高的人作为“特邀”乡村调解员，在各村调委会协调、组织开展乡村调解工作。政府在激励保障方面，也做了统筹安排。如每个村都要为调解员配备办公设施（办公室或独立办公桌），每年为其购买人身意外伤害险，按季度发放纠纷调解成功案件补助金，年底进行表彰奖励，等等。目前，木城镇各村调解员在村调委会的协助下，共计参与村级调解20余起，参与村级法律宣传工作50余次，充分发挥了乡村调解员维护社会和谐稳定“第一道防线”作用。

3. 乡村服务“一老一小”志愿者：绘就乡村“幸福底色”

“一老一小”牵动千万家庭，关乎民生福祉，尤其在城乡融合发展过程中，“一老一小”群体的社会服务与保障更是关键。应该如何优化乡村“一老一小”服务资源配置，打造“老有颐养、幼有善育”样板，助力城乡融合发展呢？夹江县以乡村服务“一老一小”志愿者队伍建设为抓手，进行“六有”试点（娱乐活动要有场所“动一动”，家里卫生要有人“扫一扫”，家里用品要有人“修一修”，遇到困难时要有人“帮一帮”，生活寂寞时要有人“陪一陪”，孩子放假时要有人“看一看”），完善队伍、对象、对策三张清单，加强党建引领志愿服务内涵，尝试解决当前志愿服务项目化程度较低、活动质量不高等问题。截至目前，已招募超过1000名志愿者，推动

9个镇（街）分别建立专项志愿服务队伍，覆盖各个年龄段和社会阶层。通过“包网联户”“邻里互助”“结对走访”等服务模式，为孤寡老人和困境儿童提供探访、物质支持、心理慰藉等关爱服务支持。此外，志愿者队伍利用端午、中秋等传统节日，到各镇、村和小区、楼院开展各类文娱活动，提供理发、打扫卫生等服务，丰富“一老一小”的精神文化生活，提升他们的生活质量。

（三）发展产业引才“X”因素

发展是第一要务，人才是第一资源。随着乡村振兴与城乡融合战略向纵深推进，产业与人才的双向驱动成为乡村产业提质增效的关键之举。乡村产业的兴旺，既能促进人才回流，也能提升乡村人才素质与潜力。而在参与乡村产业发展的过程中，乡村人才也可以通过挖掘产业潜力以及探索创新发展模式等方式推动产业振兴。在夹江县各村中，以木城镇修文村与甘江镇金银河村的产业引才比较典型。

1.修文村：绿动未来，茶韵招才归乡筑梦

夹江县修文村面积7.14平方公里，辖5小组2045人，常年居住人口不足1000人。拥有高山生态茶10000余亩和套种脆红李2000余亩，茶叶加工企业18家，专业种植大户25户，电商销售平台1家，村年产值超亿元。先后被评为省级卫生村、省级文明村、省级乡村振兴重点帮扶优秀村、省级第二批乡村治理示范村。2023年，全国生态低碳茶生产技术示范现场会在此召开，并且还荣获了中国茶叶研究所颁发的全国首批也是目前唯一的世界高端绿茶发源地和全国生态低碳茶生产示范基地称号。在人才工作中，有以下几点值得关注。

一是产业发展为人才引育留用奠定基础。修文村立足自身资源禀赋，深入开展实地调研和专家论证，高标准编制全村《茶产叶专项规划和茶+生猪现代农业园区规划》，出台《加快推进高山低碳生态产业发展实施方案》《支持新型农业经营主体开展社会化服务实施意见》等3个政策文件，细化落实用地、用电等配套政策，着力构建科学完备的现代农业产业体系、服务体系。目前村上已有10000余亩地用来种植茶叶，每亩地的茶叶产值均价为5000元，而在海拔800米以上的地区，部分茶叶每亩最高的产值能达到10000元左右，并且修文村的茶叶对周边起到了很大的辐射作用，基本上是供不应求的状态，同时打造了低碳生态茶这一名片，有了一定辨识度。

二是引导人才要素向茶产业领域集聚。修文村将农机、土肥、植保等专业技术人才及“土专家、田秀才”等纳入师资库，由镇村联合组织开展以政策规定、项目实施、经营管理、信息技术等内容为重点的多层次多形式培训。目前，全村5家涉茶企业均拥有独立的技术团队，成员平均年龄40岁，拥有技术职称30人、新型职业农民50人。

三是发挥返乡优秀人才的“领头雁”作用。以修文村村党组织书记为例，其父曾在修文村长期担任村医，他本人也是学医出身，当过医生、做过景区讲解、有过经商经验，拥有一口流利的普通话，曾作为乡村医生被引进回来，后成为村党组织书记。农村富不富，关键看支部，支部强不强，关键看领头羊。过去，修文村的茶产业面临着无品牌力、无议价权、无规模化“三无”困境，以村书记为代表的新一届村两委提出了“三条腿”走路的战略：党群抱团提供技术支撑，请来专家为农户提供科学的种植、管理、采摘技术培训；村村抱团扩大规模效应，修文村联合临近的显岗村、永兴村发展连片高标准生态茶园，扩大了茶品牌的影响力；村企抱团推动产业升级，村两委积极“铺路搭桥”，招引优质茶企在修文村扎根。课题组在与他交流的过程中，也能够感受到修文村的村党组织书记是一位在村干部群体中少见的相对年轻、具备头脑、能说会道的书记。在谈到未来发展时，他说道：“下一步，我们将继续改善基础设施和人居环境，发展乡村旅游，茶果花旅融合助推乡村振兴，乡亲们会过上更美好的日子。”

除本土人才外，修文村在职业人才与精英人才的引育留用上也颇有建树。职业人才方面，本地的优秀大学生刘校宏，毕业后回乡从事电商销售产业、茶业加工、现代服务业、文化创意产业等，教授周边茶农先进种植技术。共解决周边群众就业30余人，带领群众人均增收约3500元。自2019年以来，陆续获得“四川省制茶大师”“四川省农村致富带头人”等称号。精英人才方面，引进了成都市夹江商会副会长、乐山市强兵矿业有限公司董事长、县政协委员代功强，回乡创办有茶居电商销售，打响生态低碳茶叶品牌，提升本地茶叶经济价值；同时，代功强依托修文村旅游资源优势，修建民宿，吸引更多外来游客到修文村春观花、夏尝李、秋赏杏、冬踏雪，促进了本地农旅融合发展。

2.金银河村：才聚乡土，从“城漂”到“田创”

金银河村是2019年中央、省财政资金扶持村，位于夹江县甘江镇，碧水微澜的金银河穿境而过，灌溉了万亩良田，滋养了世代村民，孕育了乡村文明，村名由此而来。全村户籍人口1718户5181人，辖区面积6.2平方公里。因地处金银河岸边，日照充足、土质疏松，特别适合种植西红柿、黄瓜、青椒等蔬菜，该村遂整合中央和省集体经济扶持资金、乡村振兴衔接资金等1000余万元，建成高标准蔬菜大棚基地、智能恒温育苗大棚、农资超市、冷链冻库，形成蔬菜产业“产供销一条龙”链条式发展体系，全村蔬菜种植面积超过7000亩，年产值达2.4亿元。同时，探索“村党委+强村公司+村民”发展模式，成立了金银河村集体经济强村公司。

一是党建引领，人才聚集。金银河村原以蔬菜种植为主，但农户大多零散经营，市场效益不足。后在政府倡导下，金银河村吸引致富带头人回村任职，结合对口帮扶工作，由第一书记和村党组织书记牵头，整合土地资源，提升土地流转效率，以农村专业合作社为载体带动集体经济发展，以规模产业优势在大陆及港澳的蔬菜市场竞争中占得先机。同时，将收益分配制度写进《金银河村集体经济发展组织章程》，明确收益的20%用于公益事业，夯实基础设施、帮助贫困群众、提升公共服务、促进乡村振兴、建设美丽村庄，让村民真正享受发展壮大集体经济带来的红利。在课题组访谈期间，村干部多次表示党组织的引领作用是金银河村建设发展中的关键，令人印象深刻。

二是吸引资本，多方共赢。通过村集体资产股份农资合作社，流转土地300余亩打造现代智慧农业产业园，2022年仅蔬菜产业就为村集体经济带来纯收入80余万元。同时在蔬菜大棚种植中，也吸引了4位在外经商的本地人返村入股大棚，助推金银河村的经济增收。

三是盘活资源，“旧巢”引“新凤”。金银河村目前有一处废弃幼儿园，根据《中华人民共和国土地管理法》的相关规定，这类土地通常属于政府划拨的教育用地，不过据村书记介绍，此处产权已经确权到了村上，因此村集体经济组织就将这处闲置土地进行出租，租给了6位返乡人才进行经商，打造了一批新消费场景。

当前，金银河村已内部选拔5名村两委干部、后备力量到强村公司任职，自聘招引了2名本土人才参与村级事务和强村公司运营，并与成都金田种苗等企业开展育秧育苗等“订单式”合作，带动周边群众尤其是在县城的打工人实现从“家门口”务工、“城漂”到“田创”的角色转换。

二、经验与启示

城乡融合发展，人才是关键因素。畅通城乡人才双向流动通道，全面盘活城乡两端人才资源，才能更好带动产业、资本等要素在城乡之间良性循环，为乡村振兴赋能。依托村党组织带头人后备力量培育储备与城乡融合发展改革试点的机遇，夹江县探索形成“1+3+X”人才发展路径，在人才赋能乡村振兴建设之路上迈出了坚定步伐。

（一）只有靶向“引”才，才能解决招募难的问题

基层要树立靶向“引”才理念，围绕乡村产业、乡村建设、乡村治理三个重点任务，精准引才。聚焦乡村产业振兴，要吸引乡土人才回流创业，就不能只打“感情牌”，更要打“事业牌”。夹江县围绕茶叶、蔬菜、中药

材特色等主导产业，世界出口绿茶核心产区”“全国生态低碳茶示范基地”等荣誉称号，蔬菜首次直销越南等品牌效应，为人才招引抛出了诚意满满的“橄榄枝”，同时召集成功人士座谈会，组织本地乡村振兴能人、返乡人才参观夹江特色产业园区，感受夹江发展变化，吸引大量在外有文化、有资金、懂技术、善经营、会管理的优秀人才、种植大户回夹投身一线创业。自2022年以来，已累计回引736名夹江籍在外优秀人才回乡参与到就业创业、科技研发等工作中；聚焦乡村建设，巧借外智外力，积极引入四川美术学院、四川文化产业职业学院艺术设计学院等高校以及当地农村工匠共同组建乡村规划师团队，打造乡村规划的智囊团，同时实施高层次人才引进培育工程，重点从高校、研究院等地引进一批专家为乡村建设出谋划策，目前已有40余位专家常年入村指导，并形成以省级专家领衔将近百人的专家及技术人员服务团队；聚焦乡村治理，广纳各方“贤士”，通过摸家底，建立了以退休村干部、退休教师、乡医、乡镇干部、乡土能人、工匠、茶叶经理人、镇街干部等为成员的乡村调解员和“一老一小”志愿者队伍，实现了人才引用机制的创新，引导各类优秀人才在基层充分发挥作用。

（二）只有精准“育”才，才能解决方向感的问题

育才是提升人才队伍质量的重要环节。夹江县一方面借助被确定为中组部储备培育村级党组织后备力量试点契机，建立全县农村人才库，充实了一批眼界宽、思路活、资源广、专业强的乡土人才优先推荐进入村级两委班子后备干部，打造战斗力强、活力满满的乡村振兴人才队伍；另一方面围绕优化农业从业人员结构、探索职业农民激励机制等方面，充分挖掘本土人才潜能，让乡村人才真正强起来。包括对取得高级职称和相应职业技师资格的农业人才，优先推荐开展有偿授课、有偿服务等增值活动，优先获得新型经营主体能力提升项目资金支持。以“职业化”优化农业从业人员结构，推广“全年无休”务工增收模式，培养“耕种防收烘储销”全链条等农业实用性人才，实现一人多能，鼓励一人多岗，让农民成为职业

农民，达到月月有事干、人人有钱赚等。另外，探索职业农民激励机制，出台《夹江县农业实用性人才职称评定工作方案》，鼓励农业从业者参加高素质农民培训、乡村产业振兴带头人“头雁培育”项目等，依托田间建设家庭农场孵化实训基地，选派乡村干部与致富带头人参加乡村振兴能力提升班、农业人才培训、产业技能比赛等，以线下学+现场比的形式，提升人才培育实效。

（三）只有暖心“留”才，才能解决留不住的问题

夹江县围绕如何让乡村人才真正驻下来的问题，在《完善乡村人才引育留用机制试点实施方案》中，提出要制定健全城市人才服务乡村激励机制、探索职业农民激励机制、探索鼓励职业经理人创业就业机制、鼓励实施“五险一金”保障制度等。在实际政策落实中，夹江县在要素供给、资金保障、土地需求、基础设施配套上都给予了人才许多政策倾斜，例如刘校宏在回乡创业时，木城镇政府在招引时便给予了其在当地综合市场二十几间门市三年免房租用作公司办公的扶持政策。同时，健全“人才+干部”联络机制，落实“县级领导+正科级干部”人才结对服务，持续解决人才高度关注的住房、医疗、子女就学等困难，只有在感情上“厚爱一分”、在工作上“高看一眼”、在解难上“多帮一把”，尤其是对外来人才要增强他们“此心安处是吾乡”的归属感，才能让人才扎下根来干事创业。

（四）只有科学“用”才，才能解决怎么用的问题

对于人才要做到知人善用、人岗相适、人事相宜，让专业的人干专业的事，用专业的标准评价专业的人才。夹江县围绕用才方向因材施教，实现乡村人才真正活起来。“3”师队伍的建立，就是遵循城乡融合发展客观规律，根据乡村产业发展、乡村建设、乡村治理的实际需求，探索出的一项符合实际的特色发展模式。既有针对性地引进高校专业设计团队，又为当地农村工匠、返乡人员、乡土人才、退休干部、退役军人搭建创业致富、

社会教育、科技开发、人才培训、科普宣传、顾问咨询、规划建设、乡村调解、志愿服务等工作平台，充分发挥其专业优势实现人尽其用、才尽其用。例如木城镇便与成都理工大学工程技术学院艺术设计系建立友好合作关系，由艺术设计系部分师生参与场镇规划设计，打造滨江河堤“双拥”广场烟囱景点。而木城镇25套房屋风貌均由本镇乡村规划师参与设计打造，推动了和美乡村建设。另外，据统计，木城镇乡村调解员参与村级调解20余起，其中，木城镇修文村特邀调解员调解村民修入户路置换土地问题和边界纠纷问题都取得了圆满成功，一定程度上发挥了乡村调解员协助各村打通基层社会治理“神经末梢”的作用。

三、完善建议

2024年10月17日，中共都江堰市委党校（成都村政学院）与中共夹江县委党校联合课题组，受邀赴乐山市夹江县开展实地调研。在调研过程中，夹江县在完善人才引育留用机制中的经验做法得到了课题组成员一致高度好评。同时，结合实地调研与座谈交流，对于夹江县的后续发展，课题组也给出了以下建议：

（一）规范“乡村规划师”的名称

2021年2月23日中共中央办公厅、国务院办公厅印发《关于加快推进乡村人才振兴的意见》，其中明确了要“支持熟悉乡村的首席规划师、乡村规划师、建筑师、设计师及团队参与村庄规划设计、特色景观制作、人文风貌引导，提高设计建设水平，塑造乡村特色风貌”，并且农业农村部农村经济研究中心每年都会开展乡村规划师职业能力培训工作，目前乡村规划师的人员数量少且薪资高，这是众所周知的乡村规划师现状。而夹江县的“乡村规划师”队伍，更偏向于乡村规划建设指导员，并不会通过培训考试获得相应的资格证书，队伍中既有高校的专家学者、优秀大学生，也有本村的优秀工匠。因此，课题组建议对于“乡村规划师”的名称，要根据队伍人员的构成以及工作职能进行更为准确的命名，以免造成混淆。

（二）兼容小农户与规模流转经营

修文村很特殊的一点就是在种植茶叶的万亩土地中，绝大多数地都是农民自己在种植，没有进行流转。在乡村振兴中，一般认为，土地规模流转是推动农业现代化和农村经济发展的重要手段，因此在很多地区是由社会资本、新型农业经营主体以及村集体经济组织出面承租农民的土地进行规模化经营，但也带来了如成本、经营等风险。但目前中国农村仍是小农户占绝大多数，小农户经营的权利也是需要保障的，是否进行土地规模流转还是要根据当地的实际情况来分析，关键在于要充分尊重农民作为农业主体的发展意愿，激发主体的内生动力。因此，要处理好小农户经营与土地规模流转的关系。

（三）试点“分账分核算”会计新制度

在村集体经济取得收益后，要解决激励问题，建议由财政系统牵头开展“分账分核算”试点工作，一方面分账，将现有的财政委派村组会计，兼容两账合一模式（村委会会计账与村集体经济组织会计账），进行分开；另一方面分核算，分账后的集体经济核算体系按照2005年1月出台、2024年1月1日新修订实施的《农村集体经济组织会计制度》，2023年1月1日起施行的《农民专业合作社财务制度》的相关规定执行。依法依规报销经营活动中包括“管理人员及固定员工的工资、办公费、差旅费、管理用固定资产修理费、管理用固定资产折旧、管理用无形资产摊销、聘请中介机构费、咨询费、诉讼费”等合理支出；依法依规给予相关人员激励，并使之常态化。以科学规范可持续制度留住人。

（四）做好3支队伍工作实践的总结提升

对于一些有代表性的案例要做好文字、影像的记录，如乡村调解员在进行调解的前中后期都有比较清晰的文字记录的话，更便于其他地区进行借鉴学习、作为经验向外推广。可参考内蒙古赤峰市在人民调解员队伍建设上的一些做法。

乡村调解员办公场所

课题组与夹江县相关部门开展城乡融合发展工作座谈会

课题组调研金银河村农事服务中心

20

从采煤沉陷区到“金山银山”的“蝶变”实践

时　　间： 2024年11月14日

地　　点： 山西省太原市万柏林区九院新村

参加人员： 邓蓉　袁华兵　邢永亮　王小川　罗明东　梁景智　杨怡宁

执 笔 人： 罗明东

内容摘要

山西有着“乌金墨玉之乡”的美誉，是世界第一的产煤大省，但也正是这样的资源禀赋，使其兴于煤又曾一度受“困”于煤，太原市万柏林区九院村就是其中一个比较典型的例子。九院村在20世纪90年代即开采煤矿成了“亿元村”，过度开采导致九院村环境被破坏，成了煤矿沉陷区，不得不易地搬迁建设新村，原村在国家政策支持下开展了全域生态修复，成了绿水青山。进入新世纪，搬迁后的新村开展“腾笼换鸟”，积极探索特色休闲农业与烟火经济，成为远近闻名的富裕村。九院村的发展路径只是山西这个能源大省转型发展中诸多乡村的一个缩影，正是这些煤矿沉陷区乡村的积极“自救”，才推动了“金山银山”“蝶变”的城乡融合。

山西作为中国的“煤海”，储量全国第一，产量全国第一，优质煤的数量和质量位列全国第一，全省有1/3的地下埋藏着煤炭，2013—2022年，煤炭产量累计超100亿吨，其中调给外省市近63亿吨。然而“曾点亮全国一半的灯”的煤炭大省山西却因“一煤独大”，兴于煤也“困”于煤。多年开采煤炭，导致生态环境破坏严重，地下水位下降、河流枯竭、土地沉陷，整个山西省累计有2868个村庄因采矿被破坏。面对能源保供、绿色转型两道难题，在坚定兜底保障能源安全的同时，山西聚焦稳产稳供与低碳转型等多重目标，大力推进采煤沉陷区综合治理。通过综合治理，一些采煤沉陷区正从过去的河流枯竭、地下水位下降、地面塌陷等恶劣环境，向芳草萋萋、杨柳依依、人与自然和谐的生态家园转变，成为“生态园”“米粮川”。

九院村所处的太原市万柏林区西山地区，是太原市重化工基地的核心区域。峰值时，曾有采煤、洗煤、焦化、水泥等污染企业2700余家，形成了100多平方公里的采煤沉陷区，破坏面积近10平方公里，高峰期废水、烟粉尘排放量占市区总量的60%以上，成为太原主要污染源。2003年，万柏林区在全省首家就采煤沉陷区综合治理向国家申报立项。2005年8月，国家发展改革委批复立项。到2010年，共安置受灾人口18万余户，受益人口60余万人。而位于此地的九院村，从20世纪80年代末就开始了应对采煤沉陷区地质灾害与环境污染的探索实践，昔日的小山村，最终发展为如今集生态观光、采摘旅游、烟火新经济为一体的美丽乡村。截至2023年，九院村村集体经济收入913.55万元，年人均收入达2.8万元。

一、主要做法

（一）村办企业，春风吹出了“亿元村”

“我们村90年代就是亿元村。”九院村党组织书记的这句话，还得从40多年前说起。当时的九院村位于九院沙河北侧，北邻白家庄、南毗官地矿，原名“九园”，因住有9户人家、修建了大小样式统一的9处院落而得名，由官地、一家庄、木瓜凹、秋沟、狼坡、九院6个自然村组成。那时的九院村还是一个典型的穷村，村民住的是破窑洞、吃的是返销粮，是远近闻名的“光棍村”。改革开放的春风对这个山西的小村落同样产生了深远影响，除了赶上农村家庭联产承包、分田到户的政策红利，九院人更是紧紧抓住了山西煤炭工业发展初期的资源优势。为了尽快摆脱贫困，时任九院村党组织书记和村委一班人谋划着给西山煤矿拉煤、跑运输挣钱。几个人凑钱远赴东北北大荒，从当地收购了13辆七八成新的“依法W50”小翻斗车，在村里成立了运输队，成了远近闻名的运输专业村。凭借煤炭运输，九院村逐渐发展为远近小有名气的“万元村”。同时，在发展集体经济方面，他们凭借当时中央对煤炭产业“大矿大开、小矿小开、有水快流”的政策，办起了村集体第一个煤矿——滴水崖煤矿。煤矿投资2万元，当年挣了6万元。在接下来的几年里，九院村按照每年新增一个煤矿的速度，集体收入也以12万元、30万元、60万元、100万元的速度递增。到1988年，村里有了七八个煤矿，集体产值突破2000万元。

（二）整村搬迁，旧窑洞变成了小洋楼

20世纪80年代依靠“拉煤卖煤”富了口袋的九院老百姓虽然摆脱了贫困，但他们的心里始终悬着一块放不下的“石头”——由于常年的煤炭开采

引发的地基塌陷、房屋裂缝、人畜饮水困难、环境污染、山体崩塌与滑坡、潜在泥石流等一系列问题是他们每天都需要面对的一个困局。村两委班子意识到只有彻底改变老百姓的居住环境才是长远之计。1988年，村两委班子提出了逐步搬出采空区的新村建设方案——投资1900万元建设九院新村。他们在西铭村买了160多亩地，盖了100多幢二层小楼，住房面积最小的160多平方米、最大的超过200平方米，水暖电齐全，跟城里一样。每幢小楼造价10万元左右，集体出资70%～80%，个人出资20%～30%，也就是每户村民只要出两三万元即可入住，以九院村当时的收入水准，这并不算难事。1990年10月，九院新村落成，新村位于九院沙河南侧，东邻西山煤电集团、南靠河龙湾村、北接西铭街办，占地面积为11.4万平方米，九院新村布局整齐，村民住进二层小楼，从此结束了住石头窑洞的历史。

（三）综合整治，采煤沉陷区变成了“金山银山”

常年开采煤矿，使得当地的生态环境付出了巨大代价：地下水位下降、生态受到破坏，特别是因采煤沉陷造成大量居民住宅受损，有的甚至危及群众生命财产安全。2004—2010年，国家启动实施了国有重点煤矿采煤沉陷区治理，山西省包括万柏林、大同等9个矿区在内的约1049平方公里采煤沉陷区得到治理，安置受灾居民18万余户，受益人数60余万人。在山西省煤炭资源整合的大背景下，2007年万柏林区政府全面治理环境污染和生态破坏，关停小煤矿76座，封堵私挖乱采黑口子2000多个，关闭、淘汰污染企业343家，九院村的小煤矿和黑口子也在其中。旧有的产业不能继续发展，整村移民搬迁虽然彻底改善了九院村的人居环境，但如何保障和持续改善搬迁后的九院村村民生活，村两委又有了新课题。

“绿水青山就是金山银山”，万柏林区政府适时提出“四大片区”建设规划，九院所属的白家庄片区规划定位为“生态恢复样板区”。村两委班子成员和村民们对沉陷区的旧村尤其是狼坡片区进行了生态改造。填沟造地，栽草种树，与国土资源部同步推进的国家级农业综合绿色园区九院南山“万亩复垦开发工程”捆绑推进，经过数年造景绿化、源头治理，沉陷区的地质地貌得到极大改善，昔日千疮百孔的采煤区如今变身为太原市最大的野生生态公园——“狼坡圣境”。在加强生态治理的同时，九院人将“文化+”“旅游+”“农业+”模式充分融入生态建设过程，大力发展精品水果基地，推出农耕体验、果树认养等农事参与活动。村集体投资1300余万元打造了千亩精品果品基地，种植樱桃、山楂、杏、板栗、苹果等经济林木3万余株，产出几十种优质果品。依靠观光旅游、休闲采摘，村集体实现年收入60万元，村民人均可增收3000余元。

（四）烟火经济，新村迈入了“2.0时代”

“玩在老村，吃在新村”，这是九院村自煤炭经济转型后探索出来的新路子。老村因采煤沉陷区综合整治重获新生，新村的发展也不能拖后腿，为此九院村在新村已建好的150栋庭院基础上，按照每人20平方米的标准（若安置房超过面积按每平方米2400元的标准补缴房款）新修建了高层安置住房。村里盖起高层住宅后，部分居民迁走，靠着紧邻城区的区位优势与安逸闲适的庭院环境，新村吸引了主打贵州菜的“院里黔山渔记”入驻，打开了新村烟火经济的致富密码，商户逐渐增多，游客纷至沓来。受此启发，村集体开始探索起了“整村运营”模式，按照10万元/年的价格对新村的150座别墅式院落进行“统租统营”，以特色餐饮区、民宿区、综合服务区、康养区、文创游玩区、户外拓展区六大功能区为重点，依托2023年九院村美丽乡村建设项目，总投资3491.65万元把九院新村改造成为集吃、住、游、乐为一体的转型发展示范村。至今，九院新村已入驻餐饮、剧本杀、婚纱摄影等商户86家，集齐了来白川、黔、徽、湘、赣以及法国、意大利等国内外风味佳肴，年均餐饮客流量超20万人次。

集体效益好了，民生保障也不能差。村两委聚焦“四大保障”解决村民后顾之忧。在医疗保障上，村集体为村民的医疗保险补贴270元，全村参保率达100%，保障村民病有所医；在生活保障上，每逢春节、中秋节为村民发放米面油鸡蛋及现金福利，保障村民难有所助；在教育保障上，村集体为考入高中（中专）、大学的新生分别给予5000元、10000元的入学奖励，2021年共计发放助学金12.5万元；在养老保障上，村集体分别为55岁以上的老年人按年龄分段每月发放600元至1800元不等的养老金，重阳节给老年人集体过节，每人发放2000元，保障全村老人老有所养。最终，九院村依托绿水青山的建设成果，融合生态观光、采摘旅游和烟火新经济，聚焦民生福祉保障，建成了一个业态丰富、承载乡愁的和美乡村。

二、经验启示

（一）要有顺势而为的智慧

一个地方发展道路虽然漫长，但紧要处往往只有几步，能不能抢抓机遇、顺势而为至关重要。抓住机遇、顺势而为、乘势而上，就能实现高质量发展；丧失机遇、裹足不前、畏难退缩，就会落于他人之后。在快速变化的社会环境中，政策导向往往预示着未来发展的方向和趋势，为各领域提供了前所未有的发展机遇，如资金、技术、人才等，对经济增长、产业升级至关重要。顺应市场需求、技术进步等趋势，不仅满足市场需求，提升效率，还能在竞争中保持领先。乡村发展如同扬帆远航，必须敏锐捕捉并牢牢把握政策赋予的机遇，顺势而为，方能破浪前行。在国家大力推进乡村振兴、农业现代化和城乡融合发展的宏观战略下，乡村地区迎来了前所未有的历史机遇期。这不仅要求村庄的经营管理者具备前瞻性的战略眼光，能够准确解读和积极响应国家政策导向，还要求广大农民群众积极参与到乡村建设的热潮中，共同将政策的红利转化为乡村发展的强劲动力。通过科学规划、合理布局、创新驱动，乡村可以在政策的引领下，实现产业兴旺、生态宜居、乡风文明、治理有效、生活富裕的美好愿景，让每一寸土地都焕发出勃勃生机。

回顾九院村这40多年的发展历程，再结合国家改革开放、国有重点煤矿采煤沉陷区治理、“双碳战略”、乡村振兴、城乡融合等一系列大的方针政策的制定实施，我们不难发现，九院村的每一次决策的制定、每一项产业的布局，如办车队、开煤矿、建新村、投资果园、发展特色餐饮等，都是在既定的政策背景下顺势而为的智慧与决策。

（二）要有保护乡村生态本底的意识

乡村是自然资源的富集地，生态本底是发展的基础。乡村的自然环境、生态系统、生物多样性以及与之相关的资源和服务构成了乡村的生态本底。这些资源是乡村经济、社会和文化发展的基石，为乡村提供了生产生活的物质基础。只有保护好这些生态资源，才能确保乡村的可持续发展。与此同时，在当前激烈的市场竞争中，乡村产业的发展也面临着来自城市和其他地区的竞争压力。因此，乡村发展的首要前提就是要守护好绿水青山，并将其转化为促进经济发展、提升居民生活水平的重要源泉，从而实现生态优势向经济优势的转化，铺就一条可持续发展的繁荣之路。

九院新村党组织书记在采访时曾提到：“村里的发展得益于国家的生态文明建设，我们将一边巩固绿水青山建设成果，一边积极发展集体经济，融合生态观光、采摘旅游和烟火新经济，推进美丽乡村建设！”九院人深知传统的高消耗、高污染的发展路子是不可持续的，虽然他们依靠采煤用10多年的时间就成为“亿元村”，但是沉陷区给村庄发展带来的隐患他们是看在眼里、记在心里的。因此，结合习近平生态文明思想的指引与国家“双碳”战略的实施背景，九院村关停煤矿、积极配合沉陷区治理改造、建设果园、发展乡村旅游、引进特色餐饮等，充分利用治理成果铺就了一条通往“金山银山”的新致富路。

（三）要有依托本地资源差异化发展的观念

本地特色优势资源是乡村产业发展的核心驱动力，其重要性不容忽视。它们不仅是乡村经济的独特禀赋，更是推动农业现代化、促进农民增收的关键所在。首先，深入挖掘特色资源，有助于为乡村提供差异化竞争优势，形成独具特色的优势产品。其次，特色资源的开发利用促进了产业多元化发展。通过挖掘本地文化、生态、旅游资源，乡村可以发展乡村旅游、休闲农业等新兴产业，形成“农业+”的多业态融合模式，拓宽农民增收渠道，增强乡村经济韧性。最后，特色资源还是塑造乡村品牌、提升地区形象的重要载体。通过品牌建设、文化传播等手段，将特色资源转化为具有辨识度的乡村品牌，不仅能提升产品价值，还能增强乡村的文化自信与吸引力，吸引外部投资与人才，为乡村可持续发展奠定坚实基础。

九院村的发展历程，生动诠释了本地特色优势资源对乡村产业发展的重要性。在改革开放初期，九院村便充分利用煤炭资源和独特的地理位置，通过发展煤炭运输和开采，实现了经济的初步积累。随着时代的发展，九院村并没有止步于传统的资源型产业，而是进一步挖掘和利用本地优势，如生态环境、自然景观等，发展起了生态旅游和特色农业。在煤炭资源逐渐枯竭的背景下，九院村积极寻求产业转型升级的路径。他们利用原有的煤矿遗址打造生态景区和发展果品基地，依托新村的洋房庭院打造特色美食餐饮休闲娱乐综合体，吸引了大量游客前来观光旅游，实现了从资源型产业向生态旅游和特色农业的转型。同时，九院村还注重对特色资源的品牌塑造和市场推广，举办各种文化活动和旅游节庆，并利用网络平台和社交媒体进行宣传，吸引了大量游客和投资者的关注，这些努力不仅为九院村带来了经济效益，还提升了村庄的整体形象和品牌价值。

（四）要有坚持集体带动引领的定力

村集体作为乡村发展的组织者和管理者，其重要性不言而喻，承载着规划蓝图、整合资源、优化环境、强化治理、传承文化等多重使命。首先，通过科学规划，村集体能够整合乡村资源，明确发展方向，确保乡村发展的有序性和可持续性。其次，村集体在乡村发展中扮演着资源整合者的角色，通过整合土地、资金、人才等要素资源，村集体能够优化资源配置，提高资源利用效率。再次，村集体能引导村民积极参与乡村建设，发挥村民的主体作用，形成乡村发展的合力。最后，村集体还能推动乡村生态环境保护与可持续发展，培育生态农业、乡村旅游等绿色产业，为乡村经济注入新的活力。

九院村今天的成就，离不开村集体这个“领头羊”的带动。1984年，在别的村满足于温饱时，九院村“勒紧裤腰带”远上东北买回二手车跑运输；当有些村民满足于跑运输挣点小钱时，九院村开起了集体煤矿；1987年，九院村筹资800万元下山建新村，1990年从山上破窑洞整村搬进了山下150座别墅式小院……九院村在发展的关键节点总能选对正确方向，离不开党的领导，离不开村集体的带头引领与正确选择。

三、完善建议

2024年11月13—16日，中共都江堰市委党校（成都村政学院）城乡融合课题组联合中共太原市委组织部、中共太原市委党校、中共清徐县委党校课题组一行十余人走进太原万柏林区九院村进行深入调研。在调研过程中，九院村从采煤沉陷区到“金山银山”的“蝶变”实践获得了课题组一行的高度肯定，但村集体所反映的发展集体经济缺乏激励机制，村两委干部后备力量的选育难等问题也引发了课题组的思考。以下是课题组基于存在的问题给予的两点建议。

（一）选择与集体经济组织载体相匹配的会计制度

农村集体产权制度改革重构了集体经济股份合作的制度架构，提高了集体经济组织的运行效率。但是在实践过程中，村两委与集体经济组织管理人员的交叉重合，使得部分地区集体经济组织与自治组织存在职能混淆、政经不分的现象，虽然挂牌了股份经济合作社，但仍然是一个“空壳”，依旧是自治组织在代替经济组织行使权能。俗话说：“村里富不富，关键看干部。”村集体的发展水平与带头人密切相关，但是当前村集体经济的发展普遍面临着激励机制不足的现象，发展集体经济全凭带头人的积极性与热情，这种靠“情怀”做事，不可持续，难以提高发展集体经济的内在动力。为此，课题组提出以下建议。

一是要让登记赋码后颁发了农村集体经济组织登记证所对应的股份经济合作社或联合社真正运作起来，由它来行使集体经济组织的职能，彻底规避自治组织代替经济组织的行为。二是要在厘清集体经济组织载体的基础上，选择对应的会计制度。农村集体经济组织载体可以分为土地股份合作社、股份经济合作（联合）社以及集体经济组织公司三种形式，其分别对应了《农民专业合作社会计制度》《农村集体经济组织会计制度》《企业会计制度》。以《农村集体经济组织会计制度》为例，第四十二条明确规定：“农村集体经济组织的应付工资，是指农村集体经济组织为获得管理人员、固定员工等职工提供的服务而应付给职工的各种形式的报酬以及其他相关支出。”因此，九院村两委可以依据《农村集体经济组织会计制度》结合在九院村股份经济合作社的任职情况领取相应的报酬，以此来激发村干部发展集体经济的积极性，让干事氛围更浓厚。

（二）建立制度化的后备力量选育机制

村（社区）后备力量是加强村（社区）基层组织建设的“硬支撑”，更是提升基层服务治理的“软实力”，建设好一支坚强有力的后备干部队伍，对提高基层的服务治理水平具有深远的意义。当前村（社区）干部用人难、后备力量队伍匮乏等问题不同程度存在，要想确保村（社区）工作有人接、接得上、干得好，核心就是要使后备人才的选育制度化、规范化，用制度来选人。课题组认为，后备人才的选育重点是在以下四个方面。

一是“选”好人才。结合发展实际，从优秀党员中“挑”，从致富能手中“选”，在优秀社区干部中“留”，从外出务工能人和高校毕业生中“请”，选出一批有文化、懂管理、有群众基础，愿意扎根社区、投身社区、服务社区的后备力量队伍。二是“育”好人才。结合后备干部成长方向，按照“缺什么，补什么”的要求，将后备力量纳入各类培训，采取集中授课、外出观摩、网络教育等培养措施，分类别有针对性地开展教育培训。三是“用”好人才。在社区两委班子成员临时调整或换届集中调整时，优先将表现突出、思想过硬的及时纳入选人视野，列入候选人推选范围，通过法定程序选举及时补充到社区两委班子，调动其工作积极性，让社区后备干部“有奔头”。

课题组在九院村村委会座谈

如今的九院新村

入驻新村的商户：木子舍·在云端

21

从没有“故事”的农家院到无处不“故事”的百院非遗

时　　间： 2024年11月14日

地　　点： 山西省太原市小店区刘家堡乡刘家堡村

参加人员： 邓蓉　袁华兵　邢永亮　罗明东　梁景智　杨怡宁　王小川

执 笔 人： 邢永亮

内容摘要

“全国非遗旅游村寨 · 百院非遗”，是山西省太原市小店区刘家堡乡刘家堡村诸多“头衔”里最有故事的。刘家堡村曾是太原市小店区一个典型的传统农业村，自2019年从整治“六乱”开始，在太原市“再现‘锦绣太原城’”发展目标的“天时”中找准自身定位，在形成“一院一非遗”的“愿景”里活化资源，在利用资源发展一三产业的过程中实现文化与产业的融合，逐渐从一个个没有“故事”的农家院走向无处不“故事”的百院非遗。

刘家堡村位于太原市小店区最南端，历史久远，底蕴丰厚，贤达辈出，是明代大学士王琼的故里，也是中国现存最早的王姓族人的发源地，全国王姓多出于此。村庄面积2.3平方公里，户籍人口936户2767人。虽有悠久历史和文化，但曾经的历史已经远去，刘家堡村也和全国其他大多数村庄一样，在城镇化的进程中出现了“空心化”和老龄化，青壮年流失了，宅基地、耕地也大面积闲置了。2019年开始抓住太原整治乡村“六乱”时机，通过新村规划，整合财政资金，在规模化基础设施建设中，开始探索闲置宅基地的利用与流转，从全国各地招商不同类型非遗产业落户农家院，以百院非遗“故事”吸引游客，为乡村旅游产业奠定了厚重的文化基础，城乡文化产业融合取得了初步成效。

2024年2月，国务院总理李强来到刘家堡村调研，对美丽乡村建设、非遗产业发展等带来的农文旅融合发展成果给予了高度肯定，要求继续因地制宜，做好乡村特色产业发展，带动村民就近就业和增收致富。是什么样的契机和力量让一个传统农业村落发展成为闲适美丽的网红打卡热地、功能清晰的全国非遗旅游村寨？2024年11月，课题组应邀来到刘家堡村调研，探寻乡村发展的秘密。

一、主要做法

（一）从再现“锦绣太原城”的“天时”中找定位

太原，拥有5000多年文明史、2500多年建城史，从古至今汾水悠悠奔流不息，文脉绵绵赓续不绝。2017年6月，习近平总书记在山西考察时指出，山西农业要走“特”和“优”的道路。三年后，2020年5月，习近平总书记在太原考察时进一步强调，要再现“锦绣太原城”的盛景。2021年1月，《太原市国民经济和社会发展第十四个五年规划和2035年远景目标纲要》中提出，要打造具有国际影响力的国家区域中心城市，向再现“锦绣太原城”盛景目标奋力迈进，并提出聚焦农业“特”“优”战略做优做精都市现代农业，形成南部农业农村现代化引领区等“一带四区百园”现代农业发展格局。而位于太原市南大门也是山西唯一的全国百强区的小店区，则在2022年1月提出了以经济发展大区、改革创新大区、环境优良大区、文明开放大区、治理科学大区、城乡融合样板区、共同富裕标杆区为内容的“七区”战略。

位于太原市小店区刘家堡乡刘家堡村，距离太原市区30公里左右，从村名不难看出，是一个典型的农业村，全村现有耕地总面积4500余亩。2019年，小店区选择刘家堡村为“锦绣太原城”城乡融合样板区试点，恰逢刘家堡村党委换届，抓住契机，对原村党组织存在的软弱涣散现象进行整顿，增强村两委班子的凝聚力和战斗力。新一届村党组织首要考虑的问题是如何抓住试点机遇，让传统农业走向产业融合的多元化。村党组织在新当选的党委书记带领下外出学习考察，村民代表反复讨论，最后达成一致：在太原南部生态屏障、市民肉蛋菜供应基地、休闲旅游好去处的小店定位中找准自身定位，把脏乱差的环境治理好，把现有的闲置宅基地、土地和历史文化资源利用好，以文化为魂，以产业为导向，把传统农业村发展为现代农业和乡村文旅多元发展的模范村。在党组织的引领下，刘家堡村党员带头、群众参与，文化引领、非遗助力，产业赋能、共同致富，全村上下投身于乡村振兴的大事业中，书写着属于他们自己的精彩乡村振兴故事。

（二）从小店治“六乱”的契机中找乡村颜值

原来的刘家堡村道路狭窄不平整，家家房前屋后堆放着农具、杂物，村内道路泥泞不堪，街道乱堆乱放，夏天污水横流臭气熏天，苍蝇满天飞，粪堆垃圾遍地都是，卫生状态很差。不少村民因村里人居环境太差选择搬离，村中无人居住的破院子随处可见，“空心村”问题严重。2019年，刘家堡村抓住小店区实施“七区”战略这一历史机遇，从争取小店区第三批美丽乡村建设项目开始，拉开了城乡融合发展的序幕。项目从整治“六乱”开始。“六乱”指的是乱搭乱建、乱堆乱放、乱扔乱倒，这是一般乡村中常见的现象。刚开始进行村容村貌整治时，村民不理解不配合，家家户户门口乱堆乱放，党员带头，挨家挨户做工作，起早贪黑，蹲在村民家门口与他们拉家常，嘴皮子都快磨破了，对个别不理解不配合的村民在他家一等就是到半夜十二点，用耐心和真情取得村民的认可和支持，同时得到了区政府资金的大力支持，很快在村里的道路建设、污水处理、厕所改造、墙立面的提升改造等基础设施建设上发生很大变化，村里道路平整了、墙面干净漂亮了，随处堆放的垃圾也不见了，家家户户水冲式厕所也改变了村民的几辈子落后的生活习惯。

刘家堡村“六乱”整治效果明显，全村拆除违章建筑40余处，旧围墙改建2000余米，清理村庄垃圾20000余立方米。全村粉刷墙面55000余平方米，喷绘墙面8000余平方米，安装太阳能路灯400个，配套建设面积5000余平方米的休闲演绎广场，建设小游园3处，建设服务设施20000余平方米。修建改造水井2眼，解决全村多年吃水难问题。贯彻“小厕所大民生”思想，让村民切实感受到美丽乡村建设带来的变化和便利。建设污水处理站2座，修建公共厕所5处，全村505个院落对无害化厕所进行了改建，完成率达100%。通过投入大量精力、物力、财力，在乡村治理实践中，刘家堡村着力对村容村貌进行全面整治，打造宜居生活环境，为当地旅游拓宽了发展空间。

（三）从闲置老旧院落中找“非遗”故事

2020年刘家堡村美丽乡村建设基本完工后，水电管网等基础设施重新得到了改造，人居环境大大提升了。这时候村两委在多次开会收集民意的过程中逐渐意识到，村内硬件环境好了后，如何让老百姓真正富裕起来是下一步的工作目标。但刘家堡村一直是个传统农业村，经济基础差，产业结构单一，到底靠什么能带动老百姓增收致富呢？村两委先后十几次去省内外很多优秀的村庄参观学习，时间精力是花了不少，但是越看越迷茫，每个地方条件不一样，别人的经验做法很优秀但是没法直接用，最终还是要回到村里自身基础条件问题上。通过多次的会议座谈讨论，村两委认为，还是要在刘家堡村“三个闲置资源”（即闲置的耕地、宅基地、劳动力）上做文章，其中经常喝牺汤的老乔（刘家堡村党委书记兼村委主任）琢磨起了非遗和闲置破损的老旧院落能不能扯在一起的问题。

小店牺汤源于周朝“牺牲祭祖”的古老习俗，2008年被列入省级非物质文化遗产保护项目。刘家堡的牺汤能否也去申遗？能否弄个非遗小院？小店区非物质文化遗产项目共118项，总量居太原市第一，其中包含了小店牺汤等知名项目，就这样非物质文化遗产和闲置破损的老旧院落遇到了一起，非遗小院也逐渐从灵感变成了现实。从2020年起刘家堡村以年租金10000元的价格把村民闲置的院子租回来，从2021年的十几个到2022年的三十几个、2023年的二十几个再到2024年的90多个。为了吸引更高层级的非遗项目入驻，以“前三年免租”的优惠措施，邀请非遗项目和传承人拎包入住，目前已入驻90多个，有中国传统绘画雕塑艺术、太原剪纸、葫芦、年画、彩绘、书法、刺绣、织造、塑形、穆府老膏药、傅山卤肉、神针火疗、太重鼓乐、西华门舞狮表演等。小院非遗变成了百院非遗，其中国家级非遗项目2项、省级非遗项目3项、市级非遗项目5项，“一院一非遗、一院一文化”的格局正在形成，同时让非遗+文化+研学+就业进行了不同程度的结合，人气也逐渐有了，单2021年共计132882人次来村，实现了“空心村”不空、闲置院落“不闲”。2021年刘家堡村获评农业农村部办公厅“中国美丽休闲乡村”、山西省农业农村厅与文化和旅游厅“山西省休闲农业和乡村旅游示范点”。

（四）从沉睡的历史中找名人足迹

王琼是谁？刘家堡村的每个人都知道，然而除刘家堡以外的人却鲜有人知。出生于刘家堡村的王琼，为明代重臣，历经明成化、弘治、正德、嘉靖四朝，曾任户部、兵部、吏部尚书。因治理漕河、平定宸濠叛乱、总制西北边防有功，和于谦、张居正并称明代“三大重臣”。如何运用好“王琼故里”这张文化牌，对于身处崇文尚义再现“锦绣太原城”的刘家堡而言显得越来越重要。

2022年，在小店区委、区政府的支持下，刘家堡村开始了对王琼故居的修复重建工作，2023年1月，占地近5000平方米的王琼故居开园。2024年4月，由被誉为“山西影视第一制作人”赵建平导演、中国内地男演员成泰燊领衔主演的电影《明臣王琼》在央视电影频道播出，实时收视率峰值达1.768%，播出前段稳居收视率第一，整体收视率位居前三，该片获山西省委宣传部“五个一工程”奖，这让刘家堡村作为王琼故里得以更多地走出去。

通过阵地建设、宣传推广等手段，“王琼故里”这张文化牌开始活起来，刘家堡村不断在思考如何通过王琼故里不断引流，把历史文化IP打造成为文化村的文旅新品牌，让“王琼故里”这张文化牌火起来。一方面是展现上的加持，让王琼文化更显性，建设勤廉一条街、勤廉读书角，建设村级图书馆对接上级图书馆，2022年小店区图书馆刘家堡分馆正式开放，同时建设刘家堡文化演艺厅和研学中心；另一方面是内涵上的加持，让王琼文化更丰富，积极对接小店区委党校将王琼故居作为清廉文化现场教学点，作为太原市首个以清廉为主题的现场教学点，长期承担中共山西省委党校、中共太原市委党校和中共小店区委党校的现场教学任务，并在此基础上不断丰富内涵，而今的刘家堡村整村成为省、市、区三级党校“乡村振兴 · 基层治理”主题现场教学点、山西省教育厅“省级中小学研学实践教育示范基地”等，刘家堡村党委副书记王某介绍现在的刘家堡村不仅“面子”靓了，“里子”也美了。

（五）从农业土地中找文化根基

有了“百院非遗”和“王琼故里”，让这个名不见经传的传统农业村有了“故事”，但万物有根，刘家堡的故事要走得远、唱得响，离不开“土”丢不得“农”。文化牌实现了引流，“小土地”种出什么才能实现对客流加持的“高效益”？如何把农文旅相关资源捆起来实现融合是刘家堡村又要琢磨的事。

“山西农业要走‘特’和‘优’的道路”，刘家堡的农业“特”和“优”在哪里？不断琢磨后，刘家堡村将土地全部流转回村集体，对土地进行整合，希望通过产业带动就业，以规模化种植实现资源利用效益化和农民增收最大化。自2018年起，村民通过土地流转每亩可得到每年收入1200元且以每年100元递增至2000元封顶，在有保障且不用“面朝黄土背朝天”面前实现了土地收储，这为与驻地企业山西兴农康农业科技有限公司合作提供了前提。公司入驻后通过“龙头企业+基地+农户”的合作模式，先后建立醋坊、石磨坊、豆腐坊等10个手工作坊，村集体每年入股分红达30余万元；同时对乡村土地进行综合开发利用，着手打造了“一花一果一柿界”三大种植基地产业园区，累计实现1000多人就业的同时带动了集体增收。

“一花”即花卉种植培育基地，主要指蝴蝶兰种植基地。占地面积约10亩，太原市规模最大，年产量20万株、年产值400万元，累计促进刘家堡村及周边50余人就业，带动村集体经济增长40余万元。基地一期建成温室5184平方米，按花卉品种分3个生产区域，以蝴蝶兰种植和集中育苗为主，产品销往省内及北京、上海、广州等地的同时还漂洋过海，在韩国也建立了生产基地，主要负责种苗输出，现已出口韩国2万余株。

“一果”即水果采摘基地，主要指玉露香梨产业园。种植面积400亩左右，年产量在50万斤左右，采取线下+线上销售方式，从2024年开始，刘家堡从过去直接销售玉露香梨向生产玉露香梨果汁转型发展，产值翻倍，带动了果农就业，增加了村民收入。

“一柿界”即西红柿种植基地，占地1200亩，为太原市最大的西红柿种植基地，是一个集西红柿培育种植销售、果蔬采摘、农业旅游于一体的产业融合示范点。

刘家堡村村民土地流转后，除了土地租金收入，还能到园区里打工再挣些钱。过去靠天吃饭，一年到头也挣不了多少，现在好了，不用出村就有活儿干，收入也比以前多了。

（六）从文旅体系中找延伸链条

乡村振兴战略是一个复杂的系统工程，在消费升级的大趋势下，乡村旅游是实现城乡融合、助力区域经济腾飞的重要发展方向。刘家堡村在推进文旅发展、实现城乡融合上，摸索从文旅体系中不断找延伸链条。

一是打造王琼勤廉文化链。刘家堡村成立了“王琼故里文化产业旅游公司”，依托该村王琼故里和王姓族人故里的历史背景，以“田园体验+祭祖文化”为主题，打造本村“旅游文化、历史文化、佛教文化、乡村文化”四化品牌，主要围绕王琼的家庭教育熏陶、坚毅好学品格、毕生勤廉执政等方面。每年正月初二，刘家堡村举办的王氏家族祭祖大典，吸引了各地王姓族人前来寻根问祖。

二是休闲旅游产业链。刘家堡村以非遗研学和乡村旅游为主，打造农家乐及民宿，为周边游客提供休闲娱乐好去处，丰富了乡村旅游内容。通过新的旅游发展模式，以接待游客、培训、研习、讲解、实践、用餐等，刘家堡村坚持以农兴旅、以旅促农，把村庄变景点、村居变客房、土特产变商品，积极培育发展乡村旅游。目前，刘家堡村年旅游接待量超8万人次，年旅游收入达100万元以上。让游客有种“人间烟火气，最抚凡人心”的留恋与不舍，同时感受到现代农村有品位、有特色、有底蕴。

三是非遗文化体验链。截至目前，刘家堡村已形成了“一院一非遗、一院一文化”的格局，让刘家堡村成为远近闻名的“非遗小镇”，将“非遗+红色文化+研学体验”结合起来，突出口传身授、活态传承等非遗项目的特点，通过让游客亲身感知非遗文化，演出、展示、体验等多种形式带动文旅融合，以非遗文化知识普及、互动体验、研学旅行、文化旅游、非遗项目体验及非遗文化展示以及多种“校园进非遗基地”研学游活动，实现见人见物见生活的文化旅游新模式，刘家堡也被打造成一个让游客回归至“望得见景、吃得到健康、记得住乡愁”的美丽休闲乡村！全年吸引游客超过20万人次。

四是特色文化活动链。从2021年开始，村内先后举办了青年格斗赛、亲子音乐节、农民丰收节、烟火夜市、锣鼓大赛、戏曲文化大赛、中华垂钓大赛、春节“堡里有年味”等多种文化活动。中央电视台连续两年对刘家堡村文化活动盛况进行了宣传报道。2024年，央视《乡村大舞台》《我要上村晚》等节目也先后走进刘家堡，仅一个春节，客流量就达到67.2万人次，营业额超过2000万元。2024年湖南卫视《花儿绽放·乡村季》节目组选取刘家堡村作为拍摄地，取得很高收视率。

二、经验启示

短短5年时间，刘家堡村从一个传统农业村发展为产业发展、乡村振兴的示范村，尤其是2023年村民人均收入达2.8万元，村集体经济收入实现224.88万元，其中经营性收入128.39万元，占比57.09%。在没有“故事”地方开发营造了许多的“故事”，其成就和路径是值得思考的。

（一）地方党委重视，财政支撑是关键

刘家堡村，这样一个典型传统农业村从没有“故事”到无处不在的“故事”，讲好这个“故事”最坚实的基础在于通过切实的党委重视和财政

支撑，将大抓基层的鲜明导向落实落地。习近平总书记多次到山西考察调研，国务院总理李强更于2024年到刘家堡村调研，这为当地发展指明了方向。山西省委、太原市委、小店区委上下一盘棋把方向转化成了举措，近年来省市区对刘家堡村农业农村发展共投入1亿余元，包括美丽乡村建设、宜居宜业和美乡村建设、“千万工程”、农业产业等全方位提升、一揽子投入，将大抓基层的鲜明导向转化为了切实的组织保障、政策配套和财政支撑。

（二）城乡规划清晰，方向明确是核心

刘家堡村，这样一个典型传统农业村从没有“故事”到无处不在的“故事”，讲好这个“故事”最明确的脉络在于以清晰的规划明确发展方向。从对内发展脉络看，刘家堡村在乡村振兴和城乡融合发展的“天时”中找准自身定位，随后便是坚持前瞻研判、适度超前、顺应趋势、突破劣势、化劣为优，制定小店区“七区”战略、小店区农业农村局城郊农业发展规划等一系列清晰的城乡发展规划，刘家堡村在发展规划战略定位中不断琢磨老院子、耕地等资源和王琼故里、非遗之间的关系，由村集体对盘活闲置宅基地统一规划设计、对流转土地统一规划管理经营，在不同属性的资源间通过“百院非遗”实现了不同资源的融合，以“听王琼故事，赏非遗文化，喝小店牺汤”为串联，将非遗文化、民宿康养、文旅资源融成了规划区最重要的核心吸引力，促进一二三产业融合发展，不断走向农文旅融合发展方向。

（三）基层组织配强，脚踏实地是基础

刘家堡村，这样一个典型传统农业村从没有“故事”到无处不在的“故事”，讲好这个“故事”最有力的支撑在于队伍的选优配强。2019年是刘家堡书写“故事”的转折年，这一年是刘家堡村党委、村委走向“一肩挑”的元年，“我承诺带领两委班子，团结一心，把我们‘文化刘家堡’的名片

做响做亮，让村民收入再增加、产业收入再提高，每个人都过上红红火火的好日子……”这是作为山西省远近闻名的优秀青年民营企业家的老乔在2019年换届竞选村党组织书记时作出的承诺。整顿软弱涣散党组织，5名人员实现党委、村委交叉任职，平均年龄较上届下降13岁，大专以上学历4人，较上届增加3人，打造了一支短小精干、素质优良、结构优化的“带头人”队伍，随即通过改善环境、深挖刘家堡的亮点和优势、引入非遗项目盘活老院子、耕地集中收储……通过引入资金、技术、人脉、团队和先进管理理念等一连串的组合拳，实现了“一人返乡创业，带动一方致富”，形成了党员带头、群众参与，文化引领、非遗助力，产业赋能、共同致富的农文旅融合发展的刘家堡理念。

（四）敢于创新探索，错位发展是精髓

刘家堡村，这样一个典型传统农业村从没有“故事”到无处不在的“故事”，讲好这个“故事”最鲜明的特点在于产业的“特”和“优”。王琼故里、非遗文化等人无我有的资源要素被闲置院落串联成“全国非遗旅游村寨 · 百院非遗”的极具显示度的故事标签，走向了一条错位发展之路，同时注重对非遗这样一个文化属性黏性作用的不断创新探索，一方面，不断富集非遗项目、收储闲置院落和自有耕地；另一方面，不断丰富王琼勤廉文化、休闲旅游产业、非遗文化体验、特色文化活动等内容和载体，将这些原本不相关的特优产业进行串联，讲出故事，以点成链，不断深化农文旅融合发展，刘家堡村正在实现着农村更美、农业更强、农民更富。

三、完善建议

针对刘家堡村以“百院非遗”推动城乡融合的现有实践探索基础，课

题组提出如下几点完善建议：

（一）规范村集体经济组织载体的发起方式

从当前看，刘家堡村在村党委、村委会基础上健全了“一约四会”（村规民约，红白理事会、道德评议会、村民议事会和禁毒禁赌会），属于自治组织范畴；设立有王琼故里文化产业旅游公司、刘家堡村股份经济合作社等，属于集体经济组织范畴；引进有山西兴农康农业科技有限公司等多个企业，属于外部企业组织。各类组织不同程度地都为村民增收、集体增收发挥了作用，但同时，组织个体还需要完善，各类组织关系还需要进一步理顺，比如王琼故里文化产业旅游公司作为刘家堡村的农村集体经济组织，采用自然人投资或控股（村党委副书记）的方式发起，程序不规范，存在较大风险。课题组建议按照《农村集体经济组织法》、公司法等法律要求规范集体经济有限责任公司。

（二）兼顾本地村民收入保障与外来企业利益保障

刘家堡村通过“百院非遗”逐渐走向农文旅融合发展，引入驻地企业走向了规模化、市场化经营，村民收入来源于土地租金收入、闲置院落租金收入、务工收入等多元渠道且有了保障，从一个一无所有的地方，到大量外来资本下乡入村，需要处理好龙头企业、基地、农户之间的利益关系，探索多方利益链接机制。课题组发现刘家堡村在对全村耕地收储后引入驻地企业，村民通过土地流转每亩每年租金收入1200元且以每年100元递增直至2000元封顶，不仅起始租金高且封顶租金更高，驻地企业已显现“打退堂鼓”心理，由此建议在2028年租期届满前，根据小店区同类土地平均租金，结合租赁期内企业租赁的土地和产业发展等实际情况，提前约定租期届满后的合理租金，避免企业租赁期届满后不再续租。

（三）兼顾村干部激励和农村长效发展

刘家堡村自换届以来，村两委班子得到了很大优化，特别是新当选的“一肩挑”书记，有情怀与担当，懂市场与经营，能把握传统农业发展亟须的要素，起到了“火车头”带动作用。但课题组也注意到，刘家堡村并未建立集体经济收益较好后的激励分配机制，对此建议“分账分核算”，即将村集体经济组织会计账户与村委会账户分设；村集体经济组织会计核算严格按照《村集体经济组织会计制度》的要求，结合刘家堡村实际情况，制定集体经济经营性收益分配制度，尤其要注意对发展集体经济付出很大努力的两委干部的激励作用，以实现村集体经济的长期可持续发展。

课题组在刘家堡村调研

刘家堡村非遗文创产品

22

“中国醋都”金字招牌背后的三产融合

时　　间： 2024年11月15—16日

地　　点： 山西省太原市清徐县

参加人员： 邓蓉　袁华兵　邢永亮　王小川　罗明东　梁景智　杨怡宁

执 笔 人： 梁景智

内容摘要

“自古酿醋数山西，山西酿醋数清徐。”作为山西老陈醋发源地的山西清徐县，有4000多年的食醋酿醋史，被誉为“中国醋都”。清徐不仅是传统手工艺的传承者，更是产业升级的先行者。面对城乡融合发展的新要求，清徐县依托深厚的醋文化底蕴，积极寻找在传统产业与现代技术、市场之间的一二三产业深度融合。在一产上，清徐县流转6万亩基本农田，种植高粱，在保障粮食安全、农民受益的基础上，为醋产业提供了优质的原材料；在二产上，不断开发老陈醋品种，拓展老陈醋延伸产品，提高老陈醋品质，形成了完善的老陈醋上下产业链，包括研发、酿造、包装等多个环节；在三产上，一方面以醋为原点，形成了商流、物流、信息流，另一方面依托醋文化发展旅游业，带动了餐饮、住宿等产业的发展。这种通过醋产业与一三产业不断地融合，发挥历史文化优势和产业集聚的规模效应，使清徐实现了传统优势产业的快速发展。

全国的食用醋品牌非常多，南北方人都有各自的吃醋偏好。目前被广泛认可的主要有四大名醋：山西老陈醋、镇江香醋、福建永春老醋和四川阆中保宁醋。作为山西老陈醋的发源地，清徐县深厚的醋文化早已融入当地的血脉之中，渗透在每一个生活角落、每一道酿造工序里。对于清徐而言，醋并非简单的调味品，它承载着先辈们的智慧结晶，见证着岁月变迁下的民俗风情、地域故事，是向外界展示清徐独特魅力的一张亮眼名片。

在保卫“中国醋都”招牌过程中，清徐抓住三产融合这一变革的关键路径，打破产业间的壁垒，让农业、工业、服务业相互渗透、协同发展，实现资源的优化配置与高效利用，催生众多新业态、新模式，创造出更多的就业岗位与经济增长点，有力推动县域经济高质量发展。为此，清徐开展了一系列探索实践，目前已形成全国最大的食醋生产基地，有食醋及相关企业81家，年产食醋80万吨，占全国的20%，形成了以紫林、水塔、美锦、东湖四大龙头为引领的链式产业集群，食醋产业链年产值70亿元，带动相关就业人口达10万人以上，入选山西省首批十大重点专业镇和全国调味品十大产业基地。

一、主要做法

（一）依托专业镇平台，实现醋业规划、布局、部门协同同步

一是搭建专业镇平台。专业镇是以县（市、区）为基本地理单元，主导产业相对集中、经济规模较大、专业化配套协作程度较高的经济形态，是集群经济的基本形式。清徐老陈醋专业镇是太原市第一个进入山西省首批命名的特色专业镇，现已形成涵盖高粱种植、食醋酿造、物流配送、包

装材料、电子商务等行业的全产业链条。清徐县推动企业向专业镇集中，形成产业集群效应。通过建设标准化厂房和配套设施，吸引中小企业入驻，实现资源共享、优势互补。同时，清徐县还积极引导企业开展技术合作和产业协同，提升整体竞争力。通过科学合理的产业布局，清徐县不仅提高了产业集中度，还促进了资源的高效利用和协同发展。

二是编制产业转型规划。清徐县邀请中国农业大学、山西农科院、中国轻工业发展研究中心等专业机构的专家团队，为清徐醋产业量身打造了《清徐县醋产业发展“十四五”规划》。这份规划不仅明确了醋产业的长期发展方向和目标，还提出了具体的实施路径和保障措施。规划中提出了清徐醋产业“三步走”战略：前三年聚焦设备智能化改造，投入2.3亿元专项资金支持企业引进全自动翻醅机、智能温控发酵系统；中期打造“数字醋窖”，运用区块链技术建立原料溯源体系；远期目标直指“零碳酿造”，规划建设占地500亩的太阳能晾晒场。通过科学规划，清徐县为醋产业的转型升级奠定了坚实基础，确保产业发展的系统性和可持续性。

三是形成产业布局。清徐县推出食醋产业“1816”发展战略及“十大行动”计划，系统推进食醋产业转型升级。根据“1816”战略规划，到2025年将实现年产食醋100万吨、年产值突破100亿元的“双百”目标，通过8大主体工程和16项具体举措构建完整产业体系。其中，产业集聚区建设、专项资金设立、企业上市培育、专业人才引进、品牌价值提升等16项重点工作已全面铺开。在实施路径上，“十大行动”覆盖产业链各关键环节：通过培育4家龙头企业、实施重大项目带动、延伸醋产业链条、推动数字化改造、促进醋文旅融合等组合措施，形成多维发展格局。特别是在企业培育、技术创新、市场拓展、质量管控等十个重点领域，县政府配套出台阶梯式奖补政策，单个项目最高可获得300万元资金支持，有效激发企业创新活力。

四是部门协同护航。为推动醋产业发展，清徐县成立了醋产业发展和研究中心这一事业单位，并在2022年9月形成了“双组长”“双推动”“双抓手”的工作体系。县委书记与县长担任醋产业专业镇建设领导小组“双组长”，主要负责醋产业发展决策部署、统筹协调、解决重大问题，共同推动醋产业的发展。工信局与醋产业中心则扮演着“双推动”的角色，一边是政策的制定者，一边是产业的执行者，两者紧密配合，引领着产业的每一步前行。清徐县还建立了“双抓手”的工作体系，一手抓以醋产业为主的食品工业集聚区建设，一手抓“中国醋都”保卫战，对重点项目实行日报告、周通报、月观摩制度，关注产业发展的细节，及时发现问题、解决问题。

（二）围绕“中国醋都”金字招牌夯实一产根基，实现供应链收益

一是打造原料基地。正宗清徐老陈醋以优质的高粱、大麦、豌豆等谷物为原料，经蒸、酵、熏、淋、陈等多道流程酿制，其间依靠生物自然发酵。为确保原料供应的稳定性和高品质，清徐引导农户及新型经营主体建设500亩以上的特优高粱基地，对示范基地给予150元/亩奖补，对收购县域内高粱的本县醋企给予0.05元/斤补助，支持推广农业产业化联合体经营模式，被评为省级示范农业产业化联合体的，一次性奖补50万元。目前6个乡镇、8家醋企共同打造高粱基地51个，建设了6万亩的专用酿造基地，为酿造产业提供了坚实的物质基础。

二是强化利益联结机制。首先是“企业+合作社+基地”的合作模式。这种模式将高粱种植、加工、销售等环节紧密联系起来。龙头企业与合作社携手，引导农民参与高粱种植。通过这种方式，形成了“先有市场、再抓生产，产销挂钩、以销定产”的经营模式，避免了农民盲目种植，从而保障了农民的收入。其次是土地流转和规模化种植。通过土地流转，清徐县推动了高粱种植的规模化和集中连片发展。2023年，清徐县与神农原粮科技（山西）有限公司合作，建设了2万亩有机旱作高粱生产基地。这种规模化种植提高了农业生产效率，并通过统一供种、供肥、机种机收、统防

统治等方式，保障了高粱的品质。最后是农民就业与增收。土地流转和产业发展的推进，为农民提供了更多就业机会。一方面，农民可以将土地流转给合作社或企业，获得稳定的租金收入；另一方面，农民还可以在高粱种植基地或醋企中就业，获得工资收入。

三是产业链发展与价值提升。清徐县通过高粱全产业链的发展，推动了高粱产业价值的提升，推动高粱产前、产中、产后的全产业链整合，形成了涵盖生产、收购、加工、销售、科技研发、农资服务等环节的一体化发展格局，促进了高粱产业的转型升级。围绕“特”“优”战略，清徐县聚焦高粱产业集群，重点推进标准制定、技术集成和品牌建设，加快集成配套技术的推广，并推进高粱生产基地的建设。同时，清徐县建设了酿造食醋生产线和食醋发酵科技与工程实验室，购置了食醋加工和研发设备，进一步提升了高粱产业的附加值。

（三）围绕“中国醋都”金字招牌提升二产品质，实现价值链收益

一是打造科技创新重大载体，提升醋业中游竞争力。清徐县围绕“中国醋都”金字招牌，重点打造科技创新重大载体，推动醋业中游端的高新技术产业发展。2023年8月，清徐县揭牌了中轻检验认证（太原）有限公司、清徐·食醋检测认证创新平台、国家市场监督管理技术创新中心（轻工业消费品质量安全）清徐分中心。这些平台的建立，为清徐醋业提供了从技术研发到质量检测的全方位支持。其中，清徐·食醋检测认证创新平台已投入3000万元，建成了技术创新中心，专注于食醋真实性检测等前沿技术攻关。该平台还牵头研发了假冒食醋的鉴别方法，采用稳定同位素质谱技术鉴别酿造食醋与冰乙酸勾兑食醋的真实品质差异。通过这些举措，清徐县不仅提升了醋业中游的竞争力，还为传统酿造工艺的现代化升级提供了有力支撑。

二是培育高层次醋业科技研发队伍，构建全链条创新团队。一方面，

清徐县依托清徐醋产业发展和研究中心等机构，开展技能人才申报评选工作，促进醋产业人才辈出。另一方面，龙头企业如紫林醋业汇聚了近30位国内外权威专家，成立6个技术研发专业中心，推动工艺改进、产品研发和技术革新。此外，还通过柔性引才政策，引进了高端人才。紫林醋业引进了天津科技大学毕业的优秀人才，担任科技副总和实验室主任，主导建立了国际首条食醋固态发酵自动化生产线。这些措施不仅提升了清徐醋业的研发能力，还为产业的持续创新提供了人才保障。

三是推动传统加工提档升级，实现高价值链收益。清徐县通过科技应用转移转化体系，推动传统加工工艺的提档升级，实现高价值链收益。结合现代生物技术，开发功能性醋产品，比如保健醋、果醋等，满足消费者多样化需求，提升产品附加值。还推出陈醋、老醋、年份醋等系列产品，通过精细化包装与文化赋能，打造高端品牌形象。结合清徐醋文化，讲好品牌故事，提升产品的文化价值与市场认可度，实现高溢价。在醋生产配套产业上，重点培育玻璃瓶、塑料壶、纸箱包装、商贸、物流、会展等配套产业，升级完善食醋产业链，培育包装类企业20家、商贸物流类企业53家；塑料壶厂9家，年产塑料壶2亿个；玻璃瓶厂1家，年产玻璃瓶1.1亿个；纸箱厂6家企业，年产纸箱2300万个。

（四）围绕“中国醋都”金字招牌拓展三产半径，实现延伸链收益

一是拓展电商物流协同。极兔、韵达等物流公司的山西总仓落户清徐，与中国邮政、京东物流合作，建成了清徐老陈醋直发仓；通过集合竞价的方式签订“快递物流打八折协议”；引入头部电商企业京东、阿里云，共同打造“醋都e镇”电商公共服务平台，2023年，清徐全县醋企电商销售突破600万单，线上销售达1.26亿元，同比增长49.7%。在此基础上，清徐县进一步完善电商基础设施，建设了占地3000平方米的电商公共服务中心。该中心集中展示了清徐老陈醋的6个系列200多个品种，并邀请当红主播直

播带货300余场次，单场次的最高销售额突破10万元。此外，清徐县还积极开展电商培训活动，定期举办乡村e镇沙龙，提升企业和农户的电商运营能力。

二是形成服务产业集群。清徐县充分挖掘、利用“清徐老陈醋”重点专业镇和特色食品产业集聚区的比较优势，将清徐特色食品产业集聚区打造成为省级食醋产业集聚区。在交通枢纽和醋产业园区周边设立了多个司机驿站，为往来司机提供休息、餐饮、车辆维修等便利服务。驿站内还设有醋文化展示区，推广清徐醋品牌，让司机和游客在休憩的同时了解醋文化，提升品牌影响力。清徐县通过整合司机驿站、服务区、醋产业园区等资源，形成了以醋产业为核心的服务产业集群。这一集群不仅为醋企业提供了物流、销售、宣传等支持，还带动了周边餐饮、旅游、文化等产业的发展，实现了醋产业链的延伸与多元化。此外还引入智能化管理系统，提升司机驿站和服务区的运营效率。通过智能导航、在线预订等功能，为司机和游客提供更加便捷的服务体验，进一步增强了醋产业服务集群的吸引力。

三是拓展特色文旅发展。清徐县将醋文化与旅游深度融合，打造了独具特色的醋文化旅游产业。2019年9月，山西文旅醋都小镇建设项目在清徐县正式启动。项目以醋文化产业、醋休闲养生、乡村旅游、田园主题乐园、现代生态农业为产业集群，建设“一心一带两区两园”，即醋文化产业中心、醋都核心景观带、醋都养生休闲区、宝源乡村旅游区、滨河醋都主题乐园、生态农业园，打造“中国醋都，田园清徐”的国家级美丽乡村示范基地。其中，中国醋都小镇 · 山西会馆文化产业园总占地面积约110亩，按照国家级4A旅游景区进行规划，项目以三晋民居为环境基素，以晋文化演绎新体验场景为街区构建的目标，创建“情谊IP+关公IP”街区文化主题，以醋文化为载体，打造醋文化博物馆、醋疗体验中心、醋宴席及醋的衍生产品。除醋都小镇外，众多企业也在进行工业旅游开发，如水塔醋业建设的宝源老醋坊，已经成为国家4A级旅游景区，年游客超过5万人次。

游客在这里不仅可以参观传统的酿醋工艺，了解醋的历史和文化，还可以亲身体验酿醋过程，感受醋文化的独特魅力。这些文化旅游项目不仅吸引了大量游客前来参观，也带动了当地的餐饮、住宿、交通等相关产业的发展，为第三产业注入了新的活力。

二、经验启示

（一）特色品牌的专业镇打造是县域三产融合的关键抓手

在县域经济发展的大舞台上，专业镇的建设扮演着至关重要的角色。清徐县通过打造“中国醋都”专业镇，不仅实现了产业的集聚发展，更为三产融合开辟了广阔空间。专业镇的建设让龙头企业成为产业发展的核心力量，带动了上下游企业的协同发展。从高粱种植基地的规模化建设，到酿造工艺的传承与创新，再到旅游、文化等第三产业的蓬勃兴起。专业镇的建设为清徐醋产业注入了强大活力，它不仅提升了产业的附加值，还为当地居民创造了多元化的就业机会，成为推动县域经济高质量发展的强大引擎。更重要的是，专业镇的建设强化了品牌效应，提升了区域产业的整体影响力，为三产融合筑牢了根基。

（二）特色品牌的业态链式发展是县域三产融合的重要方式

业态链式发展，是推动县域三产融合的一条重要路径。在清徐醋产业的发展历程中，从高粱种植到食醋酿造，再到产品销售和文化体验，一条完整的产业链条贯穿始终。这种链式发展，不仅保障了原料的稳定供应和产品的高品质，还通过品牌化和标准化建设，提升了产业的附加值和市场竞争力。更重要的是，业态链式发展优化了产业布局，让农业、工业和服务业紧密相连，实现了从田间到市场的无缝对接。通过数字化营销和电商平台的助力，清徐醋产业的市场渠道不断拓展，为产业的高质量发展注入了新的动力。

（三）特色品牌的土地流转是县域三产融合的关键路径

大规模的土地流转使高粱种植基地实现了集中连片发展，为食醋酿造提供了优质的原料保障。这一模式不仅提高了农业生产效率，还通过“合作社+农户”的形式，让农民的收入有了显著提升。土地流转的意义远不止于此，它为三产融合创造了有利条件，让农业与工业、服务业的结合更加紧密。从田间到工厂，再到市场，土地流转使产业链的各个环节紧密相连，实现了资源的优化配置。在城乡一体化发展的大背景下，土地流转为清徐县的三产融合开辟了广阔空间。

（四）特色品牌的科技赋能是县域三产融合的核心动力

科技赋能，无疑是推动县域三产融合的核心动力。在清徐醋产业的发展中，这一点体现得尤为明显。现代科技手段的引入，让传统酿造工艺与现代技术实现了深度融合，生产效率和产品质量都得到了显著提升。数字化营销和电商平台的广泛应用，进一步拓展了市场渠道，由此清徐醋的品牌影响力不断扩大。科技的应用不仅优化了产业布局，还通过全产业链的智能化升级，提升了产业的整体竞争力。在科技的助力下，清徐醋产业的三产融合步伐不断加快，为县域经济的转型升级提供了强大支撑。

（五）特色品牌的产业协同是县域三产融合的重要支撑

在清徐醋产业的发展中，龙头企业发挥了关键引领作用，产业联盟的建立让上下游企业实现了协同发展。从种植、酿造到销售，一条完整的产业链逐渐形成，农业、工业和服务业的深度融合成为现实。产业协同不仅优化了资源配置，还通过品牌化和标准化建设，提升了产业的整体竞争力。通过“产业园区+”模式，清徐县将农业、工业与服务业有机结合，推动了产业的协同发展。这种模式不仅提升了产业附加值，还通过全产业链的协同创新，为清徐县的三产融合注入了强大动力，推动了县域经济的高质量发展。

三、完善建议

（一）其他特色产业融合发展

除了老陈醋外，清徐还拥有蔬菜、预制菜、葡萄、通航等特色产业。清徐县可参考醋产业的做法，加大对这些产业的品牌建设和市场推广力度，形成与醋产业协同发展的多元化品牌集群。蔬菜产业方面，清徐县可以依托现有的蔬菜种植基地和醋生产企业，通过产业链整合，将蔬菜种植、加工、销售与醋的生产、销售紧密结合起来。蔬菜种植基地可以为醋生产企业提供优质的原料，如用于腌制、调味等，同时醋生产企业也可以将蔬菜作为产品配料或衍生品进行开发。预制菜产业发展方面，可以充分利用当地醋产业和蔬菜产业的资源优势，通过产业链整合，形成预制菜、醋、蔬菜三位一体的产业格局。蔬菜种植基地为预制菜提供新鲜、优质的原料，醋生产企业为预制菜提供独特的调味品，共同提升预制菜的产品质量和口感。预制菜产业也可以共享醋产业和蔬菜产业的物流、仓储、销售渠道等资源，降低运营成本，提高市场竞争力。同时，预制菜产业也可以为醋产业和蔬菜产业提供更广阔的市场空间，促进整个产业链的协同发展。葡萄产业方面，实施葡萄万亩百园工程，推动葡萄产业向规模化、标准化、品牌化方向发展。同时，加强葡萄深加工产品的研发和推广，提高产品附加值和市场竞争力。通航产业发展方面，依托清徐通航小镇等平台，推动通航产业的快速发展，加强与国际知名通航企业的合作与交流，引进先进技术和管理经验，提升通航产业的竞争力和影响力。

（二）打通国内国际双市场

清徐老陈醋是清徐县的特色名片，具有深厚的历史文化底蕴和独特的品质优势。清徐县可进一步加大市场推广力度，提升清徐老陈醋的品牌影响力和市场竞争力。国内市场拓展方面，加强与国内大型商超、餐饮企业等的合作与交流，推动清徐特色产品进入更广阔的市场。同时，加强市场调研和产品开发，满足消费者多样化的需求。国际市场开拓方面，强化食品安全管理，确保每一批次的产品都符合国家标准和国际标准。引进先进的检测设备和技术，对原材料、半成品和成品进行严格的质量检测。利用“一带一路”建设等国际交流机遇，加强与国际市场的联系和合作。鼓励企业参加国际展会和经贸活动，拓展海外市场，提升清徐产品的国际知名度和竞争力。

课题组在清徐知名醋企开展实地调研

课题组调研清徐县醋专业镇发展规划

23

城乡融合，“工”不可没

时　　间： 2024 年 11 月 15 日

地　　点： 山西省太原市清徐县东于镇东高白村

参加人员： 邓蓉　袁华兵　邢永亮　罗明东　梁景智　杨怡宁　王小川

执 笔 人： 杨怡宁

内容摘要

山西省太原市清徐县东高白村背靠吕梁山、傍汾水、接清源、连交城，是太原的“南大门”，地理位置优越。东高白村紧跟改革开放的时代步伐，充分利用丰富的煤炭资源优势，在传统涉煤产业以及相关延展产业发展的同时，以工业带动农业和第三产业，进而带动村集体经济发展和村民增收致富，并以工业长期积累的财富反哺农村，改善村民居住条件和基础设施，提升乡村环境治理水平，形成乡风文明新风尚，走出了一条以工促产、以工富农、以工带治的城乡深度融合新路径。

东高白村有村民3000余人，1000余户，村庄总面积5397.5亩，其中耕地面积1500余亩，建设用地及工业用地3323.5亩。相传东高白村原是一片水泊草地，蒿草丛生，村落荒凉，因而得名“蒿泊”。后来人丁日趋兴旺，荒凉旧貌随之改变，便将“蒿”字去掉草头，“泊”字去掉“水”旁，改名“高白”。历史上高白分为东、中、西三个高白，处于东面的便叫东高白。乘着改革发展的东风，曾经这片“荒地”之村如今已种上了满满的“梧桐树”，吸引了一只又一只的“金凤凰”慕名而来，带动了整个村庄产业结构的优化转型升级，开启了乡村发展的新篇章。现有大小企业共40余家，其中山西亚鑫、太原港源、山西新能源等大型企业相继在此落地生根。得益于良好的工业发展基础，东高白村在“工农互促、工农共富”的新型工农发展格局中，实现了区域、城乡、产业之间的协调发展，壮大了村集体经济，有效推进了东高白村的共同富裕。东高白村利用村企改制破题、三产发展奠基、乡村治理升级，进而循序渐进地走出一条工农互促、工农共富的乡村蝶变之路，为城乡深度融合打开了新格局，拓展了发展新思路。

一、主要做法

（一）适应市场化改革，村办企业实现华丽转身

1.困境逢生，科学谋划村企发展新出路

山西以其丰富的煤炭资源而闻名全国。从20世纪80年代开始，乘着改革开放的东风和较好的区位条件，东高白村不少村民开始围绕煤炭创办企业，村集体也因此办了不少的村办企业。到2001年，村办企业共有10个，这10个村办企业在带领村集体实现增收过程中发挥过它们的积极作用，当

时的村民人均年收入达到2000元，并奠定了村集体的发展基础。可好景不长，由于激烈的市场竞争、集体企业管理体制僵化、缺乏有效灵活激励机制等原因，导致企业产品结构单一，无法适应市场需求，村企发展一度陷入困境。为了突破发展桎梏，村党总支一班人从源头剖析发展滞后原因，决定从“理顺机制、打破束缚、加快发展”三个方面协同发力，探索出一条适合村企创新发展的新路子。

万事开头难。在理顺机制对企业改制时，就遭到了村民的抵制和反对，他们难以理解的是为什么要把集体的企业转卖给个人，担心自己会失去铁饭碗，个人的经济收入难以得到有效保障等。面对这种情况，村党总支通过一家一户走访，了解村民真实需求，讲明讲透村企改制的原因和意义，从根本上打消了村民先前的种种疑虑，解决村民的后顾之忧。由于工作做得细、道理讲得清，企业改制在当年很快就圆满完成了。原来的村办企业“东高白机械厂”，改制后变成了“曙光机械厂”，经过两年多时间的发展，产值利润增长了10倍，原来村里只有这一家机械厂，现在发展到了两家，第三家也已开工建设……改制后的这10家企业，生产规模不断扩大、销量增多，在时代发展浪潮中焕发出勃勃生机，让昔日与土地打交道的“泥腿子”，走进工厂干起了工人的活路。村上有2000余人都在这些企业里打工，全村农民人均纯收入较为可观，其中70%左右均来自企业打工的收入。企业的改制转型发展，一方面为企业开展招商引资、扩大产业规模、提高管理经营水平等提供更多体制机制上的助力；另一方面为村集体实现增收致富提供重要路径，包括租赁给企业的土地收入和借贷给企业的理财收益，目前土地租金160多万元，理财投入320多万元，为村集体发展奠定了坚实的经济基础，由此走出了一条机制顺畅、活化经营、突破束缚的良性循环转型发展之路。

2. 村企“唱戏”，携手赋能乡村产业振兴

民营企业的快速发展为东高白村注入了新的资金、人才、技术等活力，激活了村企发展的“一池春水”。从2003年开始，以原“八厂一矿”为基

础的民营企业逐步壮大，发展到覆盖煤焦化工、精细化工、煤炭洗选、金属镁业、炭黑、高端装备制造、机械加工、电缆等多个行业。如山西亚鑫能源集团有限公司，创立于1994年，历经30年发展，从原来的原煤开采、炼焦及焦炉煤气深加工等行业逐步发展到以煤焦化工、基础化工、文旅康养三大产业为主，并逐步向精细化工、资源循环利用等绿色、低碳、高附加值产业延伸的多元化集团，2023年产值达83亿元。随着二产业的蓬勃发展，又带动了批发、制药、白酒酿造、食醋生产、熟食品加工、金融、地产、机械租赁、货运物流、文旅酒店、农家乐等多个行业领域的发展。到2023年底，村内先后共创办40余家民营企业，其中规上工业企业7家、批发业企业8家，总产值超145亿元，如山西和昌能源有限公司销售额达到34亿余元，居于批发业产值第一。

（二）“工”不可没，实现城乡产业融合

1.“工”带一产，农业增效释放新动能

东高白村在工业大发展的同时，也为农业发展提供了有力支撑。作为山西省太原市“菜篮子”基地之一，东高白村紧抓关键区位优势在大棚产业基地建设过程中进行了有益探索，并取得了一些实实在在的成效。

一方面，通过加大必要的资金技术投入和人力支撑，赋能农业领域更多发展潜能。一是注重加强农业基础设施建设。投资300万余元改造了8000余米的农业耕作路，建设了4800多平方米的仓储冷藏设施和集贸市场项目，在充分满足村民蔬菜储存需求的基础上，实行对外租赁。二是强化农业科技水平提升。借助“百企兴百村”这一行动，积极与驻地企业亚鑫集团对接，打造20余亩的育苗基地，免费为村民提供抗虫害抗病高产优质幼苗，并对外销售。2023年，东高白村与亚鑫新能科技共建3200平方米的现代科技育苗大棚，配套育苗床1360平方米。在育苗基地内，每个育苗区域都有温控设备，冬季采暖联动亚鑫新能科技余热循环热源利用，极寒天气温度可达到13℃以上。通过配备温室自动化管理系统、监控系统等现代

技术设备，育苗基地内浇水系统、喷灌系统、通风系统均采用机械化操作，一次性可为村民育苗30余万株。三是带动村民自主建大棚。系统而完备的育苗流程不仅为本村及邻村各蔬菜种植户提供优质高产种苗，为市民输送安全放心的绿色无公害蔬菜，更重要的是在提高自身技术水平的同时，还带领周边村民学习嫁接、育苗、种植和田间管理技术以及农药、肥料的科学使用方法，村民真正掌握了大棚种植的科学技术，最终实现了育苗服务功能、新品示范功能、科技种植带动功能等“一棚多能”。

另一方面，以“工”带农健全特色产业链、供应链和提升产能，充分激活农业发展新优势。目前大棚基地主要种植大白菜、大蒜、豆角、茄子等蔬菜，同时还发展养殖、苗圃等优势产业。2020年，东高白村还积极探索出特色蔬菜种植的致富渠道，与惠东生态园联合发展高附加值的芦笋种植产业。与传统蔬菜相比，芦笋亩产增收3000余元，本村农户看到良好的发展前景，提出芦笋高效种植计划，通过村企联手助推惠东生态园育苗服务实现优化升级，预计到2025年春天可提供第一批成苗7万株，将带动30家农户参与芦笋种植。同时深入探索芦笋致富新点子，开辟笋制品加工的新路子——芦笋罐头，实现农产品生产向地标品牌化经营转变，提高整体经济效益，着力将“大棚经济”打造成乡村振兴、农民增收的“助推器”。未来，东高白村将结合美丽乡村建设，引入电商平台销售农产品，赋予乡村蔬菜大棚产业更多发展空间与机会。

东高白村利用良好的工业资源累积优势，集中建成与完善温室大棚、冷链仓储、农用机械等一系列智慧农业设施建设，构建起新型农业社会化服务体系的“东高白模式”，以农产品作为基本原料推进农业领域朝着科学化、规模化、产业化的方向迅速发展，真正实现了以工补农、以工促农的有效循环利用。

2.“工”旺三产，服务业升级增添“新活力”

一是融合发展，用好文旅“增效器”。东高白村凭借其丰富的文化康养资源优势和良好的旅游发展基础，大力推动乡村旅游健康发展。在文化方面，稳妥地修缮保护了乡村多处古建筑，并以此为契机打造了村民和游客的文化活动场所，呈现出更具村落特色的高品质消费场景和乡村文旅新地标；在康养产业方面，借助老年活动中心，为老年人、休闲度假人群提供全方位的养老、休闲娱乐服务。二是创新业态，“唤醒”土地新活力。东高白村携手亚鑫文旅打造了趣味科学农田、乡村研学游、土地认养等多种乡村旅游新业态新形式，利用现代化无土栽培、智能化栽培等新型农业生产模式，让人们切实感受乡土气息，增强乡村多元旅游体验感。

（三）“工”不可没，实现集体和个人“双收”融合

东高白村紧紧依托地处精细化工业园区的独特区位优势，在乡村振兴的道路上进行了有益探索和创新实践。到目前为止，东高白村依托独特的资源人文优势先后发展40余家民营企业，现已初步形成了以煤焦化产业为龙头、金属镁业、洗煤业、机械铸造业、酿造业、药业、养殖业、精品农业为支柱的多业并举的产业结构。民营经济和集体经济相互补充、协同发展，为村集体创收和村民就业提供了有力支撑，村民以到企业务工和跑运输为主要经济来源，解决了全村以及周边村一半以上的劳动力就业问题，改变了以往村民单一以种地为主的经济状况。通过村企携手合作，持续加大招商引资力度，把产业建在村上，把岗位送到家中，让群众搭上家门口的就业快车，让村企成为撬动共同富裕的有力杠杆，走出一条“产业为基、村企联动、多方共赢”的共富乡村新路径，形成工农互促、工农同富的创业就业新体系，实现企业发展、村集体增收、村民致富的三方共赢新局面。

东高白村集体经济年收入达400余万元，一方面通过将集体拥有的土地资源出租给各类企业或个人用于农业生产、工业建设以及商业经营等活动，从而获得稳定且持续的租金收入，为集体经济的发展奠定坚实基础；另一方面村里将部分闲置资金进行合理规划与投资理财，使得资金能够实现安全保值增值，为村集体资产的累积添砖加瓦。除此之外，红白理事会还在遵循移风易俗的基本原则，适当收取一定的服务费用，这些费用在经

过合理规范的管理后被纳入村集体经济中。

“挣钱不用去远方，家乡就是好地方”，东高白村众多的村内企业，让“家门口就业”的美好愿景变为社会现实，因地制宜引进各类企业项目，多模式解锁“共富密码”，充分实现村民近距离就业、多渠道增收，最终促成村民生活有保障、劳动力本土化激活、情感联结有归属，将村内企业打造成为真正的强村之企、富民之企，努力绘就共同富裕发展新图景。例如，2022年7月东高白村大学生张媛媛从晋中学院毕业后，就进入村办企业山西亚鑫集团工作。在家门口的企业上班，坐班车上下班不到10分钟，工资待遇都不差，生活支出也少，更重要的是能够每天陪伴在父母身边，惬意且安稳。像张媛媛这样到企业上班的村民，东高白村大有人在。现在，在东高白村落户的40余家民营企业已经解决了本村及周边农村劳动力就业3000余人，同时带动农业、服务业、自主产业等岗位1000余人就业。

（四）“工”不可没，实现城乡治理融合

发展产业带动村民增收致富仅仅是城乡融合中的一个维度，如何优化基层社会治理，提升乡村“精气神”，也是东高白村需要重点考量的一方面。如今的东高白村发生了翻天覆地的变化，以产业振兴作为有力抓手，带动村级治理、乡风文明、基础设施建设等方面实现并驾齐驱，从根本上促进了县乡村功能衔接互补、资源要素优化配置，切实推动了乡村振兴路上的创新实践，走出了一条因地制宜、民富村兴的好路子。

1. 人居环境旧貌焕新颜，为民生幸福“升温加码”

在经济基础的不断加持下，东高白村持续推动人居环境整治工作由“干净整洁”向“美丽宜居”转变，为全村营造美丽宜居宜业的生活就业环境，不断提升村内“颜值”和村民幸福指数。2022年，全村进行了“三水一电街道硬化”建设，村内道路整洁了，房前屋后干净了，角落的垃圾不见了，绿化带焕然一新，墙面的美化工作有条不紊地进行着，人居环境得到了显著提升。近年来，该村更为注重自然生态环境的保护与改善，先后

对进村主干道、建筑物外立面进行了绿化亮化整治，形成点、线、面相结合的绿化网络。同时，进一步实施了人居环境整治提升项目，对全村街巷的雨水和污水管网进行适当分离，开展垃圾及时清运行动和每日定点定时集中回收处理，更换200余盏LED路灯，公交、快递、银行、供电、供暖、网络、公共充电设施等公共服务配套齐全，实现了全村面貌焕然一新和人民群众安居乐业，有效彰显出乡村生活的品质与魅力，推动乡村文明建设大步向前。

2.基础设施提档又升级，为村民生活“增姿添味”

东高白村按照“先规划、后建设”的原则推进乡村建设，聘请专业设计团队规划整村运营。先后建设了兴东小区一、二、三期工程，共有1333套住宅，并且配建了休闲广场、文化书屋、农家菜馆、文化活动中心、合作医疗点、图书阅览室、老年活动室、便利店、学校等基础设施，同时公交、快递、供电、供暖、网络、公共充电等配套设施齐全，为村民的日常生活提供了便利，赋予村民更多姿多彩的生活模式，显著改善与提升了村民的生活质量和水平。

3.培育文明新风尚，为乡情民俗“塑形铸魂”

东高白村先后对村内二郎庙、娘娘庙、古戏台、圆觉殿、贾氏宗祠、张氏宗祠、高白状元祠、财神庙等古建筑进行修缮保护；“架火迎鼓”作为省级非物质文化遗产在清徐社火文化中独树一帜；崇武尚德的“武状元”文化，以其无形的传承精神影响着一代又一代人；并且依托传统节日开展具有鲜明地方特色的文化活动，吸引了大量游客前来观赏，展示出浓厚的“好客高白”乡俗民风氛围。2011年，东高白村就投资建成了“兴东服务中心”，主要是服务村内红白事宴以及其他文化会演活动。与此同时，近年东高白村的锣鼓队也操练得有声有色，为村民的文化生活赋予了非凡意义，一阵阵铿锵有力的锣鼓声，既为努力奋斗的乡亲们喝彩，也奏响了一曲新时代的乡村振兴曲。

4.关注“一老一小”，村企共治破解乡村发展大难题

在多数乡村日益空心化、老龄化的今天，“一老一小”一头连着“朝阳”，一头连着“夕阳”，老年人和儿童的照顾是乡村治理的一大难题。东高白村得益于村企的发展，积极资助“一老一小”服务中心最终修建完成，该村始终将“一老一小”事业作为暖民心的“一号工程”。先后通过建设高标准星级幼儿园和“一老一小”服务中心两个民生项目，扎实推进“一老一小”事业实现高质量发展，用实际行动托起“一老一小”的幸福健康安居生活。

东高白村秉持发展成果共享，勇担共同富裕责任的重要理念。在民生问题上努力出实招、用实心，真正实现“幼有所学”“老有所养”。2020年，投资1300万元建成的高标准星级幼儿园由清徐县清源幼儿园教育集团托管，占地3500平方米，可容纳400多名幼儿，采用活动室、睡眠室、衣帽间、卫生间“四位一体”的人性化设计，为本村及周边村庄的适龄幼儿提供普惠、优质、个性化的学前教育，促进儿童快乐成长与身心健康，真正实现“幼有善教”。2024年，投资1400万元建成“一老一小”服务中心，建筑面积2500平方米，为老人提供社区食堂、医疗服务、日间照料、休闲娱乐、文化交流等服务，切实增强老年人的获得感与幸福感，真正实现“老有所养、老有所乐、老有所获”。此外，村企协同联动发力，对于老、少群体还增加了一系列的生活保障与考学奖励措施，例如为本村考取大学的学生给予奖学金与相应补助支持，以及通过实施养老保险制度为老年人提供资金补助与解决其后顾之忧。

二、经验启示

（一）破旧立新是发展永不停歇的动力

乡村振兴这条路如何走稳走好？既要稳扎稳打更要大胆探索，在充分

保证村集体的利益最大化、风险最小化的基础上，以敢于突破、勇于创新的思维去推进乡村美丽蓝图的最终实现。俗话说，不破不立。东高白村在面临村企改制的这一难题时没有退缩，而是在充分做通老百姓的思想工作去积极争取改变机会，不断在尝试创新、实践探索的过程中大胆破旧立新，闯过了第一道难关。也正是这一体制机制的理清理顺，扭转了村企之前的滞后发展态势，促成了村内经营活络、突破束缚、创新发展的企业经营新思路，结合本地发展实际进行招商引资，并且在优化发展质量、改善发展规模、提高发展水平、改善发展结构等层次上不断探索村企发展的最优解，最终促成了多家企业在本村落地落实，为村集体和村民带来了增产增收质效。东高白村的实践经验告诉我们，在乡村发展的重要关头，要具备前瞻性思维，敢于突破传统思维的藩篱，对于有类似条件的乡村，要有敢闯敢试、破旧立新的勇气与决心，才能拓宽乡村发展蓝图的全新思路。

（二）工农互促是城乡融合的源泉

产业兴旺居于乡村振兴战略总要求的首位，也是乡村振兴的工作重点内容。东高白村依托村内工业发展聚合优势，以产业振兴作为切入点，大力推进一二三产业融合共生、协同发展，为持续推动工农互促与互进提供了重要路径。

一是纵向延长农业产业链，提升附加值。东高白村科学定位自身的产业发展方向，在蔬菜大棚产业上做文章，引导农户经营主体打开思路进行农产品深加工，突破了农村地区只能进行最初生产和初加工的限制，打造农产品生产、深加工、衍生品制造一体化产业链，进而提升农业领域的附加值，促进村集体和农户增收致富。

二是充分发挥龙头企业的带动作用。东高白村形成了以煤焦化企业为龙头的发展模式，带动村内40余家民营企业蓬勃发展，充分将资源优势、技术优势与劳动力优势有机结合起来，对农业、旅游业等进一步发展产生了强大的聚合效应，为实现工农互促、工农互进提供了有力支撑。

三是培育发展多元新业态。不断开发农业各方面潜力和发挥农业的综合效应，为工业发展补齐资源要素等短板，同时扩大工业反哺农业的优势探索多种融合发展模式，向挖掘乡村更多元化价值要效益，让更多资源实现共建共享多赢局面，更好搭建起接一连三的协同平台，突出差异化、特色化联动发展，形成优势互补、空间集聚的乡村产业格局。

（三）产业支撑是乡村治理的基石

在乡村治理的众多要素中，产业支撑是不可或缺的一部分。它不仅是乡村经济发展中的重要动力，更是乡村治理的基石。产业支撑的强大与否，直接关系到乡村发展的繁荣与稳定，更深刻影响着乡村治理的效果和质量。2024年中央一号文件对于提升产业发展和乡村治理水平作出了系统部署，指出要从各地实际和农民需求出发，集中力量抓好办成一批群众可感可及的实事，建设宜居宜业的和美乡村。东高白村在20世纪80年代创办的村办企业，通过转型改制为本村未来民营企业发展指出了一条明路，用好了产业兴旺这一解决农村问题的关键一招。截至目前，村内大量有志青年和企业家围绕丰富且优质的煤炭资源创办了40余家民营企业在此落地生根，以传统煤炭产业为主逐步衍生发展了机械化工、运输租赁、食品加工、文旅康养等二三产业联结体系，一方面产生了大量的就业机会，吸引更多农民工、大学生、退役军人等优秀人才返乡创业，另一方面也为乡村治理提供了重要的智力支持和人才保障。

由于工业发展势头较好，东高白村大多数具有家乡情怀的乡贤能人和村办企业家利用企业经营盈余收入投资用于乡村治理，在基础设施建设、人居环境改造、公共服务水平提升、社会矛盾减少、非遗文化传承以及社会公益事业方面大有作为，为切实破解乡村治理发展难题筑牢了坚实根基，也为同区域乡村发展模式提供了重要的思维路径和参考做法。东高白村依托富足的产业优势为乡村治理提供了更好的社会环境和资金保障，推动乡村经济发展的同时健全村级民主管理监督制度，赋予村民参与村级治理的政治权力和自主效能，极大增强乡村凝聚力和向心力，通过建立健全治理体系和治理能力现代化更好促进乡村社会的和谐发展和有效治理。因此，东高白村曾先后获得“文明和谐村”“山西省生态村”“山西美丽休闲乡村”“省级文明村”“全国乡村治理示范村”等多项荣誉称号。

三、完善建议

东高白村通过“以工补农、以工促农”的方式，在推动城乡产业融合、集体个人“双收”融合、社会治理融合等方面实现了有益探索实践，但还存在一些不足之处，因此课题组给出了以下三点可供参考的完善建议：

（一）建立激励机制，保持村两委干部干事创业的积极性

从东高白村两委的待遇来看，由于村两委干部大多有自己的企业，在经营收入方面较为可观，历任两委干部均高风亮节、甘于奉献，只领取少量或者没领补贴，做村务工作经常自掏腰包而且从不报销，村集体收入全部用来提升村民生活水平。但要把全村的事业办好，不光要有较高的家乡情怀、为民情结，也需要有与职务岗位相匹配的薪酬激励机制。东高白村的集体经济基础较好，有实施薪酬激励机制的条件，建议东高白村按照《中华人民共和国公司法》《中华人民共和国农村集体经济组织法》等相关法律法规的规定，对村集体经济进行公司化管理，村两委干部在村集体经济公司任职期间可以兼职兼薪，以便村两委干部更好地为村集体经济和村民服务。

（二）提高善治水平，不断提升民主化法治化水平

东高白村历届村两委为村庄的发展作出了很大贡献，东高白村能有今天的发展成就离不开历届村两委的奉献与努力。但要继续保持村庄的整

体发展水平甚至更上一层楼，就需要不断提高村庄发展的可持续性。东高白村的治理属比较典型的“能人治村”模式，在充分肯定他们对村庄发展的贡献时，还应注意到能人可能带来的负面效应。相关研究指出，乡村能人和农村基层治理之间的协调困境以及乡村能人的个人利益和村民利益的部分错位均客观存在，容易形成个人权威以及垄断乡村资源等情况。这就需要不断提升乡村治理的民主化和法治化水平，要使村民能够充分表达自己的意见，充分享有自己的民主权利，这就对村两委的能力提出了更高的要求。

（三）增强自主造血能力，实现村集体可持续发展

东高白村目前对民营企业依赖性非常强，一旦民营企业经营不善，那么村集体与企业之间联结关系就会中断，收不到土地租金，无法实现资金理财，村集体增收渠道被切断，村民没有稳定的生活来源与保障，就无法有效实现乡村发展的良性循环。因此，要充分挖掘村内各类资源优势，发展多元经济，例如开展物业租赁、股份合作、多元化服务供给等业务，实现村集体经济的多元化增长模式，形成集群效应。同时要注重村内人才培养与引进，积极引进专业技术人才，为村集体提供更多智力支持和技术指导，推动村集体经济增收的创新发展。

东高白村村内企业——山西亚鑫新能科技有限公司

东高白村蔬菜大棚基地

东高白村“一老一小”服务中心

课题组在东高白村进行交流

24

城市远郊丘区乡村如何发展特色产业

时　　间：2024年8月30日、9月14日

地　　点：四川省简阳市江源镇红台村

参加人员：邓蓉　袁华兵　章敏　梁景智　罗明东　刘美均　郑淑堃

执 笔 人：刘美均　梁景智　罗明东

内容摘要

四川省红台村距成都市区80多公里，位于四川省简阳市江源镇东部，地形以浅丘为主，既有一定的区位优势，又兼具丘区产业发展的短板。近年来，红台村以桑葚种植为主、莲藕种植为辅，积极探索乡村特色产业的发展之路，依托成都市、简阳市相关单位的长期扶持，在土地有效利用、产业链搭建上持续发力，并且尝试处理好规模经营与小农户经营的关系，在特色产业的发展中积累了一定的经验和方法。面对丘区产业发展的困惑，为使红台村的特色产业取得进一步的发展，课题组从用地保障、招商引资、基础设施、产业发展协同平台、人才智库等方面提出了改善措施。

简阳市位于成都东南部，面积1343平方公里，辖7街15镇，常住人口73.8万人，2023年全国县域经济百强县排名87位。简阳市作为成都唯一有脱贫攻坚任务的区（市）县，其脱贫攻坚和乡村振兴有效衔接工作深刻影响着成都“三农”工作大局。2016年后，简阳市划归成都代管，简阳作为相对欠发达地区，具有明显的“小城市+大农村”特征，是典型的丘区大市，推进乡村产业振兴存在诸多难题。红台村位于简阳市江源镇东部，地处成都市“一小时交通圈”，位于成资眉同城化交界地带，在规划体系中属雷家临空都市农业片区中的永宁片区。虽然红台村在市镇两级规划中都有空间优势，但由于主客观原因，在村域面积、人口数量、产业结构、收入水平、基础设施、公共服务配套等方面均处于简阳农村平均水平以下，呈现出传统浅丘农村的普遍特征：土地分布散、产业发展慢、基础设施差、治理力量弱。红台村的特色产业以桑葚种植为主、莲藕种植为辅，在积极推行农村特色产业发展的过程中，也面临着丘区农村特色产业发展的普遍问题和其个性问题。对其特色产业发展的做法、经验进行深入剖析，能为丘区乡村特色产业的发展带来启示。

一、主要做法

（一）组织联动，念好“帮”字诀

近年来，红台村完善村党组织架构，以党建引领为抓手，不断健全工作机制，强化工作措施，创新工作思路。在由成都市科协、简阳市水务局联合下派乡村振兴工作队大力支持下，成立了全村862户农户100%参与的红台村股份经济合作联合社，将人才、土地、资金、技术等资源要素融合起来，“帮”字口诀念好念活，为村集体经济发展把好方向、出谋划策，促进村民增收。一是项目帮扶，市科协累计投入资金64万元，其中35万元发展种植大棚31.5亩、9万元发展莲藕种植（补助购买藕种）100亩、20万元建设科技教育教室（江源镇九年义务教育学校）。二是智力帮扶，成都市科协和简阳市水务局多次组织专家学者赴红台村开展桑葚种植技术培训、医疗服务等科技帮扶，派驻了干部常驻红台村，既提供管理帮助，也协助协调各方资源，进行调查研究，将相关成果持续运用到红台村的产业发展及乡村治理上。三是消费帮扶，两个单位多次组织食堂、单位职工采购红台村水果、粮油等农副产品。在两个单位的助力及村集体的努力之下，集体经济组织获得了较为可观的收入，利用180余万元扶贫资金安装的种植大棚通过对外出租，年收益达15.4万元；集体经济入股简阳简裕智慧农业发展有限公司202.6万元，年收益达10.13万元，入股鑫瑞恒源农业有限公司30万元，年收益达3万元；特色产业桑葚种植年产值达600万元。

（二）因村施策，做好“土”文章

红台村地貌以浅丘为主，地块相对分散、破碎。全村共有耕地面积6458.51亩，其中基本农田5359亩，占比高达83%。在严格的耕地红线要求下，红台村基本农田保护任务十分艰巨。在守好18亿亩耕地红线的同时，红台村也积极探索“找特色、谋发展”的产业路子。针对本村农业生产用水紧张，丘区地形破碎、起伏较大等实际情况，在上级政策、资金以及各类项目的扶持下，红台村选择了耐旱、耐寒、耐瘠薄，对土壤和气候的要求不高，适合在丘陵地区种植的桑葚产业。同时，依托村内“零星”的水田，又于2017年在成都市科协的扶贫帮扶资金支持下发展起了莲藕产业。如今，红台村形成了以桑葚种植为主，大棚种植及莲藕种植为辅的特色产业聚集。数据统计，全村桑葚种植400余亩，亩产800余公斤，年产量超30万公斤；种植大棚面积为280亩（190亩大棚，90亩露天），主要种植西瓜、蔬菜等农作物，年产值200万元；100亩藕塘年产莲藕150吨，产值300万元。

（三）协同发展，形成“全”链条

过去的红台村产业单一，主要种植水稻、玉米等传统农作物，产出少、收入低，青壮年纷纷选择外出务工。自从2012年陆续开始推广桑葚种植以后，村民的收入有了可观的变化，但单纯种植桑葚、零星销售桑果易导致产品附加值不高、农民增收不可持续等问题。如何提高产业附加值？如何丰富桑葚产业业态？如何拓宽种植户的增收渠道？不仅是红台村集体在思考这些问题，江源镇政府也在积极探索寻求出路。为此，原永宁乡（现已划归江源镇）依托包含红台村在内的几个村联合打造了桑海乡田旅游区，并于2017年举办了简阳市首届桑葚采摘节，为包括红台村在内的各个种植村推广引流，带动集体增收。同年3月，与红台相邻的团岭村引进布局了一家以果酒开发为主的中小企业——四川尚果鼎椹酒业有限公司，研发了桑葚特色菜以及桑果酒、桑果汁、桑果茶、桑叶茶等系列产品，实现从一产到三产的“全覆盖”，有效地破解了桑葚产业链条单一，业态不完整的发展难题。与此同时，红台村两委也积极探索桑葚增收渠道，在桑树盛果期过后，通过将桑叶出售给桑蚕养殖户，户均年收入可增加1000多元。

（四）分散经营，形成“小”特色

红台村参与桑椹特色产业种植的农户接近400户，平均种植面积为1亩，可见红台特色产业发展存在明显的“小散”状态。简阳市通过政策扶持和资金支持，对小农户进行全方位赋能，提供种植补贴、技术培训、金融信贷等政策扶持，提升小农户的生产能力和经营水平。而作为帮扶单位，成都市科协、简阳市水务局为红台村提供了技术支持和培训，帮助小农户提升种植技术和管理水平。市科协组织科技志愿者到红台村就产业发展情况进行精准指导，继续帮助该村打造“一村一品”特色产业。红台村通过农旅融合发展，将农业生产和旅游业相结合，提高了农产品的附加值，增加了小农户的收入。通过举办采摘活动，吸引简阳市甚至是成都市周边的游客参与果桑采摘，推动了当地旅游业的发展，带动了小农户的增收。

二、经验启示

红台村处于成都市第三圈层，虽然在市镇两级规划中具有区位优势，但受困于浅丘农村的发展弱势，特色产业的摸索之路困难重重，但其在困难中的探索也值得总结和提炼，能够引起我们在城乡融合发展过程中对城市远郊丘区的产业发展更多的关注和思考。

（一）组织引领下相关部门的长期扶持是特色产业发展的底气

乡村工作队在脱贫攻坚过程中扮演了至关重要的角色，他们不仅是党的政策的执行者，更是基层治理的推动者和群众的服务者。在脱贫攻坚和乡村振兴有效衔接阶段，简阳市水务局持续下派驻村第一书记到村上，既在日常工作中抓好党建工作，又坚持做好政策宣传和执行，切实落实检测帮扶工作，帮助村上全面梳理产业情况，通过广泛的调查研究既摸清了特色产业发展困难需求，还发挥自身力量积极联络相关专业帮扶资源；成都市科协作为红台村的对口帮扶单位，自2015年8月以来，从项目帮扶、智力帮扶、消费帮扶三个方面对特色产业发展进行精准助力，在一定程度上解决了特色产业发展的资金问题、技术问题、销售问题。

成都科协和简阳水务局的帮扶连续性，工作队驻红台村的长期性，使得下派干部可以对产业发展进行深入调查研究，搜集产业发展过程中的实际需求，借助各方平台搭建红台村与专业技术团队的沟通交流平台，实现长效性、针对性帮扶，为乡村产业发展、乡村振兴、基层治理助力赋能。

（二）因地制宜选择主导产业是特色产业发展的核心

大力发展特色产业，做好“土特产”文章，是实现乡村产业振兴的重要内容。乡村丰富的自然资源、优美的生态环境和独特的民俗文化等，在发展特色农业产业方面具有明显优势。因此，在培育和壮大地方特色产业的过程中，核心就是要做好“特”字文章，明晰地方特色、突出地方优势、体现乡土情和文化情，既要立足本地自然资源禀赋，也要凸显情感内涵和文化内涵，因地制宜打造产品新亮点。红台村结合地处丘区的地形地貌特征，选择了适宜丘区发展的桑葚作为特色主导产业。同时，充分发挥省会城市成都市“一小时生活圈”的区位优势，依托桑葚等特色农业、丘区农耕文化吸引游客来此采摘尝鲜、打卡拍照，领略田园风光。红台村所处的江源镇已经连续7年举办桑葚采摘节活动，形成了集“桑葚种植基地、自主采摘农场、环线旅游观光、餐饮休闲娱乐”为一体的生态休闲观光旅游园。包括红台村在内的整个旅游区累计接待游客100余万人，旅游综合收入近3000万元。

（三）协同推进三产融合是特色产业可持续发展的保障

如何打造特色农产品产业链条？如何提升特色农产品附加值？这是当前乡村特色产业发展普遍面临的难题。破题的关键就是要丰富产业业态，推进一二三产业的融合发展。而红台村的桑葚产业发展，就是在这个过程中不断补齐完善产业链条，协同推进融合发展。在发展之初，红台村的桑葚产业仅有初级生产与销售两个环节，并且桑果销售多以种植户零售为主，产业附加值低，难以持续、高效地带动种植户增收。为此，红台村集体、江源镇乃至整个简阳市多方努力，协同推进产业链融合发展。首先，联合整个江源镇内红台村、团岭村、石泉村、双井村4个桑葚种植村联合打造“桑海乡田”旅游区，大力发展乡村旅游，实现特色农业产业集群发展，并通过成立桑果种植协会提升产业发展的组织化程度。其次，在“桑海乡田”文旅IP的带动下，积极补齐产业短板，加推新型消费业态，通过引进四川尚果鼎椹酒业有限公司，研发生产了尚果星致果酒、桑叶茶、桑葚干等特色桑葚产品10余种，补齐了生产、加工短板。最后，实现了以桑葚为主的产、加、销产业链的良性循环，建立起了较为完善的蚕桑产业发展体系。

（四）妥善处理规模经营与小农户发展的关系是特色产业发展的关键

在尊重农户意愿的基础上，对于一些经济条件较好、农民生产技能较高的地区，可以鼓励小农户主动参与规模经营，通过土地流转、入股等方式，与规模经营主体合作，实现土地的规模化、集约化经营。对于一些经济相对落后、农民对土地依赖程度较高的地区，则要注重保护小农户的土地权益，通过发展特色农业、生态农业等，提高小农户的经营效益，引导规模经营主体与小农户开展合作与服务，带动小农户共同发展。同时，也要注重发挥村集体的组织协调作用，可将分散在农民手中的可用田地集中起来，与家庭农场签订土地流转合同，再倒包给种植大户或农业企业。通过这种方式，逐步建立起“土地变股权、农户当股东、收益靠分红”的经营新机制。这既能实现土地的规模化经营，提高农业生产效率，又能保障小农户的利益，让他们在不直接参与种植的情况下，也能从产业发展中获得稳定收益，实现规模经营与小农户发展的有机衔接，共同推动特色产业的繁荣。妥善处理规模经营与小农户发展关系，需要政府、企业、新型农业经营主体和小农户等各方共同努力，通过政策引导、利益联结、技术创新等手段，实现规模经营与小农户的良性互动，推动农业产业的转型升级，促进农村经济的繁荣发展。

三、完善建议

课题组在调研过程中，立足红台村的资源特点，针对丘区特色产业发展中的困惑，为红台村特色产业进一步发展提供了思路和对策，就此提出了以下六点建议。

（一）形成“全方位”产业用地保障体系

红台村地处浅丘地区，土地呈碎片化状态，规模开发难度大，因此在产业用地方面应该给予适当的政策倾斜。一是大力推进高标准农田建设。红台村现有基本农田5359亩，建议以高标准农田建设为契机，在符合项目实施标准的前提下，结合已有的桑葚、莲藕、柑橘等特色产业布局情况，将邻近的基本农田优先建成高标准农田，通过田块整治、沟渠以及生产道路建设等措施改善整个区域内的耕种条件，进而提升特色产业发展所必需的基础设施配套水平。二是开发利用设施农业用地。四川省允许使用一般耕地匹配作物种植设施用地，尤其是可以用于建设与生产农产品直接关联的烘干晾晒、分拣包装、保鲜储存等配套设施。因此，在不突破用途与规模限制的条件下，建议红台村在特色产业（如桑葚、莲藕、柑橘）链条的延伸中，尤其是农产品的初级加工优先开发利用设施农用地，并及时报江源镇人民政府、简阳市自然资源和农业农村等主管部门备案。三是探索农村集体经营性建设用地入市试点。虽然简阳市不在新一轮农村集体经营性建设用地入市试点名单中，但基于对成都市非试点地区如崇州、彭州、都江堰以“作价入股”“资产处置”等方式推动入市的经验调查，建议江源镇积极争取简阳市级层面上的试点支持，打造自政策调整以来的简阳市首个“作价入股”的入市案例。同时，在入市宗地的选择方面，建议以一桩权属清晰、发展潜力大的建设用地来进行探索，并将该项试点与红台村内特色产业发展相结合，这样既成功探索出了新的模式，又解决了用地难题，推动了特色产业发展。

（二）拓宽“多渠道”招商引资创新形式

产业结构单一，市场竞争力弱，资金、技术、人才等优质资源短缺始终制约着红台村特色产业的发展，面对这一系列发展难题，建议江源镇可探索立足于红台村乃至整个镇域的资源禀赋实施精准招商，通过招引一批自带“流量”的产业主体，为特色产业发展注入新活力，催生新业态，延长产业链，提升产业附加值，进而促进农民增收、农业增效，实现乡村产业的多元化、可持续发展。一是建立“轻资产”运营模式。建议优先选择与本地优势特色农产品（桑葚、莲藕、柑橘等）相关的深加工企业入驻，提供产品代加工服务，村镇整合部门财政资金，为其提供相应的发展平台。同时，依托丘陵地区独特的山水风光、民俗文化等引进社会资本进行挖掘和开发，村级则提供物业服务等基本运营。二是提升营商软环境。建议简阳市针对市域内的特色产业打造“一站式”政务服务中心，将涉及招商项目的发改、环保、工商、税务等多部门审批窗口集中办公，推行“一窗受理、并联办理、限时办结”模式，提升项目落地效率。三是组建专业招商团队。通过外聘等方式在社会层面选拔一批有经验、懂市场、晓政策的专业人士组建招商团队，以期能精准挖掘市内各村集体的禀赋优势，找准与外部资本的契合点，确保外部资本能够引得进来，干得下去。

（三）汇聚“集约型”基础设施专项资金

提升浅丘区农村基础设施建设水平对于促进特色产业发展意义重大。目前，各级财政专项资金是提升农村基础设施建设水平的“主力”，如何科学、高效地集中专项资金打造基础设施，是我们需要关注的一个话题。一是以产业发展为导向。首先对村内的产业现状与下一步的发展方向进行摸排梳理，并及时上报江源镇政府与对口的简阳市委组织部、社工部、农业局、财政局等各职能部门，精准对接产业发展需求，并为后续各类型专项资金与扶持项目落地红台村提供决策依据。同时，主管部门可尝试依据红台的实际情况确定基础设施建设优先序列和重点项目，以提高专项资金投入产出比，避免盲目建设。二是建立专项资金整合平台。建议由江源镇乡镇党委、政府牵头，多部门参与，打破部门壁垒，将分散在各部门的涉农专项资金进行统筹整合。同时设立专项资金池，按照统一规划、集中使用原则，结合红台村上报的需求情况，对基础设施项目重要性和紧迫性进行综合评估后再立项实施，避免资金重复投入和闲置浪费。三是强化项目管理与监督。项目资金的实施单位要严格项目立项审批，确保项目符合红台村特色产业发展实际需求与专项资金使用方向。同时，建议构建内部监督与外部监督相结合机制，充分发挥审计、巡察等部门的内部监督与村民外部监督的作用。

（四）构建“卫星型”镇级协同发展平台

仅靠红台村单个村落，很难聚合各类资源、延伸发展布局，建议围绕江源镇总体产业发展规划，将红台村与周边团岭村、月湾村等作为江源镇发展的“卫星”纳入其中，通过乡镇、村集体、社会企业等各方的共同努力，形成合力，推动特色产业的繁荣发展。一是整合全镇产业链。围绕特色产业，整合上下游产业链，形成完整链条，提高产业附加值和竞争力。这一过程中，建议将特色产业的种植、加工、销售、旅游及文化等多个环节紧密地结合在一起。以桑葚产业为例，江源镇“桑海乡田”旅游区由红台村、团岭村、石泉村、双井村四个行政村组成，仅团岭村有一家桑葚深加工（果酒）企业，建议在镇域范围内，对涉及桑葚产业的相关资源进行整合，补充完善上下游产业链条，如分拣、冷链、保鲜等。二是打造镇级产业联盟。虽然江源镇成立有桑果协会以及部分村成立了桑果专业合作社，但对整个镇域内桑葚产业引领带动作用不强，利益联结不够紧密，建议由江源镇政府进行指导，通过“跨村联营”等形式，以各村集体经济组织为载体，组织红台、团岭等4个村合资成立公司的方式打造镇级桑葚产业联盟，并制定完善联盟章程，明确组织架构、成员权利义务以及运营规则，保障联盟规范有序运作。三是形成跨区域产业协作机制。加强与周边乡镇或地区的合作，实现资源共享、优势互补，共同推动区域产业发展。充分发挥毗邻天府国际机场的区位优势，依托桑葚等特色农业产业，构建和谐生态业态，打造美丽田园“候机厅”。同时，简阳市、江源镇以及红台村也可以积极借助各类农产品博览会、展销会活动，以及利用社交媒体、电商平台等线上线下渠道进行联合推广，扩大品牌影响力，展示特色产业的独特魅力和产品质量。

（五）打造“强磁场”人才发展智库平台

人才是丘陵地区实现乡村振兴、推动招商引资落地见效的核心要素，对于“老龄化”“空心化”普遍存在的丘区农村来说，构建完善的人才培养与引进机制迫在眉睫。一是孵化乡土人才。甄选丘区“乡土精英”，重点进行职业技能和经营管理能力培训；鼓励两地本土大学生、复转军人返乡创业，为之提供创业策划、商业运营等培训孵化服务；吸引“乡贤精英”返乡发展，力争用5年时间形成一批较为稳定的本土引领型人才。二是发展职业人才。统筹制定完善《丘区培养、引进、使用职业农民实施细则》《丘区扶持农业职业经理人的奖励补贴相关政策》等，打通现有农口、科技口的农业科技推广服务、科技成果转化等政策，与农业职业经理人、新型职业农民考评和定级等工作的互促通道，给农村各类人才提供更大上升空间，吸引留住更多“三农”人才。加快推动农业职业经理人、新型职业农民等队伍的发展。三是引进精英人才。要把引进农村高层次人才、紧缺人才与城市人才引进机制相挂钩，优化农村人才落户制度、实施农村人才安居工程、建立农村人才“绿卡”制度等，为建立丘区现代农业特色产业体系奠定高素质人才基础。四是培育后备人才。制订针对村社区后备力量、职业人才的培训计划，完善与其职业技能等级相匹配的考核激励措施。同时，可以通过打造农业类高职院校大学生实践基地，开展高校师生“定点联系”项目，鼓励在校大学生每年到村实践，吸引青年人留村发展。

（六）建立“多元化”经营主体扶持机制

新型农业经营主体在整合农村现有资源，推动农业规模化、产业化发展，提高农业生产效率和质量，促进农民就业增收等方面作用显著。红台村可尝试建立多元经营主体扶持机制，提升产业发展的组织化水平。一是抓集体经济组织。一方面完善各级财政基础设施转入集体经济组织固定资产的机制，注入和扩大农村集体经济组织公共资源，利用资源变资本，壮大集体经济；另一方面把各级财政发展集体经济的专项资金，由集体经济组织引领发展新产业、新业态，促进农村新产业发展与吸引农民工返乡创业有机结合。二是抓重点合作经济组织。把“撒胡椒面”式的扶持方式变为“集中倾斜”方式，对现有各类农村专合组织进行梳理、登记，录入数据平台，按照相关标准进行评估，筛选出有一定规模、信誉较好、较稳定的合作社进行重点扶持。三是抓家庭农场。探索家庭联产承包制新的实现方式，由外出打工积累一定市场经营经验的熟手农民工，联络家族生产能手，特别是家族大学生，整合家族承包土地，形成相应规模，地方政府、涉农银行、保险等要重点支持家庭农场。

课题组在红台村实地调研考察红台村产业发展情况

课题组在红台村与当地镇村干部座谈交流

25

“空心村”集体经济如何与社会“大资本”联营实现产业融合

时　　间：　2024年12月20日

地　　点：　四川省遂宁市安居区聚贤镇

参加人员：　邓蓉　袁华兵　章敏　吴骋　董艳　罗明东　苟焕森　杨怡宁

执 笔 人：　吴骋

内容摘要

遂宁市安居区聚贤镇地处川中丘陵地带，因远离大城市，农村人口流失严重，这样的乡村要靠自我发展难度较大。在乡村振兴的大背景下，安居区以聚贤镇为中心，以现代农业产业园区为抓手，整合各类财政专项资金补足基础设施建设和产业配套，以此吸引社会资本下乡带动乡村发展。社会资本下乡是推动城乡融合发展的重要力量，它能够为乡村带来资金、技术、管理等产业发展所必需的多种要素，但同时要处理好企业与乡村的利益关系，实现双赢是方向。2024年12月，聚贤镇以和平村、吉林村为开端，两村成立联村公司，利用300万元财政专项资金修建现代化蔬菜大棚，以资产入股的方式与本地龙头企业四川美宁食品有限公司共同发起成立联营公司，聚焦大棚蔬菜种植，双方就出资入股、合作范围、经营管理、收益分配等内容初步建立了合作模式，为村集体经济与社会资本联合经营提供了借鉴参考。

安居区位于四川省遂宁市西南部，面积1258平方公里，户籍人口81万，是全国产粮大县、生猪调出大县。但在城镇化浪潮中，人口逐渐流失，2024年全区转移农民工33.26万人，留守农村劳动力仅16.52万人。以安居区聚贤镇和平村为例，全村598户1705人中，常年在家的仅有95户238人，人口流失率达86%，形成了人少地多、人忙地闲的窘境。不过凡事都有两面性，安居区的传统农业在逐渐萎缩的同时，客观上形成了有利于耕地规模流转、有利于社会资本下乡的外部条件。为此，安居区以招商引资为重点，鼓励支持工商资本投资农业农村，制定出台《安居区支持工商资本投资农业农村财政奖补实施细则》，以“资本下乡能赚钱”的思路推动农业产业转型升级，带动乡村发展和农民增收。

但社会资本下乡也有难处。一方面农业项目土地流转费用大，基础设施建设费用高，人工工资不断上涨，农资采购需持续投入；另一方面，农业的天然弱势，使其面临自然灾害风险和市场行情风险更大，使不少社会资本在农业项目的经营上难以维系甚至破产“跑路”，引发治理问题。因此，诸多因素对社会资本的经营管理能力提出了较高要求，既要能够把控各种风险，又要赚钱并反哺乡村。而聚贤镇招引的四川美宁食品有限公司则较好地把握了上述要求，作为罐头行业前十强的领军企业，产业布局多元且协同发展，积累了丰富的市场经验，以二产三产弥补一产的不足，有较强的反哺农业实力，与聚贤镇和平村、吉林村共同组建了联营公司，它们的经验为乡村振兴提供鲜活样本。

一、主要做法

（一）财政投入让“空心村”基础设施不再“空”

乡村产业要融合发展需要良好的外部条件，如道路、水利等。由于历史原因，聚贤镇乡村基础设施建设比较滞后，招商引资基础条件较差。为促进乡村产业发展，安居区结合实际情况因地制宜，以聚贤镇和平村、吉林村，玉丰镇伙同村、陈坝村和金鸡村为核心区，连片规划聚贤镇10个村、玉丰镇5个村、会龙镇2个村，打造农文旅融合的现代化蔬菜农业园区，园区总规划覆盖3镇14村、86社14.28万人，幅员面积达26平方公里，构建区域连片发展的新格局。

安居区政府整合各方财政专项资金，共投资1.4亿元用于农业园区建设和发展。投入3080.3万元用于道路建设，将曾经狭窄崎岖的村道进行拓宽、硬化，形成平坦宽阔的水泥路、柏油路，使得村民出行更加便利，农产品出山之路更加畅通，运输成本有效降低，物流时效得到增强，原本因交通不便而滞销的农产品如今得以销往各方；投入1852.6万元用于小型农田水利设施类11个项目，老旧灌溉沟渠得到有效修缮，现代化灌溉设备落地使用，确保土地一年四季有充足水分，农作物生长环境得到有效改善，粮食产量稳步提升；投入3516.2万元用于种植业基地类6个项目，规模化、标准化种植条件逐步成熟，集中连片的基地为新技术推广、机械化作业建立了基础，无人机植保、大型收割机等先进设备得以充分使用，农业生产效率逐步提高；投入2714.2万元用于配套基础设施类6个项目，投入3076.4万元用于乡村建设行动类9个项目，全方位、多层次地为乡村打造宜居宜业环境，新建的文化广场成为村民休闲娱乐的好去处，修缮的村舍焕然一新，提升了乡村整体吸引力。2024年，冷链仓储中心、产业道路、蔬菜大棚等10个项目已顺利实施，为后续产业持续壮大筑牢了坚实根基。2025年，安居区还将进一步实施高标准农田、农机装备、和美乡村等项目，预计投资达28.3亿元。

基础设施的完善为招引企业打下了良好的基础，目前签约和在谈的已有四川美宁食品有限公司、看一碗食品加工公司、新希望六和公司、四川渔米坊农业科技集团、原谷食品科技公司等众多企业，投资方向包括蔬菜、粉丝、水产、家禽等，预估总投资额在6.6亿元左右。

（二）企业下乡让“空心村”产业布局不再“空”

资本能不能下乡、是不是愿意下乡，能否赚钱是关键。而不断降低成本提高产品附加值，尽量在不同的产业环节，尤其是二产和三产等附加值高的环节布局是重点。在聚贤镇落户的四川美宁食品有限公司是一家以罐头食品生产为主业的多元化集团公司，其中罐头中很大一部分是军供，是农业产业化国家重点龙头企业、全国农产品加工示范企业、全国首家出口肉类罐头一类管理企业、国家高新技术企业，位列中国罐头行业排行前十名。集团公司业务分为农牧种养殖、肉牛生猪屠宰、罐头食品、生态食品和自来水供应五大版块，五大版块分别对应遂宁市美宁农牧业科技公司、四川箐禾食品公司、四川美宁食品公司、四川美宁食品集团清真食品公司、国润川美自来水公司五家公司，其中农牧业公司主要业务为蔬菜种植和肉牛生猪养殖，箐禾公司主要从事屠宰，美宁食品公司主要生产罐头及预制菜，清真食品公司则深耕餐饮行业，整个产业布局从上游的原材料生产、中游的加工制造到下游的终端消费全部涵盖，虽然在蔬菜种植和肉牛生猪养殖上利润较少甚至亏损，但在加工制造和终端消费上则盈利较好，完全可以弥补产业上游的亏损，形成一个相互协同、相互支撑的产业格局。单从上游来看，四川美宁食品有限公司就在聚贤镇和平村、吉林村流转土地约3000亩，修建了智慧化蔬菜种植大棚，以自然通风系统、全自动水帘风机降温系统、全自动水肥灌溉系统为核心技术支撑，采用绿色种植标准精心培育冰淇淋西瓜、白玉甜瓜、水果番茄、千禧果、蜜薯及各类绿叶蔬菜，这些特色农产品凭借优良品质在川内声名远扬，成为优质农产品典范。2023年度，基地产出蔬菜、瓜果总量达430吨，产值195万元，利润38万元；鱼类、鸡鸭蛋类产值435万元，利润49万元，前期的良好合作为村企产业融合奠定了基础，下一步重点是提升就地转化率，提高产品附加值，以满足阿宁食品、思瑞食品等龙头企业原料供应需求，落实“四到”服务，引导专业合作社、家庭农场、种植大户等开展规模化布局、订单式生产，配套建设种植和加工基地，建立产供销售全链条联动机制，争取2025年全区农产品加工企业原材料本土采购率达50%以上。

（三）携手联营让“空心村”城乡融合不再“空”

为持续激发村集体上级扶持专项资金的最大潜能，带动村集体持续增收、农民稳步迈向富裕之路，聚贤镇和平村与吉林村顺势而为，抱团成立联村公司，并与四川美宁食品有限公司携手共建新公司，进一步深化合作关系。

和平村与吉林村各出资5万元创立联村公司（聚合美公司），双方各占50%股份，彰显公平合作理念。随后，聚合美公司与四川美宁食品有限公司以固定资产折价入股的方式，组建蔬香美宁公司。在股权结构设计上，美宁公司占股52%并拥有75%经营表决权，聚合美公司占比48%，整个生产经营由美宁公司掌舵领航，充分发挥企业专业优势与市场把控能力。前期，联村公司已与四川美宁食品有限公司达成初步合作意向，专项资金已精准投入大棚修筑工程，建棚用地由四川美宁食品有限公司流转提供，保障土地资源整合利用。大棚建成后，将经由第三方专业评估折价纳入蔬香美宁公司经营管理，化作联村公司入股资金，确保资产价值评估公正透明。四川美宁食品有限公司则以已建成蔬菜基地内的大棚以及其他基础设施（大棚、滴灌、水电、道路）通过第三方评估后折价入股。新公司每年给予联村公司7%保底分红，外加纯收益分红（前三年分红70%，第四年到第五年依次递减10%，之后按照持股比例分红）。

安居区聚贤镇通过财政投入、企业下乡、携手联营等一系列举措，成功破解了“空心村”发展难题，让乡村基础设施不断完善，产业布局更加合理，城乡融合发展迈出了坚实步伐。

二、经验启示

（一）政府规划与财政扶持是乡村发展的“基石”

政府规划与引领是现代农业产业发展的前提。在产业布局上，安居区以农业园区为载体，以聚贤镇和平村等5个村为核心区，进而连片规划聚贤镇及周边玉丰镇、会龙镇等共17个村，以点带面推动区域产业规模化发展。在发展模式上，安居区积极促成农村集体经济组织与四川美宁食品集团有限公司这类国家级农业龙头企业合作，整合各方资源，发挥企业优势提升产业竞争力。安居区通过统筹规划3镇14村，打破行政壁垒，实现资源整合与农文旅融合，推动区域协同发展。同时，农村基础设施建设，又是现代化农业产业发展的根基，直接决定乡村能否突破困境，能否成功吸引资本入驻。遂宁市安居区聚贤镇是典型丘区地貌，土地细碎分散，机械化推进艰难，大量劳动力外出，老龄化与“空心化”问题突出，招商引资难度较大。近几年，职能部门每年都有财政专项资金，用于基础设施和产业发展，但各项财政资金分散投入，可能很难在某一区域发展，产生质的变化，若是整合各项财政资金，汇聚到某一区域、某一产业发展，可能就能在短时间内快速看到成效。在此背景下，遂宁市、安居区两级政府整合1.4亿元财政专项资金，形成了“抱团之势”，用于道路建设、小型农田水利设施、种植业基地建设领域等，改善了乡村面貌和基础设施条件。财政投入的不断升级、完善，为规模化、标准化种植创造出了理想条件，农业生产效率大幅提高。这些扎实的基建成果，扭转了“空心村”面貌，让企业看到投资落地后的高效运营前景。四川美宁食品集团有限公司正是被完善的基础设施吸引，放心投身农业项目，开启互利共赢新篇章。可见，政府规划与财政扶持同频发力，才会更好地撬动资本杠杆，为乡村产业腾飞助力。

（二）产业闭合与实力雄厚是资本下乡的“底气”

拥有完整产业链是企业涉足农业的重要依托。四川美宁食品有限公司在二三产业深耕多年，积累了丰富行业经验、稳定客户资源与雄厚资金实力，搭建起了涵盖生产、加工、销售等环节的完整链条。基于此雄厚基础，公司产业链条由市场端向生产端不断延伸，毅然进军农业领域，在聚贤镇和平村、吉林村流转约3000亩土地，投入资金打造以自然通风、全自动水帘风机降温、全自动水肥灌溉系统为支撑的智慧化蔬菜种植大棚，为农作物营造最佳生长环境，凭借成熟加工技术，将新鲜采摘的农产品迅速转化为市场青睐的商品，借助广阔销售渠道推向市场。2023年度，基地产出各类蔬菜、瓜果430吨，凭借公司产业链优势，实现产值195万元、利润38万元。这种从田间到餐桌的全链条掌控，让企业能够有效应对农业生产风险，实现各环节互助和增值，充分展现了企业依托完整产业链布局农业的重要性，为同行提供宝贵借鉴，激励更多企业以链为基，进军农业产业。

（三）股权占比与专业管理是持续合作的“源泉”

从股权占比方面来看，蔬香美宁公司的股权架构中聚贤镇联村公司占股48%，四川美宁食品有限公司占股52%。这种安排适当降低联村公司股权占比，让社会资本控股，是基于双方优势互补的考量。联村公司虽拥有村集体土地、政策扶持等资源，但缺乏市场运营的灵活性与专业性；社会资本则在长期市场拼搏中积累了敏锐的市场洞察力、前沿的技术研发能力以及成熟的管理经验。较高的股权占比能赋予社会资本更强的决策话语权，使其在面对不断变化的市场机遇与挑战时，能够迅速调配资源、果断决策，推动公司朝着最具效益的方向发展，实现“1+1>2”的协同效应。

从经营管理权来看，明确经营管理权归属是合作顺畅的关键。四川美宁食品有限公司在商业领域有着深厚底蕴，由其主导经营是更符合市场规律的选择，因此在合资公司中占75%经营管理权，使其能够运用专业知识制订科学的生产计划，精准把握市场需求，优化产品布局，提升产品附加值。例如，依据市场趋势调整蔬菜种植品种与规模，引入先进种植技术提高产量与品质，拓展销售渠道打开市场空间。而联村公司并非置身事外，可通过派遣专业会计或委托专业会计担任蔬香美林公司会计，以财务监管为切入点，间接参与公司管理，确保公司运营在合规轨道上前行，双方各司其职，保障经营管理有序高效。

（四）经济增收与资产安全是乡村治理的“要件”

前期合作中，新公司给予村集体7%保底分红，外加依年限递减的纯收益分红模式。这充分考虑了村集体前期资金、土地投入以及社会资本长期运营成本与持续发展需求。前期村集体占收益大头，补偿其启动投入，稳定合作信心；随着公司的成长，逐渐过渡到按股权分红，遵循市场公平原则，激励双方持续为公司发展注入动力，确保收益分配既能保障村集体当下收益，又不挫伤社会资本长期耕耘的积极性。

从集体资产保值增值角度来看，村集体资产安全是合作底线。作价入股模式下，村集体以大棚等资产入股新公司，一方面，借助社会资本的运营能力，让资产参与到高效的商业循环中，如四川美宁食品有限公司利用其市场渠道将农产品变现增值，间接提升村集体资产价值；另一方面，通过财务监管，无论是派遣会计还是委托专业公司，实时监控资产流向与使用效益，能够杜绝资产被不当挪用或浪费。同时，依据《中华人民共和国农村集体经济组织法》的约定，在公司连续亏损时可终止合作、清产核资，为集体资产安全兜底，全方位保障村集体资产在合作中保值增值，实现乡村经济的稳健发展。

三、完善建议

聚贤镇的联村公司与四川美宁食品有限公司在合作方式、分红机制等方面在镇政府的协调下已初步达成一致，但在具体的合作内容、收益保障、资产保值等方面还需要进一步完善。课题组从明确经营管理、降低成本和村集体不适用破产等方面提出了建议。

（一）遵守规则，按股行使表决权

《中华人民共和国公司法》明确规定，有限公司经营表决权由其所占股权份额决定，这是构建公平、有序决策经济组织架构的基石。在聚贤镇联村公司与四川美宁食品有限公司的合作中，双方应严格遵循这一法规，依据持股比例来行使相应权利。在后续发展过程中，双方因经营理念、经营方式等不同，在决策中难以达成一致时，鉴于四川美宁食品有限公司在市场经验、行业资源以及专业技术等多方面的深厚积累，可约定由其享有最终决策权。这一安排并非赋予单方绝对权力，而是在尊重双方股权结构的基础上，为保障公司运营决策的高效性与及时性开辟绿色通道，避免因无休止的争论而延误商机，确保公司在复杂多变的市场环境中稳健前行。

（二）精简机构，降低企业运行成本

合资公司在成长初期，应重点考虑降低运行支出，尤其在财务管理环节，传统模式下设立专门的财务机构，往往伴随着人员冗余、流程烦琐等弊端，不仅增加企业开支，还可能降低财务工作的敏捷性。对此，可考虑

聘请专业的第三方会计团队来负责财务工作。一方面，第三方会计团队熟悉各类财务法规政策，在账目处理、税务申报等日常事务上能够做到准确无误，规避潜在的财务风险，避免因内部财务人员专业知识局限导致的合规问题；另一方面，相较于自行组建财务部门，聘请第三方会计无须承担高额的人力成本，如员工薪资、福利、培训费用等，极大地减轻了企业资金负担。同时，联村公司也可以委派会计对合资公司财务进行监管，确保双方资金、资产透明、公正使用。

（三）提前约定，保障集体资产安全

《中华人民共和国农村集体经济组织法》第六条规定，“农村集体经济组织不适用有关破产法律”，这一法规为村集体资产安全筑牢了坚实的“防火墙”。在聚贤镇的村企合作实践中，甲乙双方应充分利用这一法律规定，提前约定若合资公司连续2年或3年经营出现亏损，双方应果断终止合作关系，迅速启动清产核资程序，依法解散公司。以此保障农村集体资产在与社会资本合作过程中的安全性与稳定性，让村集体资产真正成为乡村发展的“压舱石”，即便遭遇风浪也能稳如泰山。

遂宁市蔬菜现代农业园区

四川美宁食品有限公司蔬菜大棚俯瞰图

课题组实地调研并参观蔬菜大棚

课题组与聚贤镇、四川美宁食品有限公司相关负责人进行座谈交流

26

“半城半田”的产业新区镇域发展融合之路

时　　间： 2024 年 12 月 20 日

地　　点： 四川省成都市天府新区煎茶街道

参加人员： 邓蓉　袁华兵　章敏　董艳　罗明东　郑淑堃　苟焕森　梁景智　刘美均

执 笔 人： 董艳

内容摘要

城乡融合发展是中国式现代化的核心命题。天府新区作为国家级新区，承担着解决城乡二元结构，建设山水人城和谐相融的公园城市先行区的战略使命。煎茶街道作为天府新区的核心区域之一，近年来在城乡融合发展方面取得了较大成效。通过产业升级驱动要素流动、集体经济重构组织模式、调解化解社会矛盾等多维度的实践，煎茶街道探索出了“半城半田”协同发展样本。本案例以煎茶街道为研究对象，提炼其在产业融合、集体经济创新与社会治理中的实践经验，为同类区域提供可复制范式。

煎茶街道地处四川省成都市天府新区西南部，面积62.99平方公里，辖9个村（社区），户籍人口3.89万人，管理人口约5万人。2014年10月，天府新区获批为全国第11个国家级新区。天府新区是国家主体功能区规划确定的重点开发区。2024年2月，天府新区在《关于加快推进公园城市先行区城乡融合高质量发展的实施意见》中提出，要推动城市组团式、乡村片区式发展，着力解决城乡二元结构，打造山水人城市和谐相融的公园城市先行区，在全国城乡融合发展中走在前列。作为天府新区成都直管区中的城镇重点发展区，煎茶街道的城区面积占比约1/3，是天府数字文创城和成都科学城的主要承载地，毗邻城市化区域的是大片农田，保留了浓厚的乡村田园气息，布局了万亩粮油产业园。这种“半城半田”紧密相连的城乡空间，为城乡要素的流动与融合提供了天然的基础。自天府新区成立10年来，煎茶街道一直处于快速城镇化和农业农村现代化过程中，近年来固定资产投资额一直在20亿元以上，征地拆迁多、建设项目多、农民安置多。作为天府新区建设的“主战场”，煎茶街道在发展过程中也面临着诸多挑战，如集体经济基础薄弱、资源分散，传统农业转型遭遇瓶颈制约等，但煎茶街道在政策加持下快速形成了现代产业集中分布，并逐步实现向现代农业转型，在城乡融合的探索中发挥着独特作用。

一、主要做法

（一）规划上：“半城半田”基调下的城乡并重

一般而言，传统城市化通过大规模土地开发实现经济增长，容易形成“摊大饼”式的城市空间快速扩张。这种大规模拆建虽能快速打造现代化面貌，但却可能割裂城乡历史脉络、侵蚀宝贵耕地资源，引发诸如乡村衰落、文化失忆等系列后遗症。为破解这一难题，天府新区在规划布局之初便以“半城半田”为基调进行区域规划和产业规划，一方面是基于天府新区城乡相间分布的现实基础，另一方面是它符合公园城市理念下城乡融合发展要求。

2024年11月，四川天府新区直管区国土空间总体规划获批。在规划中，直管区定位为成都未来城市新中心、成渝地区双城经济圈创新极核和开放门户、国家级新区高质量发展引领区、践行新发展理念的公园城市先行区。在建设未来城市新中心的同时，规划还划定了耕地和永久基本农田保护红线，耕地保有量不低于14.78万亩，永久基本农田保护面积不低于12.70万亩，城乡总体空间范围大致保持在3∶7左右。从上述规划中，我们不难发现，天府新区建设目标是既有现代城市所拥有的高科技产业园区，也有大量的农业农村现代化区域，基础设施和公共服务现代完善，文化丰富、生态良好、社会和谐，是以公园城市为理念的城乡整合发展示范样本。

煎茶街道是天府新区的核心组成部分之一，其发展模式受天府新区规划直接影响。煎茶街道地处新区规划中的城市化重点发展区。在城市化区域，布局了成都科学城和天府数字文创城两个组团，是直管区“双轴四区”中的其中两个（另两个为天府总部商务区和华阳城市综合服务区）。在乡村区域，围绕天府新区“一心三城”规划，坚守耕地保有量2.17万亩、基本农田1.65万亩的耕地红线，按照乡村片区式发展要求，要留住乡村的生活、生态与文态，为乡村产业提升与发展提供空间。

（二）空间上：“半城半田”基调下的融合布局

煎茶街道在直管区国土空间总体规划的基础上，以街道自身的城乡空间格局为基础，对应分布不同功能的产业。城镇产业布局以集聚经济、科技创新、医疗健康等高端业态为主，乡村产业则侧重于现代农业、文旅融合、休闲农业、生态保护等为主的优质项目。通过错位布局和功能互补，实现城乡要素的优化配置和协同发展。

从城镇区域来看，煎茶街道引入科技创新项目推动产业升级。成都科学城主要布局科研及应用转化、信息网络、生物医药、创意设计、军民融合、中德合作六大产业组团，重点发展基础科研、互联网大数据、生物科技、高端制造、现代金融、创意设计、研发服务等高端产业。天府数字文创城以数字文创、文博旅游、时尚艺术、影视传媒、创意设计、田园文创等文创产业为主导，以主题旅游为特色，规划了5个文创组团、3个主题旅游组团、3个综合配套组团。两个区域的发展为煎茶街道的城乡融合提供了产业支撑，成为区域内就业转移和人口集聚的重要带动力量。还有像天府健康科技产业园项目，该项目依托华西天府医院、天府国际生物城等资源优势，结合“2030大健康产业时代+”的发展战略，高标准定位“大健康”产业集群。

从乡村空间来看，煎茶街道首先坚守粮食安全底线，推进现代农业园区建设，与相邻的正兴街道共同建设的万亩粮经复合现代农业产业园，不仅扩大了粮食播种面积，还提高了产量，并探索农业生产共营制发展模式，有效解决土地碎片化、土地撂荒等问题。街道还加大了高标准农田建设投入和管护力度，分别在2021年、2023年建设了4500亩、3500亩共计8000余亩的高标准农田，进一步夯实了农业产能基础。

从产业融合来看，煎茶街道依托丰富的自然资源和人文景观，大力引进文化旅游、休闲农业融合的产业业态。以总部经济与智慧农业示范的冠城天府乡村科创谷项目，是一个集公园城市与现代乡村人文景观示范、港澳台侨企业乡村总部基地、生命健康模式的未来乡村社区于一体的农旅融合示范项目，该项目不仅布局了智慧农业孵化与碳中和技术组团，还引入了天津大学智慧医疗项目及团队等，为街道带来了先进的科技力量和创新能力。天府微博村以三农微型博物馆聚落为主题、以4A级景区为目标的重点项目，通过举办大学生乡村振兴网络主播大赛等活动，吸引了大量游客前来观光旅游，带动了当地经济的发展。以生态度假与研学教育相结合的麓溪花谷项目，依托区域花海、森林、水系等自然资源和农业基础，以青少年研学度假产业为驱动引擎，联动文创艺术产业和高端商务旅游两大支撑产业，打造集生态度假、研学教育、文化体验为一体的乐园式度假项目。还有正在入驻的以文旅与科创双轮驱动的煎茶里项目，该项目依托多年产业园区及文旅产业运营的经验与资源优势，与多所高校进行合作，充分发挥项目区位优势与田园山水的环境优势，打造“农旅文创+科创中心+健康科技+新媒体电商”四位一体的健康文创产业园。

煎茶街道在产业布局时特别注重协同性，通过打造产业链、完善产业配套等方式，形成了优势互补、协同发展的产业格局，同时，通过土地整理和农房风貌提升等项目，改善了乡村环境和居住条件，这有助于提升街道的整体竞争力，推动产业持续健康发展。

（三）业态上：“半城半田”基调下的守土职责

天府新区作为国家级新区，承载着建设公园城市典范和高质量发展样板的战略使命，同时，天府新区直管区还有耕地18.05万亩，在承担高端新型业态布局、引进、培育、发展的同时，还要承担粮食安全责任。煎茶街道按照这一要求，在推动城乡融合发展过程中，从发展集体经济入手，把农民、种植大户、企业和村集体经济组织整合起来，共同担当守土职责，提升乡村产业整体发展水平。

一是守好田种好地。由于粮食种植的比较效益低、农村居民打工机会多收入高等原因，煎茶街道的村民种粮积极性较低，甚至有高标准农田的地方农民也不愿种粮。为破解无人种地的困境，煎茶街道率先在沿溪村、尖山村进行试点，首批完成800余亩土地由村集体经济统一耕种，实行农业社会化服务托管，采用“保底+分红”的利益分配机制，促进规模化粮食生产。村集体向农户实行保障性兜底，兜底标准按每亩每年600斤稻谷进行折算，稻谷价格参照国家发展改革委发布的黄谷价格。村集体经济将收益的85%支付给专业种植农户，9%用于村集体组织统筹管理费用，5%用于普通农户土地入股分红，1%用于村集体组织协调费用的分配。将传统农民转变为职业农民，将农业各种植环节，梳理成不同工作岗位，负责种的就只负责种，负责采的就只负责采，不同的分工收入也不一样，即使是老年人只要想干都可以找到与之匹配的工作并获得相应的收入，让农民成为一份职业，各尽其能、劳有所得，既增加了农民的收入，又解决了农村空心化耕地无人种植的困境。煎茶街道在推动城乡融合发展过程中，以农业生产共营制为载体，提高农民人均耕地收入缩小城乡收入差距，在城镇经济快速发展的同时切实履行粮食安全的社会责任。

二是发展特色产业。除了粮食生产，煎茶街道还通过"集体公司+行业协会+农户+市场主体"的模式，对"煎茶竹丝茄"这一特色产业进行扶持，进一步巩固提升"煎茶竹丝茄"国家地标品牌的附加价值。煎茶竹丝茄是一种可以生吃的茄子，它口感香甜、肉质细嫩、入口化渣，无论是蒸、煮、炒、煎、炸，都能展现出不同的美味，其作为煎茶街道特色优势农产品，在当地已有200余年的种植历史。煎茶街道在竹丝茄核心区域实施了180亩集中栽种，全年实现产量139万斤、销售额约144万元。为了提高亩产效益，首先，将农户分散的土地承包地以入股的方式集中，再分包给种植大户经营管理，有效推动农田的"优质、集中、连片"，促进土地规模化经营。其次，通过村集体提供"统一化"的社会服务，保障煎茶竹丝茄的质量和产量。最后，通过构建合理的利益联结机制设立奖励奖补措施，以煎茶竹丝茄基地核心示范区专业种植户为奖评对象，以一类品竹丝茄亩均产量为衡量标准，采取现金发放的激励方式，让农民更多地享受产业增值收益，也是实现耕地保护、粮食增产、农户增收的协同发展。

由沿溪村村集体和四川川娃子食品公司合作，探索竹丝茄深加工打造"竹丝茄+"，开发了"沿语茄椒酱"产品，实现产品形态及价值转化，量产两批次3万瓶，预计实现销售额26万元，并与满彭菜场、盒马鲜生、天投央厨等第三方市场主体深度合作拓宽销售渠道。如与四川满彭供应链管理有限公司签订煎茶竹丝茄采购协议，满彭菜场以定价模式收购煎茶竹丝茄70余亩，总产量50余万斤，踏出了“订单农业”第一步。不仅如此，沿溪村还打造“沿喜”“沿语”等特色农业品牌，并开发助农小程序，以农副产品作为切入口，探索“土特产”从田间到餐桌的销售模式，探索城乡融合新路子。

三是搭建镇级集体经济平台。以镇域为平台成立强村公司发展集体经济，不仅承载着促进农村经济发展的重任，更是需要通过一系列行动在推动农业现代化、助力乡村振兴的过程中，积极履行其社会职责，为农村经济社会的全面发展贡献力量。煎茶街道于2018年成立成都天府新区煎茶智慧绿道投资有限责任公司（以下简称“绿道公司”），是由街道原有的9个村（社区）联合成立的集体经济组织联盟公司。以“1+9+N”作为组织架构，其中，“1”是指街道搭台，“9”是指原有9个村（社区）共投，“N”是指多元合作。其业务主要聚焦土地整理，先后启动了“尖山高庙”土地整理项目、中冶蓉兴尖山站点项目集体建设用地指标落地，承接了街道绿化管护、停车场及新能源充电项目，聚焦休闲、教育、办公等产业，以招商租赁模式将煎茶孵化园区闲置资产进行盘活升值。绿道公司从成立至2024年底已经实现营业收入6743.91万元，成为镇域中集体经济的“面”，发挥着辐射带动作用。

（四）治理上：“半城半田”基调下的纠纷调处

煎茶街道的城乡融合发展具有典型的“半城半乡”的特征，且近10年均处于城乡快速融合过程中。在新区高新产业快速发展和城镇化快速推进过程中，大项目多拆迁多安置补偿多，原来不突出的隐性利益矛盾纠纷在较大的利益面前纷纷显现，出现了较多的矛盾纠纷和信访（见表1）。以农村集体经济组织成员身份界定为例，煎茶街道曾产生过不少矛盾纠纷。如某夫妻是煎茶街道某村户籍村民，属于集体经济组织成员身份，后外出务工，子女在湖北落户为城镇户口，目前女儿已经成婚且有孩子。后该夫妻将子女户口迁回本村，并要求对其子女及孩子确认集体经济组织成员身份，以此分得集体经济组织的相关利益，村小组、村两委和街道办均为解决该问题召开村民代表会议进行协商解决，为此付出较大的治理成本。为保障城乡融合发展有序推进，煎茶街道以“以人民为中心”为调解理念，发挥街道、村（社区）两级社会矛盾纠纷化解协调中心作用，聚焦关键问题，打好“政策牌、“感情牌”和“法治牌”，完善风险研判、“吹哨报到”和责任捆绑等息访机制，推动了信访案件有序化解，在稳定城乡发展方面发挥了积极作用。

表1　煎茶街道2020—2024年矛盾纠纷处理情况汇总

事项	2020年	2021年	2022年	2023年	2024年
调解矛盾纠纷总量（件）	370	1060	58	—	—
调解成功数量（件）	366	1046	57	—	—
调处成功率（%）	98.91	98.67	98.27	—	—
来访群众（人次）	—	—	—	390	450
化解矛盾（件）	—	—	—	92	259

二、经验启示

（一）规划是“半城半田”的产业新区镇域发展融合的前提

常言道“凡事预则立，不预则废”，在“半城半田”产业新区的构建初始，科学规划无疑是重中之重，而肩负规划重任的各方主体，其职责履行的到位与否直接决定了新区未来的走向。政府作为主导者，需站在区域统筹的高度，以战略眼光审视这片土地。一方面，精准剖析当地的地理特征，哪里山峦起伏适宜打造休闲农业区，何处地势平坦能够承载产业集群；另一方面，细致盘点资源家底，包括耕地、建设用地、乡村文化等，进而依此勾勒出“半城半田”的发展蓝图。明确划定城镇化发展的核心区、科技产业的聚集区、田园风光的保育区以及城乡过渡的衔接带，使各个功能板块相互呼应、协同共生，为后续建设筑牢框架。

煎茶街道的规划在“半城半田”模式中的核心作用主要体现在两个方面：一是规划确立了城乡融合的空间格局，通过划定城镇发展区和耕地保护红线，确保城镇建设与农田保护相协调；二是规划构建了产业融合的发展路径，通过产业融合将城市和农村的优势有机结合起来，实现资源的优化配置。尤其产业融合能够促进城乡要素流动，打破城乡之间的要素壁垒，实现劳动力、资本、技术等要素在城乡之间的自由流动和优化配置，煎茶街道通过产业链的延伸和拓展，让城市和乡村的产业不再孤立发展，而是实现相互融合、协同共进。

（二）职责是“半城半田”的产业新区镇域发展融合的根基

在城乡融合发展实践中，职责不清、权责不明的问题普遍存在。一些地方政府大包大揽，抑制了市场活力，或者一些地方过度追求经济效益，忽视社会责任。煎茶街道厘清职责扛起责任以“半城半田”为发展基调，平衡地处理经济与保护之间的关系，这种责任既体现在战略引领作用的科学规划，也体现在兜底保障的集体经济和联村发展。

煎茶街道沿溪村实行了集体经济组织承接高标准农田种植任务兜底保障粮食安全。集体经济组织将整合后的高标准农田承包给种植大户或农业合作社进行规模化种植，种植大户或农业合作社通常具备比较先进的种植技术和专业的管理经验，能够提高产量和品质。这种方式能够通过集体经济实现高标准农田规模化种植，能够稳定提高粮食产量，还能够促进农业可持续发展，进而承担起保障国家粮食安全、促进农民增收致富的社会责任。显然，集体经济种植粮食很难有经济利益，主要担负政治社会效益。此外，集体经济还可以提升乡村运营的整体效益。煎茶街道绿道公司的发展属于资产盘活模式，即整合利用各类土地资源和闲置低效利用的房产，引入社会资本挖掘闲置资产潜力，通过片区打造、组团发展等多种方式运营乡村资源。各村如果单独以这种方式发展，不但缺少专业团队和专业力量，而且业务分散、资源分散，不利于提高资源的运营效率，而以镇域为平台则可以较好解决这些难题。

联村共营制通过整合多村资源、共享服务、协同发展的方式，实现农村经济和社会的共同进步，可以促进村落之间的协同发展，共同规划产业布局、基础设施建设等，形成规模效应和集聚效应。通过整合资源，实现了土地、资金、人力等要素的优化配置，提高了农业生产效率，推动了乡村产业的规模化发展。如在土地资源整合方面，将相邻的碎片化农田集中起来，形成规模化的种植区域，降低了生产成本，提高了农产品的市场竞争力。在人才共享方面，通过建立人才交流机制，让各类专业人才在不同村庄之间流动，为各村的产业发展提供了智力支持。在区域品牌形象塑造上，整合特色农产品和旅游资源，统一进行品牌包装和宣传，利用新媒体平台进行推广，打造出具有独特魅力的煎茶街道整体品牌形象。在营销渠道拓展方面，积极探索村企合作模式，如沿溪村与满彭供应链的合作，解决了农产品销售难题，实现了农户和村集体经济的双增收。

（三）业态是“半城半田”的产业新区镇域发展融合的核心

煎茶街道通过产业链的延伸和拓展让城市和乡村的产业不再孤立发展，以新兴业态为载体实现相互融合、协同共进。一方面，农业与二三产业深度融合，发展农产品加工业、乡村旅游等多元业态，提高农业附加值；另一方面，城市的产业也可以向农村延伸，带动农村相关产业的发展，形成城乡互补的格局。在新区发展的驱动下，城市的社会资本、技术等要素可以向农村流动，为现代农业发展提供支持，拓展城市居民的消费空间，实现城乡业态的蓬勃发展。农村的劳动力也可以向城市和农村的产业园区流动实现就业和增收，煎茶街道聚集发展现代产业便能够吸纳大量劳动力，从生产线工人到技术研发人员，从园区后勤保障到市场营销专员，岗位层次丰富，满足不同学历与技能水平人群需求，比如返乡创业的大学生利用自己的专业知识和城市资源发展乡村文化，带动了农村经济的发展和集体经济收入的增加。

不同业态的融合发展还能够促进城乡产业的优势互补，实现资源的优化配置。高新技术业态具有技术、资金、人才、信息等方面的优势，而休闲农旅业态则具有自然资源、生态环境、文化传统等方面的优势。如以乡村旅游为主题的天府微博村（微型博物馆）业态中，城市的资金和技术投入与农村的自然风光、民俗文化相结合，打造出具有特色的乡村旅游产品，满足了城市居民对乡村生活的向往和需求，同时也促进了农村经济的发展。

（四）治理是“半城半田”的产业新区镇域发展融合的保障

“半城半田”模式对治理创新提出了特殊要求。一方面，它打破了传统的城乡边界，要求建立跨区域、跨部门的协同治理机制；另一方面，它涉及复杂的利益关系调整，需要构建包容性治理框架。作为天府新区核心区域的煎茶街道所面对的最为显著的基层特点是以经济治理为基础的社会治理，只有理顺经济关系才能够保障区域稳定发展。传统的经济治理往往重城市轻乡村、重工业轻农业，难以适应城乡产业融合发展的需要。在煎茶街道发展中农村集体经济组织关系、成员关系又是煎茶街道经济治理当中的重难点。

基层治理作为“半城半田”产业新区镇域发展融合的保障，贯穿于新区发展的各个环节、各个领域。只有通过党建引领、网格管理、产业协同、生态守护、公共服务均等化、文化融合以及多元参与的全方位基层治理，才能让“半城半田”的美好愿景落地生根，打造出一个城乡融合、产业兴旺、生态宜居、百姓幸福的全新镇域样板，向着更加美好的未来昂首迈进，确保产业新区行稳致远。

三、完善建议

（一）规范集体经济组织架构与经营体制机制

村集体经济作为农村经济发展的重要组成部分，其规范运营对于保障农民权益、促进农村社会稳定和经济发展具有重要意义。规范运营可以确保村集体经济的合法合规性，防止资产流失和浪费，提高资源利用效率，从而推动农村经济的可持续发展。

强村公司作为推动新型农村集体经济发展的重要力量，其规范运营同样至关重要。强村公司通过市场化经营和资源整合，可以带动农村闲置劳动力就业，拓宽农村集体经济稳定增收的经营渠道。然而，如果缺乏规范运营，强村公司可能会面临经营风险、财务风险等问题，甚至可能导致项目失败和资产损失。因此，规范运营是强村公司持续健康发展的关键。一是要建立健全组织架构。村集体经济组织应建立健全成员（代表）大会、理事会和监事会等组织架构，明确各机构的职责和权限。强村公司应依法设立股东会、董事会和监事会等组织机构，确保公司决策的科学性和民主性。强村公司应建立健全公司章程、财务管理制度、风险控制制度等，确保公司运营的稳健性和安全性。二是加强财务管理和审计监督。村集体经济组织应实行严格的财务管理和审计监督制度，确保资金使用的透明度和安全性。强村公司应定期进行财务审计和风险评估，及时发现和纠正问题，确保公司财务的稳健性。注重风险防控，村集体经济和强村公司都应注重风险防控，建立风险预警机制，及时应对和化解潜在风险。

（二）清晰界定集体经济组织成员身份以规避纠纷

煎茶街道因其“半城半田”的发展特征，在处理矛盾纠纷时不仅需要稳妥有效化解涉地、涉房、社保安置、住房安置等历史遗留问题，更需要处理因集体经济快速发展而衍生出的系列现实问题。在过去，煎茶街道集体经济多处于“空壳”状态并无利益纠纷，随着街道纳入天府新区发展版图并搭上快速发展的“便车”，集体经济发展壮大涉及的资金和利益分配日益增多便产生了复杂的治理问题。在涉及集体经济发展的诸多问题中，成员身份界定的模糊不清，极易引发各类纠纷，如土地承包纠纷、征地补偿款分配纠纷等，这些纠纷不仅损害了农民的切身利益，也阻碍了农村集体经济的有序发展。

从实践角度来看，对于如何划分农村集体经济组织成员，曾经形成了五大标准，分别是：户籍认定、取得土地承包经营权、缴纳农业（粮食）税、有宅基地房屋、村内居住事实。2025年5月1日起施行的《中华人民共和国农村集体经济组织法》对“集体经济组织成员”有了进一步的规范性规定。保障集体经济组织成员权益的首要条件就是界定成员身份，在明晰成员身份后，强调民主管理、民主决策的重要性，确保农村集体经济组织的每一项决策都公开透明。从具体条件来看，主要涵盖以下几个方面。首先，在该集体经济组织有户籍登记或曾经有户籍关系，户籍是成员身份认定的重要参考，但并非唯一标准。例如，一些因升学、就业等原因将户口迁出，但仍与本村保持紧密经济联系，在本村拥有土地等资产的村民，不能简单因其户口迁出而否定其成员身份。其次，生存生活在该集体经济组织，这包含出生在该组织所在村或为已具备该组织成员资格的人所生的孩子，这类人员基于出生这一法定事件自然获得成员身份。最后，对该集体经济组织享有权利并负有义务，如拥有土地承包经营权、参与集体收益分配权，同时承担耕地保护、维护集体资产等义务。根据上述原则和条件，成员可分为普通成员和特殊成员。普通成员拥有土地共有权、保留型土地使用权、承包经营权、集体资产管理与处置的参与权、集体收益分配权等完整权利，承担完全义务。特殊成员则拥有部分权利，如土地共有权、土地使用权、承包经营权、集体收益分配权等中的一项或多项，并承担相应义务。

发展壮大农村集体经济是城乡融合和乡村振兴的重要抓手，然而这个过程也处于不平衡不充分的动态变化之中，不断地涌现出许多新的、复杂的矛盾纠纷与挑战，尤其是如何划分农村集体经济组织成员成为亟待解决的问题。农村集体经济组织在带动群众致富的同时，如何履行好社会责任发挥更多功能作用也需要进一步探索与思考。

天府微博村

课题组赴煎茶街道调研

27

深耕农经“立园”沃土，尽绽文旅“满园”芬芳

时　　间： 2025年6月30日

地　　点： 四川省成都市都江堰市石羊镇

调研人员： 邓蓉　袁华兵　吴骋　杨昌　刘美均　梁景智　罗明东　田光琴　袁馗　张宁

执 笔 人： 吴骋　杨昌

内容摘要

都江堰市石羊镇紧抓成都市“立园满园”战略机遇，立足位于现代文旅融合园区与精华灌区粮果产业园衔接带的独特区位，依托万亩银杏林盘生态资源与“菊花心”川芎特色产业基础，创新打造“石羊里·栖蕊河谷”农工商文旅康复合经济带，有效承接“立园满园”外溢产业，并填补了园区产业衔接缝隙。一是以严守耕地红线为根基，构建了集体经济组织自主经营与专业化公司规模流转的耕地保护利用双模式；二是立足川芎资源优势，建设“花蕊里灌县川芎产业园”，大力推广“稻芎轮作”保障粮经双赢；三是抢抓露营经济升级机遇，招引“保格林”等特色项目，首创“本地硬件+外部技术”合作模式，开发低空飞行、自然教育等新业态，形成羊

马河流域露营产业集群；四是以露营等业态为“轻资产创业入口”，逆向吸引高层次人才“逆城市化”下乡及本地能人返乡创业；五是强化集体经济在土地整合、矛盾化解中的核心作用，构建“租金保底+营收分成+就业吸附+创业协同”的多元利益链接机制保障农民与集体双增收。为在严守耕地保护前提下推动农工商文旅康深度融合、服务“立园满园”战略、促进乡村全面振兴提供了可复制、可推广的“石羊样板”，具有显著的示范价值。

2025年中央一号文件提出要发展乡村特色产业，因地制宜发展庭院经济、林下经济、民宿经济等。6月17日四川省委十二届七次全会通过《中共四川省委关于推进文化和旅游深度融合发展、做大做强文化旅游业的决定》，提出推进农文旅深度融合发展，有序提升乡村景区化水平，丰富乡村文旅业态，开发乡村文旅特色产品。按照成都市委、市政府部署推动的“立园满园”工作要求，体现都江堰“世界旅游目的地”“天府粮仓精华灌区”两大产业定位的现代文旅融合园区、精华灌区粮果产业园正围绕中央、省、成都市相关精神，稳步推进“优化提质、特色立园，赋能增效、企业满园”行动。而位于两大园区主轴空白区域的石羊镇羊马河沿线，抓住产业园区辐射契机，借助规模银杏经济林与川西林盘优越的地理、气候、自然环境，形成了以市场需求为导向的石羊里・栖蕊河谷农工商文旅康复合经济带。一方面户外露营综合经济已成为“三遗”旅游城市的新名片，为都江堰现代文旅融合园区“立园满园”增添了新的元素；另一方面集体经济组织承担“腾退低效林果，保护基本农田”的耕种政治任务，为都江堰精华灌区粮果产业园“立园满园”注入了新的动力。既为“立园满园”内部创新提供了业态选择，又为“立园满园”外溢提供了发展蓝本，对全市乡村振兴有借鉴意义。

一、主要做法

石羊镇作为农业大镇，既有基本农田17640亩，又有以川芎为特色的传统中药材种植；既有成规模的银杏经济林，又有较为集中的川西林盘，具备典型的“插花”式农经形态。近几年党委政府充分利用西邻都江堰精华灌区粮果产业园，东接都江堰现代文旅融合产业园区的中间区位优势，因地制宜，在两大园区“空白”区域，形成了复合经济带，弥补了园区之间衔接缝隙。

（一）形成粮食作物闭环产业链

石羊镇初具雏形的农经复合经济带，一方面要扛牢耕地保护的政治责任；另一方面又要促进农业经营增效，政治责任和发展责任并重。由于传统粮食作物受气候、土壤等自然因素影响大，“靠天吃饭”，难以形成稳定的生产效益和较强的抗风险能力，因此，只有具备“生产、加工、销售”一体的闭环产业链，才能在规模化生产种植的大背景下“脱颖而出”。2022年以来，石羊镇按照各年度《成都市腾退低效果木恢复粮食等重要农作物种植项目实施指导意见》，进一步对农业种植结构进行优化调整，以低效果木腾退恢复粮食种植，通过“申报—复耕—验收—补贴”等实施环节和惠农政策不断扩大粮食等农作物种植面积（见表1），由家庭农场、专业化种植公司、集体经济组织等作为经营主体开展粮食作物生产，耕地保护和粮食安全取得成效。其中，水月社区以集体经济组织牵头通过“低效果木”腾退项目新增耕地1000余亩，全自主开展水稻种植、加工、销售，并根据社区资源特点，打造“水之月”大米品牌，形成以水稻为核心的闭环产业链条，2024年创收35万元。古城社区则是引进专业化种植公司流转已腾退的1000亩腾退耕地，为村民带来950元/亩的土地流转费用，全村每年增加收入超过95万元。

表1　2023—2024年石羊镇退低效果木恢复粮食项目验收面积

序号	社区	承担组织机构	机构类型	市级验收合格面积（亩）
1	清水社区	都江堰市重之德猕猴桃种植农民专业合作社	农民专业合作社	248.31
2	水月社区	都江堰市水之月农业有限公司	集体经济组织	479.74
3	皂角社区	成都市富华伟农业科技有限公司	专业公司	265.04
4	竹瓦社区	都江堰诗画蕊里旅游景区管理有限公司	集体经济组织	296.26
5	集祥社区	成都新耘农业有限公司	专业公司	340.83
6	丰乐社区	都江堰市五心大葱种植农民专业合作社	农民专业合作社	10.23
7	柳街社区	都江堰市嗣晟家庭农场	家庭农场	99.68
8	七里社区	都江堰市昌瑞农业有限公司	专业公司	193.36
9	同心社区	都江堰白华盛农业农民专业合作社	农民专业合作社	145.25
10	古城社区	成都全夏农机作业专业合作社	农民专业合作社	249.79
11	广益社区	成都兴复广农业有限公司	集体经济组织	124.02
12	马祖社区	都江堰市朱家湾旅游开发有限公司	集体经济组织	257.33
13	徐渡社区	都江堰市归园微景农业有限公司	集体经济组织	52.1
14	卫星社区	都江堰市昕弘源农业有限公司	集体经济组织	209.61
15	鹤鸣社区	成都市俊毅农业科技发展有限公司	专业公司	115.85
16	书院社区	都江堰市书香院落农业有限公司	集体经济组织	168.13
17	同乐社区	都江堰市煜泽炜农业有限公司	专业公司	159.97
18	柳顺社区	都江堰市顺卓农业有限公司	专业公司	98.64
合计				3514.14

（二）形成特色产业融合发展链

由于历史原因，石羊镇经济作物以川芎、银杏为主，川芎以独有油浸色的“菊花心”享誉中外，其富含的有效药用成分在全国具有明显优势，曾获全国川芎质量评比第一名。近年来，石羊镇以竹瓦社区为中心辐射带动周边社区建立起面积超过3000亩的“花蕊里灌县川芎产业园”。其中，竹瓦社区通过“低效果木腾退”等方式新增耕地1800余亩，大力推进“稻芎轮作”，既满足基本农田粮食生产政治要求，又在发展经济作物的过程中带动了当地农民收入增长。同时，在传统种植的基础上，社区集体经济组织通过“贴牌生产”方式将川芎加工成“暖宝宝”等市场产品，2024年创收30万元。此外，前期财政专项资金投建的育苗中心已投入运行，为川芎产业发展提供育苗等农事服务，在区域范围内形成了以川芎为核心的中药产业融合发展链。

（三）形成露营经济前沿业态链

面对全国“林下经济”市场从“帐篷热”向“场景化、内容化”深度体验转型的新趋势，石羊镇立足银杏林盘资源禀赋，招引野奢露营、非遗传承、农耕体验等特色“林下经济”露营项目14个，涵盖了研学、摄影、农耕体验、水上游玩等新兴业态，年接待游客超63万人次，拉动区域综合营收突破2000万元。各营地结合自身资源优势，开发了诸如低空飞行、自然教育等创新业态类型（见表2）。国内头部露营品牌“保格林”西南地区唯一直营店也落户石羊镇，首创“本地硬件+外部技术”模式，以品牌和技术入股与本地企业合作，依托专业的管理制度和丰富的运营经验，打造标准化露营基地。其中，徐渡社区作为“西部银杏第一村”具有得天独厚的生态优势，以其为中心的“朱家湾林盘”依托银杏资源引入了一批优质露营项目，借此盘活辖区内河滩地、荒地等闲置资源，利用抖音、小红书、美团等自媒体平台成功“出圈”，将“朱家湾林盘”打造成乡村旅游新地标，周末高峰接待游客超2000人次。

表2 石羊里·栖蕊河谷露营基地创新业态类型

序号	点位名称	有无新业态规划（指除露营、餐饮、研学外的其他业态）	创新业态类型
1	林隐晓渡	有	低空飞行
2	好雨自然农场	有	自然、土壤、本草、二十四节气等系统课程
3	保格林营地	有	雪山下的婚礼
4	迷迭香农庄	有	高端汽车广告宣传
5	杏林别院	有	银杏摄影
6	春芽岛	有	主题游园、动漫影展
7	花间有渡	有	古渡口文化体验

（四）形成市场牵引人才下乡循环链

石羊镇利用川西林盘优质的资源、承接园区产业外溢机遇和成都近郊1小时通勤的优势，农文旅融合的市场牵引力进一步凸显，以“生态资源+市场牵引+自由流动”的模式激活青年人才回乡入乡创业。尤其以露营经济最具代表性，在石羊镇调研的10家露营项目中，外部人才自主下乡创业占比达到了70%，逆向吸引如北师大高才生、川大硕士、成都电视台原摄影师、95后都市白领等高端人才，推动石羊镇现代文旅产业迭代升级，由此引领了超大城市郊区现代产业“逆城市化”新风向。同时，也有一批从石羊镇走出去并取得一定成就的本地人才，在“助力乡村繁荣”的背景下选择返乡创业，将个人事业与家乡产业深度捆绑、共同发展。外来人才主动下乡、本地人才自愿返乡的择业现象映射出石羊里·栖蕊河谷复合经济带已具备一定的吸引力。

（五）形成集体组织主动担当氛围链

农村经济公有制形式决定了集体经济组织是唯一有资格和能力对接农村产业建设相关项目的主体，无论是高标准农田建设还是规模流转农用地，无论是农业大地景观再造还是产业发展用地，农民个人所拥有的土地承包权、宅基地的资格权以及其他土地的使用权都难以在区域规划前提下进行整体对接。因此，石羊里・栖蕊河谷复合经济带的体量聚焦在农村集体经济组织上。石羊镇各社区农村集体经济组织开始承担对农民的组织引领作用，让农民有组织归属感。如水月社区承担了“低效果木”腾退项目新增耕地1000余亩，同时，积极争取政策支持，充分链接四川农业大学、省农科院资源，精心优选品种、集中培训本地农民提升职业化水平，提升农业产业种植效率，为传统农业提质增效发展作出积极贡献；徐渡社区部分农户曾将50余亩土地流转给社会资本，社会资本中途撤场后，徐渡社区的集体经济公司将其承担下来，虽然在一段时间内处于亏损状态，但从治理层面解决了信访矛盾，为下一步集体经济起步奠定了发展与稳定基础。

二、经验启示

石羊里・栖蕊河谷农工商文旅康复合经济带的崛起突破了传统产业园区边界，形成了“大门外”的融合园区，其市场性、梯度性、差异性的“人、钱、地”要素聚集，对乡村振兴背景下区域性的农经产业园区“立园满园”有积极的借鉴作用。

（一）耕地保护是农业产业园区“立园满园”的基本大盘

以农业为主体的产业园区“立园满园”的根基是基本农田建设与耕地

保护，石羊里·栖蕊河谷农工商文旅康复合经济带虽不是传统意义上的粮食产业园区，但把基本农田的保护与拓展作为首要政治任务，按照《成都市耕地和永久基本农田保护规划（2021—2035年）》的要求，做到了“良田粮用”。2023—2024年石羊镇新增耕地3514.14亩，相当于全镇原有耕地的17%，一方面将新增基本农田建后管护利用作为加强耕地质量保护的重要措施，另一方面结合“田长制”，强化党建引领集体经济在耕地保护中的“兜底”作用，水月社区股份经济合作社承担了新增耕地1000余亩的种植、徐渡社区集体公司接管弃耕土地50余亩，避免耕地撂荒风险。对于“天府粮仓精华灌区”的粮果产业园“立园满园”有积极的表率作用，下一步园区一方面要建立分级耕地用途管理体系，即“永久基本农田—永久基本农田储备区——一般耕地—优质耕作层保护区”，实现耕地与永久基本农田差异化分区准入和分级转换制度等；另一方面要科学确定农业标准地范围，分区分批对农业标准地范围内的土地性质、耕地类型、产业状况、宜农地块等进行调查评估，提出农业项目的产业定位，建立农业标准地调查评估数据库。确保耕地保护是农业产业园区“立园满园”的基本大盘。

（二）产业融合是农业产业园区“立园满园”的支撑点

以农业为主体的产业园区“立园满园”的支撑点是打破单季、单一、单品种的粮食生产，形成农业产业上下链融合、农经产业横向融合。石羊里·栖蕊河谷农工商文旅康复合经济带利用“世界旅游目的地”“天府粮仓精华灌区”两大产业定位的现代文旅融合园区、精华灌区粮果产业园中间三产融合优势，一方面探索了粮经轮种套种，比如竹瓦社区“稻芎轮作”模式，在保障水稻年产量基础上，通过川芎轮作实现亩均增收超3000元，破解“保粮”与“增收”的矛盾；另一方面探索了粮经融合模式，比如水月社区的大米加工、竹瓦社区的川芎贴牌、朱家湾林盘“农耕+摄影+研学”以及花蕊夫人故里、马祖寺禅养林盘聚落等旅游消费中心和农业综合体等，形成了以一产粮食为出发点，融合二产加工、三产服务的农经产业复合带，对于农业产业园区“立园满园”都有借鉴参考价值。下一步园区要探索农村产业体系构筑包括城乡空间形态重塑建设、现代农业创新链建设、现代农业供应链建设以及现代农业价值链建设等。其业态纵向延伸，包括种植不同季节蔬菜水果、大豆玉米轮种与复合带状种植、稻渔综合种养等；业态横向延伸，包括农产品深加工、现代服务业、乡村文旅产业等。夯实产业融合支撑农业产业园区“立园满园”。

（三）行业自律是农业产业园区“立园满园”的精神内核

以农业为主体的产业园区“立园满园”的精神内核是行业自律。石羊里·栖蕊河谷农工商文旅康复合经济带已初步形成了各自产业的约定以及行业标准，比如水月社区的大米初加工、竹瓦社区的川芎种植、徐渡社区的银杏树苗等，特别是贯穿栖蕊河谷的露营行业，引进的“保格林”国内行业标准制定品牌，以“专业运营+本地资源”模式生成营地建设、服务流程、安全管理等标准化体系，带动14家本地露营企业升级改造；实施行业自治自律，组建露营产业联盟，通过区域内联合营销、共享客源数据、联合采购设备降低成本、约定产业服务标准等形式，取得了积极成效。为农业产业园区“立园满园”行业自律提供了实践蓝本。下一步要制定行业约束标准范式，规范园区内各业态发展，避免行业内恶性竞争，形成良好的“百花齐放”园区氛围，使农业产业园区“立园满园”始终贯彻精神内核。

（四）“筑巢引凤”是农业产业园区“立园满园”的活力源泉

以农业为主体的产业园区“立园满园”的可持续发展来源于人才，是园区发展的活力源泉。石羊里·栖蕊河谷农工商文旅康复合经济带顺应“逆城市化”前沿风向标，依托栖蕊河谷自然禀赋构建了“入乡创业”的良好创业生态。一方面，露营经济等新兴业态打造“轻资产创业入口”，聚集了14家成熟的各类特色业态露营项目，在区域内形成了乡村文旅集散地和露营产业“蜂群”，同时，已入驻行业标杆“保格林”营地能够为入驻项目提供全国领先的服务标准，降低创业门槛和缩短行业规范建立周期；另一方面，石羊镇党委、属地社区党组织积极参与入乡人才的创业项目全过程，在土地流转、物业配套服务、人力资源输送以及邻里和谐共处等方面起到协调和服务作用，打造良好的营商软环境，以开放、包容、规范、共赢的产业招商姿态“筑得梧桐树引得凤凰来”，为农业产业园区“立园满园”提供了一面镜子。下一步园区要建立农村多层面人才工程机制包括培育本土人才，鼓励本土大学生、复转军人返乡创业，为之提供创业策划、商业运营等培训孵化服务；发展职业人才，制定完善《园区培养、引进、使用职业农民实施细则》《园区扶持农业职业经理人的奖励补贴相关政策》等；引进精英人才，引进农村高层次人才、紧缺人才与城市人才引进机制相挂钩，优化农村人才落户制度、实施农村人才安居工程、建立农村人才“绿卡”制度等。通过创新“筑巢引凤”体制机制，注入农业产业园区“立园满园”的活力源泉。

（五）利益链接是农业产业园区“立园满园”的内生动力

以农业为主体的产业园区“立园满园”的出发点与落脚点是农民受益、集体经济发展，核心在于各方利益链接。石羊里·栖蕊河谷农工商文旅康复合经济带突破传统“租金+务工”单一模式，创新构建了“土地增值—就业吸附—创业协同”利益链接机制。在土地增值上，通过“租金保底+营收分成”实现资源增值共享，为农民带来多层收入；在就业吸附上，依托集体经济组建的劳务公司整合本地农民工，结合“技能认证+订单培训”提升农民就业质量，为辖区企业输送人才资源；在产业协同上，集体经济以提供物业服务、协调土地流转、本地农产品产销，配套服务于露营经济等轻资产创业项目。为农业产业园区“立园满园”提供了利益链接路径。下一步，一方面要充分尊重农村集体经济组织主体，园区农用地规模流转、集体建设用地入市、宅基地有偿退出等内容，都应由集体经济组织法人介入，重大合同上都应是各类业主与集体经济组织之间签约；另一方面激发农民个体内生动力，农民耕地进园区的要严格按照土地承包法对农民土地流转的法律保护要求，逐步建立起“土地变股权、农户当股东、收益靠分红”的土地经营新机制。

三、完善建议

石羊里复合经济带充分利用都江堰精华灌区粮果产业园、都江堰现代文旅融合产业园区的中间区位优势，因地制宜发展，有效承接“立园满园”外溢产业，并填补了园区产业衔接缝隙，为服务“立园满园”战略、促进乡村全面振兴提供了可复制、可推广的“石羊样板”，具有显著的示范价值。课题组立足实地调研，对当前复合经济带中的部分工作提出完善建议，供其参考。

（一）成立区域性功能党组织，统领服务发展平台

调研发现，石羊镇辖区内各社区产业发展模式各异、发展基础也不相同，社区之间产业能否形成链条发展、互补融合还需要全域一盘棋梳理和规划；各露营基地主打品牌各有特点、内部业态方向不一，区域内的产业统一规划、招商、抱团发展也需要区域平台来统筹谋划。因此，课题组建议以“党建引领产业发展”为出发点，结合石羊镇发展实际，成立由石羊镇、相关社区、辖区企业、露营基地等多元主体党组织参与共建的功能性党委，负责为镇域内各社区协同发展提供整体规划和具体产业发展建议，为露营基地打造区域性品牌、联合招商、统一行业标准和规范、引导集体经济组织提供物业管理等提供配套服务，也为外来人才返乡、下乡创业提供优质、公平的营商环境。

（二）规范集体经济组织架构，多渠道嵌入发展路径

调研发现，部分社区在集体经济组织架构上还不规范，如水月社区取得的登记赋码证书中资产总额及土地面积存在概念上误差，其注册的都江堰市水之月农业有限公司的注册资金为200万元也偏大。按照2025年5月1日实施的《中华人民共和国农村集体经济组织法》，集体经济组织的资产情况需登记为经营性资产。建议社区及时更换登记赋码证书，并进行经营性资产的准确梳理和计算，明确集体经济发展基础。按照2023年新修订的《中华人民共和国公司法》规定认缴资金限期缴清的制度规定有限责任公司股东出资期限不得超过5年。其中，2024年6月30日前登记设立的公司，如果认缴出资期限超过5年的，应在2027年6月30日前按照其认购的股份全额缴纳股款，这对于社区集体经济独资公司基本是难以完成的。建议社区尽快将公司注销并重新成立，或调整认缴资金至社区集体经济独资公司能够承担的范围，建议调整至20万～30万元。

在集体经济发展路径方面，需要明确资源主体与经营管理主体间的利益关系，如露营头部企业“宝格林”坐落于皂角社区，其流转土地所有权属于第7村民小组，而流转收益却由村集体代管，存在所有者与收益者身份不匹配的情况。因此，课题组建议，要遵循市场规律和现实情况，村集体和组集体应依据经营管理投入和土地价值确定双方收益分成比例，既保障组集体作为土地所有方的合法收益，又保护村集体统筹协调的积极性，还符合外面资本对接联系的倾向性，形成可持续发展的利益链接机制。

（三）统筹联动行业主管部门，规范复合经济带行业标准

课题组建议相关部门从产业规划、招引专业人才、制定经营管理标准、培育经营主体等方面促进复合经济带产业标准化、规范化发展。发挥石羊镇党委政府属地资源集成统揽能力，制定复合经济带产业发展规划，探索

延伸水稻基础农业、川芎特色农业、露营旅游业三个小系统内外部产业协同发展平台。发挥石羊镇区域功能性党委在地服务职能，以行业头部品牌“保格林”入驻为契机，统一规划、设计、实施、运行，建立起露营产业品牌标杆和从业标准，引领露营行业规范化发展。发挥市农业农村局行业管理职能，以生产指标量化形式制定动态考评标准，提高农业产业的规模化、集约化、标准化、数字化水平，引导农业产业经营主体按标准进行农作物生产经营。市人社局发挥人才引育职能，针对现代农业职业经理人、专业科技人才、管理经营人才制定“引、育、留、用”系统支撑体系，提升从业人员能力和职业化水平，提升就业、生活归属感。市招商局发挥品牌建设和营销职能，根据复合经济带内各类产业富集程度、特色优势，开发如“水之月”稻米等能体现经济带产业业态、发展定位的系列对外推广品牌。

联合课题组石羊镇调研座谈会

联合课题组实地调研水月社区“水之月”农业公司

课题组实地调研“保格林”露营基地运营情况

后　记

党的二十届三中全会明确强调“城乡融合发展是中国式现代化的必然要求”。习近平总书记指出，“要把乡村振兴战略这篇大文章做好，必须走城乡融合发展之路”。为深入探讨城乡融合发展的路径与模式，本书聚焦基层在实践城乡融合发展中的困惑，着眼解决城乡要素流通不畅的问题，通过深入剖析基层城乡融合发展的顶层设计与实践创新，系统梳理了城乡在产业联动、基础设施共建、公共服务共享、生态治理协同等方面的成功经验与创新模式。

中共都江堰市委党校（成都村政学院）邓蓉教授课题组深耕基层一线20余年，受调研地区邀请跟踪研究并总结了一批城乡融合发展实践案例，形成了27篇有价值、有特色的“他山之石”，其经验做法具有一定的代表性，涵盖了城乡融合发展中的共性和个性特征，希望可以为广大基层干部带来借鉴和启发，让其少走一些弯路。囿于实地调研条件有限，加之个别案例调研期间尚在发展初期，可能难以概括其城乡融合发展中的全貌，望各方予以理解、包容。

参与本书案例组织、调研、编写和修改等工作的人员主要有：左志友、董红桥、邓蓉、袁华兵、严若丹、王林、梁景智、罗明东、刘美均、吴骋、邢永亮、官青、袁馗、郑淑堃、苟焕森、杨怡宁、唐晓曦、刘星、杨昌、董艳、林天若、张凌菲、郑晓坤、万佳玲、万亿、谭婧怡、张雁南、卢玉蓉、吴一凡等。国家行政学院出版社给予了大力支持。在此，谨对所有给予本书帮助支持的单位和同志表示衷心地感谢。

囿于理论水平和实践经验的局限，书中难免存在疏漏和不足之处，敬请广大读者提出宝贵意见。

编者

2025年7月